अपूर्वानंद

अपूर्वानंद का जन्म 25 सितम्बर, 1962 को हुआ। आरम्भिक शिक्षा सीवान, बिहार में पाई। आगे की पढ़ाई बिहार विश्वविद्यालय और पटना विश्वविद्यालय में। 'सुन्दर का स्वप्न', 'साहित्य का एकान्त', 'यह प्रेमचन्द हैं', 'मुक्तिबोध की लालटेन' उनकी आलोचना पुस्तकें हैं। 'स्वच्छंद : सुमित्रानन्दन पन्त की कविताओं का संचयन', 'पंत सहचर', 'The Idea of University' और 'Education At Crossroads' उनकी सम्पादित कृतियाँ हैं। 'धारा', 'कसौटी' और 'आलोचना' पत्रिकाओं का उन्होंने सम्पादन किया है। साहित्यिक आलोचना के अलावा शिक्षा, हिंसा, साम्प्रदायिकता जैसे विषयों पर निरन्तर लेखन।

अभी दिल्ली विश्वविद्यालय के हिन्दी विभाग में अध्यापन।

कविता में जनतंत्र

अपूर्वानंद

राजकमल पेपरबैक्स

राजकमल पेपरबैक्स में
पहला संस्करण : 2025

राजकमल पेपरबैक्स : उत्कृष्ट साहित्य के जनसुलभ संस्करण

राजकमल प्रकाशन प्रा. लि.
1-बी, नेताजी सुभाष मार्ग, दरियागंज
नई दिल्ली-110 002
द्वारा प्रकाशित

शाखाएँ : अशोक राजपथ, साइंस कॉलेज के सामने, पटना-800 006
पहली मंजिल, दरबारी बिल्डिंग, महात्मा गांधी मार्ग, प्रयागराज-211 001
1, अनमोल सोराबजी सन्तुक लेन, धोबी तलाव, मरीन लाइंस, मुम्बई-400 002

वेबसाइट : www.rajkamalprakashan.com
ई-मेल : info@rajkamalprakashan.com

यश प्रिंटोग्राफिक्स
नोएडा-201 301 (उ.प्र.)
द्वारा मुद्रित

मूल्य : ₹350

KAVITA MEIN JANTANTRA
Criticism by Apoorvanand

ISBN : 978-93-6086-651-8

यह किताब उनके लिए जिन्होंने नागरिकता क़ानून में संशोधन (सीएए) के ख़िलाफ़ दिल्ली के आन्दोलन में हिस्सा लेकर जनतंत्र के प्रति अपने वादे को पूरा करने का फ़र्ज़ निभाया और 2020 से जेल में हैं :

शरजील इमाम, ख़ालिद सैफ़ी, मीरान हैदर, गुलफ़िशा फ़ातिमा, उमर ख़ालिद, शिफ़ा उर रहमान, तसलीम अहमद, सलीम ख़ान, अतहर ख़ान, फ़ैज़ान ख़ान, शादाब अहमद, सलीम मल्लिक, ताहिर हुसैन

और उनके लिए जो अभी जमानत पर जेल से बाहर हैं :

सफ़ूरा जरगर, इशरत जहाँ, देवांगना कालिता, नताशा नरवाल, आसिफ़ इक़बाल तन्हा

क्रम

प्रस्तावना

भारत की शासन व्यवस्था औपचारिक तौर पर उदारवादी संवैधानिक लोकतंत्र के प्रति प्रतिबद्ध है। उदारवादी संवैधानिकता के कुछ मूलभूत तत्त्व होते हैं : व्यक्तियों की मूलभूत स्वतंत्रता की रक्षा के लिए व्यक्तिगत अधिकारों का सुदृढ़ीकरण; सभी नागरिकों की औपचारिक राजनीतिक समानता की पुष्टि; संस्थागत नियंत्रण और सन्तुलन का निर्माण; सरकार की शक्ति पर औपचारिक रूप से परिभाषित सीमाएँ; और ऐसे संस्थानों और प्रथाओं का संरक्षण जो नागरिकों को राजनीतिक एजेंसी का प्रयोग करने और राजनीतिक औचित्य के अभ्यास में संलग्न होने की अनुमति देते हैं। ये सभी घटक मिलकर लोकतांत्रिक ताने-बाने को बनाते हैं और एक-दूसरे को सुदृढ़ करते हैं। यदि इनमें से एक भी घटक हटा दिया जाए—चाहे वह स्वतंत्रता हो, समानता, सत्ता का संस्थागत बँटवारा हो, या राजनीतिक एजेंसी का अभ्यास—तो पूरी संरचना ढह जाती है।

लोकतंत्र का मतलब एक प्रकार की सरकार भी है जो जनसमर्थन से बनाई जाती है, ताकि सत्ता का शान्तिपूर्ण हस्तान्तरण सम्भव हो सके। लोकतंत्र मूल रूप से एक नैतिक सम्बन्ध है।

जनतंत्र, प्रजातंत्र, लोकतंत्र : ये शब्द किस प्रकार की व्यवस्था का बोध कराते हैं? क्या इनका अर्थ केवल एक शासन पद्धति तक सीमित रहेगा? या फिर ये शब्द एक नई तरह की नैतिकता का बोध कराते हैं? एक ऐसी नैतिकता जिसका अपना वजूद है। यह नैतिकता न तो किसी परम्परा से जुड़ी है, न ही इसका परम्परागत धर्म से कोई वास्ता है? इसकी सत्ता स्वयं स्थापित है।

अपने सबसे बुनियादी रूप, चुनावों में भी लोकतंत्र अद्वितीय मूल्यों को समाहित करता है। यह सत्ता के शान्तिपूर्ण हस्तान्तरण के प्रति प्रतिबद्धता की माँग करता है। इसलिए, यह अहिंसा और शक्ति के शमन के प्रति एक गहरी प्रतिबद्धता से उत्पन्न होता है। लोकतंत्र वह संस्थागत रूप है जो शान्ति को सुलभ बनाता है। इस प्रकार किसी भी प्रकार की हिंसा लोकतंत्र के नैतिक स्वरूप का उल्लंघन करती है।

मतदान का सरल कार्य गहरे नैतिक अर्थों को दर्शाता है। हमारे अत्यन्त श्रेणीबद्ध समाजों में यह एकमात्र क्षण होता है जब हम वास्तव में समान होते हैं : हर वोट का मूल्य किसी अन्य वोट के बराबर होता है। 'बहुमत' का शासन एकमात्र चयन प्रणाली है (लॉटरी के अलावा) जो राजनीतिक समानता के अनुकूल है। मतदान गुप्त होता है, यह इस बात का नैतिक संकेत है कि हमें स्वतंत्र कर्ता के रूप में स्वीकार किया जाना चाहिए। हमें बिना किसी भय के अपना मन बनाने की स्वतंत्रता मिलनी चाहिए। उदार नैतिकता और लोकतांत्रिक नैतिकता की आवश्यक शर्तें एक-दूसरे से मेल खाती हैं। उदाहरण के लिए, किसी लोकतंत्र का स्वतंत्र और निष्पक्ष होना आवश्यक है, इसके लिए अभिव्यक्ति की स्वतंत्रता, संघ की स्वतंत्रता और संगठित होने की स्वतंत्रता होनी चाहिए। ये भी उदारवाद की आवश्यक शर्तें हैं। चुनावों के प्रति प्रतिबद्धता के अन्य नैतिक अर्थ भी हैं। इसका मतलब है कि सरकार के सभी अधिकार अस्थायी होते हैं। यह इस सम्भावना पर आधारित है कि आज हारने वाला दृष्टिकोण कल जीत सकता है। इसमें उन नीतियों के अधीन रहने की सम्भावना शामिल है, जिनसे आप सहमत नहीं हो सकते।

चुनाव जैसी सरल प्रक्रिया भी गहरे नैतिक मूल्यों की माँग करती है : समानता के प्रति प्रतिबद्धता, अहिंसा, हमारे साथी नागरिकों की बौद्धिक स्वतंत्रता का सम्मान, उनके अधिकारों का सम्मान, और उन दृष्टिकोणों के साथ जीने की प्रस्तुति जिनसे हम शायद सहमत न हों। चुनाव केवल चुनाव नहीं होते। अगर हम यह समझ सकें कि चुनाव का क्या तात्पर्य है, तो हमारे पास पहले से ही एक स्पष्ट नैतिक दिशा-निर्देश होगा। लेकिन लोकतंत्र केवल चुनावों की नैतिकता से अधिक है।

यह दुनिया में होने का एक तरीक़ा है। (It is a way of being in the world.) प्रोफ़ेसर अपूर्वानंद द्वारा किया गया शक्तिशाली, प्रतिभाशाली, संवेदनशील और समयानुकूल meditation इस बात को समझाता है कि लोकतंत्र दुनिया में होने का एक तरीक़ा है। यह दुनिया में होने का एक तरीक़ा है जिसके केन्द्र में मानव गरिमा का सम्मान और प्रत्येक व्यक्ति के जीवन की अवध्यता है। लोकतंत्र के युग की शुरुआत में, एलेक्सिस डी टॉकविल ने लोकतंत्र और कविता के बीच सम्बन्ध पर ध्यान किया। उन्होंने लिखा—

> मुझे विश्वास है कि अन्ततः लोकतंत्र मानव की कल्पना को बाहरी वस्तुओं से हटाकर केवल मनुष्य पर केन्द्रित कर देता है। लोकतांत्रिक राष्ट्र कुछ समय के लिए प्रकृति की कृतियों पर विचार कर सकते हैं, लेकिन वास्तविकता में वे केवल अपने आपकी समीक्षा से ही प्रेरित होते हैं।

> यहाँ, और केवल यहाँ, इन राष्ट्रों में कविता के सच्चे स्रोत पाए जाते हैं...एक लोकतांत्रिक समाज में कविता पुरानी परम्पराओं की यादों या दंतकथाओं से पोषित नहीं होगी। ये सभी साधन कवि के लिए विफल हो जाते हैं; लेकिन मनुष्य शेष रहता है, और कवि को इससे अधिक किसी चीज़ की आवश्यकता नहीं होती। मानव-जाति की नियति, मनुष्य स्वयं, अपने देश और युग से परे, प्रकृति और ईश्वर के सामने खड़ा होता है, अपनी भावनाओं, अपने सन्देहों, अपनी दुर्लभ समृद्धियों और अकल्पनीय दुखों के साथ, यही इन राष्ट्रों में कविता का प्रमुख, यदि एकमात्र नहीं तो, विषय बन जाएगा।

इस अर्थ में लोकतंत्र मानवता पर केन्द्रित है। ऐसा कोई कारण, कोई धर्म, कोई ईश्वर, कोई सौन्दर्यबोध नहीं है जिसके लिए मानवता की बलि दी जा सके। लोकतंत्र हमें उन ईश्वरों का अनुसरण करने, उन सुखों का आनन्द लेने और उन चुनौतियों का सामना करने की स्वतंत्रता देता है, जो हमारे जीवन को अर्थ प्रदान करती हैं। लेकिन लोकतंत्र की कविता, उसका नैतिक केन्द्र, पूरी सच्चाई के साथ मानवता ही है। चूँकि लोकतंत्र दुनिया में होने का एक तरीक़ा है, इसे एक व्याकरण, कविता, नैतिक मनोविज्ञान, सौन्दर्यबोध, और अन्त में विश्वास की भी आवश्यकता होती है।

हर बार जब हम किसी लोकतांत्रिक मूल्य को सीमित करते हैं, तो हम मूल रूप से दुनिया पर अपने विश्वास की कमी को व्यक्त करते हैं। हर बार जब हम किसी की स्वतंत्रता को बाधित करते हैं, तो हम संकेत देते हैं कि हम उस पर भरोसा नहीं करते। हर बार जब हम किसी की गरिमा या समान दर्जे से इनकार करते हैं, तो हम यही संकेत देते हैं कि हम उस पर भरोसा नहीं करते। स्वतंत्रता के उल्लंघन या समानता से विचलन सिर्फ़ नैतिक अपराध नहीं हैं; ये उल्लंघन दुनिया के ताने-बाने को चीर देते हैं। वास्तव में यह कहने का एक तरीक़ा है कि हम अपने साथी नागरिकों पर भरोसा नहीं कर सकते। यही कारण है कि किसी भी प्रकार की स्वतंत्रता या व्यक्ति की गरिमा पर हमला हमारे विश्व के साथ सम्बन्ध को तोड़ देता है। यह केवल एक नियम का उल्लंघन नहीं है, यह दिल तोड़ने वाला भी है।

यह संग्रह इस दिल टूटने पर एक गहन meditation है। भारत जैसे समाज में, जो गहरे स्तर पर पदानुक्रमित, ग़रीब और दमनकारी है, ऐसा दिल टूटना हरेक रोज़ का अनुभव है। वास्तव में, यह इतना सर्वव्यापी है कि हम अपनी वास्तविकताओं का सामना करने से बचते हैं। हम लोकतंत्र की औपचारिकताओं को तभी निभा पाते हैं जब हम अपने चारों ओर की दुनिया के साथ लगभग एक हृदयहीन सम्बन्ध

विकसित कर लेते हैं। यह हृदयहीनता जानबूझकर क्रूर होने के अर्थ में नहीं है, बल्कि यह एक सूक्ष्म अर्थ में हृदयहीन है। हम ध्यान देना बन्द कर देते हैं। हम सहानुभूति व्यक्त करना बन्द कर देते हैं। हम अपने आसपास होने वाली दैनिक गरिमा के उल्लंघनों को नोटिस करना बन्द कर देते हैं। हम अपने समाज द्वारा किये गए न्याय के बहुत ही मामूली प्रयासों को भी विफल कर देते हैं। ऐसा इसलिए है कि लोकतांत्रिक विश्वासघात का भूत इतना प्रबल होता है कि हम इससे निपटने के लिए एक प्रकार की अस्वीकृति का सहारा लेते हैं। हम जो कुछ अपनी आँखों के सामने देख रहे होते हैं, उसे देखने से इनकार कर देते हैं।

यह पुस्तक हमें लोकतंत्र में दिल टूटने का कविता के माध्यम से आभास कराती है। आधुनिक कविता की कुछ बेहतरीन आवाज़ों—जैसे धूमिल, रघुवीर सहाय, विजयदेव नारायण साही, महमूद दरवेश, श्रीकान्त वर्मा, कुँवर नारायण, नागार्जुन, ज्ञानेन्द्रपति, ओमप्रकाश वाल्मीकि, जसिंता केरकेट्टा और अन्य—की गहरी व्याख्याओं के माध्यम से अपूर्वानंद हमें वह देखने पर मजबूर करते हैं जिसे हम अक्सर अनदेखा कर देते हैं।

यह संग्रह और लेखन उस दुख और दर्द को सामने लाता है जिसे हम एक समाज के रूप में नज़रअन्दाज़ करने के आदी हो गए हैं—लोकतंत्र के भीतर छिपे हुए, किनारे कर दिये गए समूहों की पीड़ा और उनकी आवाज़ें जिन्हें हम सुनना नहीं चाहते।

इस संग्रह की शुरुआत रघुवीर सहाय की एक कविता से होती है, जो लोकतंत्र के वादे और उसके भव्य गर्व को प्रकट करती है : "किसी भी व्यक्ति को प्रधानमंत्री बनने का अधिकार है।" लोकतंत्र की विशिष्ट गरिमा यह है कि कोई भी प्रधानमंत्री बनने का दावा कर सकता है। एलेक्सिस डी टॉकविल के शब्दों का उपयोग करें तो, "कोई कहाँ जा रहा है, यह इस बात से अधिक महत्त्वपूर्ण है कि वह कहाँ से आया है।" लेकिन यह केवल एक महान भ्रम बनकर रह जाता है। हम जानते हैं कि यह यथार्थ रूप से सच नहीं है : राजनीतिक सत्ता का दावा हमेशा अन्य प्रकार के विशेषाधिकारों—जैसे सम्बन्ध, धन, व्यक्तिगत करिश्मा, सामाजिक स्थिति आदि—के माध्यम से किया जाता है।

निस्सन्देह, कई आधुनिक लोकतंत्रों ने उस प्रकार की गतिशीलता को जन्म दिया है : बहुत ही मामूली सामाजिक पृष्ठभूमि वाले पुरुष (अधिकतर पुरुष) उच्चतम पद तक पहुँचे हैं। इस सीमित अर्थ में लोकतंत्र सामाजिक पहचान के बोझ से मुक्त करता प्रतीत होता है। लेकिन क्या यह सभी के लिए ऐसा करता है? एक लोकतंत्र आंशिक रूप से प्रतिनिधित्व द्वारा निर्मित होता है : जो प्रतिनिधि और शासक हम

चुनते हैं, वे हमारे होते हैं। वे हमें प्रतिबिम्बित करते हैं। वे कुछ हद तक वैधता प्राप्त करते हैं क्योंकि हम स्वयं को, या शायद अपने पराये हुए स्वरूप को उनमें देखते हैं।

लेकिन कभी-कभी लोकतंत्र कुछ समूहों को अदृश्य भी बना सकता है। लोकतंत्र में "कोई भी प्रधानमंत्री बन सकता है" का गर्व अचानक इस विचार से टूट जाता है : क्या ऐसे समूह और समुदाय हैं जिन्हें हम प्रतिनिधि के रूप में भी सहन नहीं करेंगे, प्रधानमंत्री बनने की तो बात ही छोड़ दें? प्रतिनिधित्व का प्रश्न लोकतंत्र के उस धोखे की ओर एक मार्ग बन जाता है, जिसमें वह अल्पसंख्यकों को हाशिए पर रखकर अपने वादे को तोड़ता है। अल्पसंख्यक अपने चेहरों को प्रतिनिधियों के चेहरों में नहीं देख सकते।

यदि मुसलमानों को शंका का विषय बना दिया जाता है, इस हद तक कि उन्हें प्रतिनिधि स्थानों में अदृश्य बना दिया जाता है, तो यह लोकतंत्र उनका कैसे हो सकता है? यहाँ एक सूक्ष्म भेद किया जाना चाहिए जो इस अन्याय को देखने में मदद करता है। प्रतिनिधित्व के एक दृष्टिकोण के अनुसार, मुझे अपने प्रतिनिधि में अपना चेहरा देखना चाहिए। प्रतिनिधि सभा को राष्ट्र का प्रतिबिम्ब होना चाहिए। इसे समाज के उन सभी सामाजिक विभाजनों को प्रतिबिम्बित करना चाहिए, जो जाति या धर्म से चिह्नित हैं। लेकिन यहाँ एक और धारणा है जो प्रतिनिधित्व के बजाय भेदभाव पर केन्द्रित है। क्या हम उस प्रकार का लोकतंत्र हैं, जहाँ कुछ उम्मीदवारों का चयन केवल इसलिए नहीं किया जाएगा क्योंकि वे कौन हैं, उनकी पहचान के कारण? क्या लोगों को केवल उनके 'चेहरों' के आधार पर हाशिए पर रखा जा रहा है, या जैसा कि प्रधानमंत्री मोदी ने एक बार चतुराई से कहा था, "उनके पहनावे के कारण?"

मैं ख़ुद इस दूसरे प्रकार के अन्याय को प्राथमिकता देता हूँ। केवल पहचान के आधार पर लोगों को बाहर करना लोकतंत्र द्वारा किये जाने वाले सबसे बुरे पापों में से एक है। नहीं, हमारे लोकतंत्र में हर कोई प्रधानमंत्री नहीं बन सकता। लेकिन यह माँग करना कि मैं अपना चेहरा प्रतिनिधि सभा में देखूँ—जहाँ मेरा चेहरा किसी पहचान के अनुसार परिभाषित है—भी पहचान की राजनीति का महिमामंडन करना है। आदर्श लोकतंत्र में, जहाँ मेरा अपना चेहरा भी स्थिर नहीं है, इसे कैसे दर्शाया जा सकता है?

यह विचार कि प्रतिनिधित्व को समाज का प्रतिबिम्ब होना चाहिए, अक्सर कुछ विभाजनों और पहचानों को विशेषाधिकार देता है। ये पहचानें लोगों के निजी और सामाजिक जीवन में महत्त्वपूर्ण हो सकती हैं। इनका ध्यान रखा जाना चाहिए, ख़ास कर यदि ये पहचान बहिष्कार का आधार बनती हैं। लेकिन अन्ततः लोकतंत्र का

रोमांटिक वादा यह है कि यह राजनीति को इन पहचानों के बोझ से मुक्त करता है और एक पूर्ण व्यक्तित्व को विकसित होने देता है। पहचान हमारे व्यक्तित्व का एक पहलू हो सकती है, लेकिन राजनीति का उद्देश्य हमारी पहचान का प्रतिबिम्ब नहीं है।

यह पुस्तक हमें लोकतंत्र में दिल टूटने की कविता के रास्ते ले जाती है। 'प्रधानमंत्री बनने का अधिकार किसके पास है?' यह प्रश्न केवल इस बात का प्रारम्भिक संकेत है कि हम अपने जीवन के तरीक़ों पर गहरे और महत्त्वपूर्ण प्रश्न कैसे उठा सकते हैं। हमें और क्या चाहिए कि हम सच में लोकतांत्रिक बन सकें?

अपने सुन्दर चिन्तन के द्वारा अपूर्वानंद यह सवाल उठाते हैं : कभी-कभी लोकतांत्रिक ऊर्जा भारी प्रतीत होती है। संख्याओं का खेल व्यक्ति को एक छोटे से अस्तित्व में समेट देता है जो अक्सर उस बड़े समूह में खो जाता है जिसका वह हिस्सा होता है। ऐसे हालात में, क्या मतदान से पीछे हटना, एकान्त में अपने शान्ति के कार्य को फिर से प्राप्त करना, नैतिक और राजनीतिक एजेंसी का एक रूप हो सकता है?

एक अन्य चिन्तन में वे लोकतंत्र के केन्द्र में एक रहस्य को सामने रखते हैं। "घृणा की राजनीति कैसे आकर्षक हो जाती है?" घृणा से भरी हुई एक 'जनतांत्रिक' धारा इतने लोगों को कैसे जुटा लेती है? घृणा कैसे सौन्दर्य की दृष्टि से आकर्षक बन सकती है?

एक और चिन्तन में वे राजनीतिक एजेंसी की भौतिक स्थितियों पर विचार करते हैं। "अत्यधिक भौतिक अभाव की स्थितियों में लोकतांत्रिक रूप से जीने का क्या अर्थ है?" लोकतंत्र, जो स्वतंत्रता का वादा करता है, इतनी बड़ी संख्या में लोगों को बुनियादी ज़रूरतों की ज़िन्दगी में कैसे बाँध देता है? आख़िरकार स्वतंत्रता के विपरीत आवश्यकता होती है। ऐसी परिस्थितियों में हम गरिमा और एजेंसी कैसे खोज सकते हैं?

एक अन्य कविता लोकतांत्रिक साहस की कमी की ओर संकेत करती है। "क्या लोकतंत्र, विशेष रूप से उदार लोकतंत्र, हमें क़ानूनी स्वतंत्रताएँ प्रदान करता है? लेकिन कितने लोग इस स्वतंत्रता का साहसपूर्वक प्रयोग करते हैं?"

एक आदर्श लोकतंत्र में जो भावना हमें महसूस नहीं होनी चाहिए, वह है 'भय'; जैसा कि इतिहासकार एलन काहन ने उदारवाद के अपने अद्भुत इतिहास में लिखा है, "मानव गरिमा और भय से मुक्ति के बीच गहरा सम्बन्ध है।" भय के स्रोत बदल सकते हैं, लेकिन लोकतंत्र को सभी का सामना करना पड़ता है : हमें भय से स्वतंत्रता की आवश्यकता है, अधिनायकवादी सरकार से, ग़रीबी से, धार्मिक कट्टरवाद से, राष्ट्रवाद की सामूहिकता से। लेकिन अक्सर, कवि हमें याद दिलाते हैं,

"हम भय में जीने में अधिक सहज होते हैं।" सबसे शक्तिशाली और विशेषाधिकार प्राप्त व्यक्ति भी सत्ता या कट्टरता को चुनौती देने के लिए थोड़ा-सा नागरिक साहस नहीं जुटा पाते। कोई भी लोकतंत्र न्यूनतम नागरिक साहस के बिना जीवित नहीं रह सकता।

एक और कविता, जो अधिक विवादास्पद है, यह इंगित करती है कि "पूँजीवाद लोकतंत्र के लिए ख़तरा है", कि वास्तविक स्वतंत्रता के लिए पूँजीवाद का अन्त आवश्यक होगा। पूँजीवाद की इस आलोचना में बहुत कुछ है, विशेष रूप से अगर यह अनियंत्रित हो तो यह मानव सम्भावनाओं को कुचल सकता है। लेकिन लोकतंत्र के लिए चुनौती यह है कि यह बात सभी मौजूदा समाजवादों के मामले में और भी अधिक सच रही है। सच तो यह है कि बाज़ार स्वतंत्रता को सक्षम भी कर सकते हैं और इसे ख़तरे में डाल भी सकते हैं। राज्य भी स्वतंत्रता को सक्षम कर सकता है और इसे ख़तरे में डाल सकता है। एक लोकतांत्रिक नैतिकता को दोनों ख़तरों से संघर्ष करना पड़ता है। यह आधुनिक लोकतंत्र की त्रासदी है कि इसे अभी तक सही उत्तर नहीं मिला है। लेकिन पूँजीवाद की कट्टर आलोचना कभी-कभी बाज़ारों की मुक्तिकारी शक्ति को कम आँक सकती है।

"क्या लोकतंत्र को तब क्रान्ति की आवश्यकता होती है" जैसा कि एक कविता सुझाव देती है? क्रान्ति का इतिहास उत्साहजनक नहीं है। एक स्तर पर, क्रान्ति हमें उस दुनिया की कल्पना करने की अनुमति देती है जिसे हमने सामूहिक रूप से अपनी एजेंसी के माध्यम से बनाया है, एक ऐसी दुनिया जिसमें कुछ लोग बहुतों पर शक्ति का प्रयोग नहीं करते। लेकिन दूसरी ओर, क्रान्ति का इतिहास हिंसा का इतिहास है। "क्या वह हिंसा आधुनिक समाज की संरचनात्मक हिंसा से बेहतर परिणाम लाती है?" यह वह स्थान नहीं है जहाँ इस प्रश्न को सुलझाया जा सकता है, लेकिन प्रोफ़ेसर अपूर्वानंद की उत्कृष्टता का यह प्रमाण है कि उनका यह चिन्तन इस प्रश्न को सतह पर लाता है : "क्या लोकतांत्रिक संवेदनशीलता सुधारवादी है या क्रान्तिकारी?"

इन गहन प्रश्नों की सूची लम्बी और प्रभावशाली है। राजनीतिक प्रश्नों के अलावा अपूर्वानंद बार-बार लोकतंत्र को एक जीवन-शैली के रूप में देखते हैं। "क्या लोकतंत्र के लिए हमारी अपनी अधूरी स्थिति के प्रति आत्म-जागरूकता आवश्यक है?" इस दृष्टिकोण से, हम अपने साथी नागरिकों को एक प्रकार से हमें पूरा करने के रूप में देखते हैं। यह हमारे अहंकार के लिए एक उपचार है।

लोकतंत्र किस प्रकार के सामाजिक सहयोग की आवश्यकता है? यह सामूहिकता के गुण की आवश्यकता नहीं है, जो हमेशा निजता को मिटाने की धमकी देता है।

इसके बजाय, यह परस्पर सम्मान और एक-दूसरे के प्रति समान ध्यान की आवश्यकता है। इस पुस्तक को पढ़ने के बाद आपको यह एहसास होगा कि 'लोकतांत्रिक आत्मा' कैसी दिखती है, अपनी सारी धड़कती लय में। यह आपको गहराई से बदल देगी।

यह पुस्तक, असाधारण विचारों की एक श्रृंखला के माध्यम से हमें दिखाती है कि हमारे आसपास क्या है। यह हमारी राजनीति को छूती है, लेकिन यह उससे भी अधिक कठिन जगह पर पहुँचती है : "हमारी आत्माओं तक"। यह अस्थिरता पैदा करती है।

मुझे यह स्वीकार करना चाहिए कि इस पुस्तक में संकलित सभी कविताओं को पढ़ने से लोकतंत्र के प्रति एक निरन्तर निराशा की भावना पैदा होती है। इस संग्रह में लगभग सभी कवि एक प्रकार से 'धोखा खाए' हुए प्रतीत होते हैं। कुछ ग़ुस्से में हैं, कुछ नाराज़, कुछ गहराई से निराश। इन सभी में अन्याय की एक स्वाभाविक भावना है जो शक्तिशाली रूप से सामने आती है, वे शक्तिशाली रूप से लोकतंत्र के विवेक के रक्षक का कार्य करते हैं। लेकिन कविता और लोकतंत्र के बीच का रिश्ता केवल निराशा का नहीं होना चाहिए, केवल एक अधूरे वादे पर ग़ुस्से का भाव भी नहीं। यह केवल अप्रयुक्त दोषों या गुणों की एक सूची नहीं होनी चाहिए।

लोकतंत्र की कविता को भी एक रोमांस की आवश्यकता है। इस संग्रह को पढ़ते समय यह विचार मेरे मन में आया कि भारत ने असाधारण कवियों को जन्म दिया है, जिन्होंने लोकतंत्र के विश्वासघात को दर्ज किया है। लेकिन वह अब भी अपने वॉल्ट व्हिटमैन की प्रतीक्षा कर रहा है—वह कवि जो पूरी महिमा और पूर्णता में यह व्यक्त कर सके कि लोकतांत्रिक संवेदनशीलता क्या है। इनमें से कुछ कवि क़रीब आते हैं। लेकिन हमें ऐसे कवि की आवश्यकता है जो लोकतंत्र की चमक को पकड़ सके, जो केवल 'अन्धकार' का आह्वान न करे, बल्कि 'नया प्रकाश' भी फैलाए।

लेकिन जो ये निबन्ध साबित करते हैं, वह यह है कि हिन्दी भाषा के पास अब दुनिया के सबसे प्रमुख लोकतंत्र चिन्तकों में से एक अपूर्वानंद के रूप में हैं। वे सारे शानदार रोमांस और साहस में लोकतंत्र का जीवन्त स्वरूप हैं।

—प्रताप भानु मेहता

भूमिका

कविता और जनतंत्र का गहरा रिश्ता है। कविता या साहित्य, रामचन्द्र शुक्ल के अनुसार निज की वाणी है। वॉल्ट व्हिटमैन के अनुसार [उनकी] कविता जनतांत्रिक व्यक्ति का गान है। जनतंत्र व्यक्ति को उसकी सम्पूर्ण गरिमा में व्यक्त होने का अवसर प्रदान करता है। इसका अर्थ है प्रत्येक व्यक्ति को उसकी अपनी शैली या अन्दाज़ के साथ जीने का अधिकार। कविता और कुछ नहीं, अगर वह यह अन्दाज़ नहीं। सुखनवर तो और भी होंगे लेकिन ग़ालिब का 'अन्दाज़े बयाँ' और है! बात सिर्फ़ ग़ालिब तक ही महदूद क्यों रहे? जनतंत्र इस बात का वादा है कि वह हर व्यक्ति को उसके अन्दाज़ के साथ स्वीकार करेगा और आदर देगा। इसलिए जनतंत्र भिन्न-भिन्न कंठ स्वर, भिन्न वर्ण-गंध के लिए अनुकूल पर्यावरण है। बेहतर शायद यह कहना हो कि वह इसका अभ्यास है। साहित्य और उसमें भी कविता इस भिन्नता, विविधता का स्वाभाविक संसार है।

यह स्वाभाविक होना चाहिए कि जनतंत्र कविता या साहित्य के सृजन के लिए सबसे उपयुक्त वातावरण हो। अज्ञेय का सहारा लें तो यह एक तरफ़ अहं की अभिव्यक्ति तो दूसरी तरफ़ अहं के एक अधिक व्यापक सत्ता में विलय की सम्भावना के द्वारा खोलता है। एक तरफ़ ख़ुद को लेकर एक अभिमान तो दूसरी तरफ़ किसी एक व्यापक सत्ता की तलाश जो इतनी विनम्रता दे कि हम उसमें लीन हो जाना चाहें।

जनतंत्र हमेशा एक तरह की अस्थिरता और इसीलिए गतिशीलता, परिवर्तन और प्रयोग का आमंत्रण है। मुक्तिबोध कहते हैं कि ब्रह्मांड में ये जो गतिपथ बने हुए हैं ग्रहों के, काश ऐसा होता कि वे उन्हें छोड़कर कहीं भटक आते। जनतंत्र हमेशा ही नये गतिपथों की तलाश और अपने निर्धारित गतिपथ या धुरी की सुरक्षा से मुक्ति का साहस करने का आमंत्रण है।

इसका अर्थ यह नहीं कि कुछ भी स्थिर नहीं है। स्वतंत्रता, बराबरी और न्याय ऐसे मूल्य हैं जिनके साथ किसी तरह समझौता नहीं किया जा सकता।

साहित्य की सत्ता भी इनके बिना सम्भव नहीं। कविता अपने अन्दाज़ का ऐलान है तो वह नया अन्दाज़ हासिल कर पाने की जद्दोजहद भी है। मैं जड़ न हो जाऊँ, या टाइप्ड, या प्रत्याशित, यह ख़याल हमेशा मुझे अपने दायरे से निकलने की चुनौती देता रहता है। लेकिन मैं समझा जाऊँ, यह इच्छा भी साथ-साथ चलती है। वह कैसे सम्भव है अगर भावभूमि में समानता न हो। इस समानता के साथ ही भिन्नता को देखने और उसका आदर करने की सम्भावना बनती है। मैं किसके साथ किस प्रकार का संवेदनात्मक सम्बन्ध बनाता हूँ, इससे मेरी गुणवत्ता का पता चलता है। लेकिन यह सम्बन्ध बनाने की आज़ादी तो मुझे होनी ही चाहिए।

कविता और जनतंत्र के इस रिश्ते या दोनों के स्वभाव में समानता पर नये सिरे से ध्यान गया 2024 के लोकसभा चुनाव की घोषणा के बाद। भारतीय जनतंत्र अपने 75 साल के सफ़र में सबसे नाज़ुक दौर में था। वह अपने वायदे को बनाए रख पाएगा कि नहीं, यह सवाल सबको मथ रहा था। यह कहा जा सकता है कि भारतीय जनतंत्र एक फ़ासीवादी विचार के साथ प्रयोग करते हुए उसके फन्दे में तड़फड़ा रहा था। वह ख़ुद को बचा पाएगा या यह उसका अन्तिम क्षण है, इस सवाल ने भारत के एक बड़े हिस्से की नींद उड़ा दी थी। लेकिन यह जीने और मरने का सवाल दो तरह के लोगों के लिए सबसे अधिक था : मुसलमानों, ईसाइयों और लेखकों या कलाकारों के लिए। फ़ासीवाद की विजय का अर्थ भारत में मुसलमानों और ईसाइयों के अपने अन्दाज़ में जीने के अधिकार की समाप्ति तो था ही, यह वाणी की स्वतंत्रता का अन्त भी था।

यह विकट तनाव का क्षण था। कहा जा सकता है कि भारत की जनता ने जनतंत्र के वायदे को बचा रखने का संघर्ष बहुत समझदारी के साथ लड़ा। इसी संघर्ष के दौरान ये लेख लिखे गए। यह एक प्रकार से अपनी चिन्ताओं को कविता में खोजने का उद्यम था। कवि सचेत रूप से जनतंत्र को अपना विषय भले न बनाए, जनतंत्र की फ़िक्र उसकी फ़िक्र तो है ही।

जिस वक़्त 2024 का चुनाव अभियान चल रहा था, जो हर तरह से जनतंत्र को मौत के मुँह से निकालने का संघर्ष था, कोई एक महीने तक रोज़ाना ये लेख लिखे गए।

कविताओं के चुनाव के पीछे किसी श्रेष्ठता क्रम के निर्माण का विचार नहीं है। जो कविताएँ जनतांत्रिक चिन्ताओं पर विचार करने के लिए उपयुक्त जान पड़ीं, उन्हें चुना गया। पाठकों का ध्यान इस बात की तरफ़ जाएगा कि कविताएँ सिर्फ़ हिन्दी भाषा और भारत की नहीं। यह मात्र इसलिए कि भारतीय जनतंत्र जिन चुनौतियों से जूझ रहा है, पूरी दुनिया में उनका सामना किया गया है।

आम तौर पर कविता को किसी अवधारणा को सिद्ध करने के लिए टुकड़ा-टुकड़ा उद्धृत किया जाता है। लेकिन कविता पूरा अनुभव है। इसलिए हरेक लेख एक-एक कविता को पूरा पढ़े जाने की उम्मीद के साथ लिखा गया है।

'वायर हिन्दी' के सम्पादक आशुतोष भारद्वाज ने इन्हें रोज़ प्रकाशित करने का उत्साह दिखलाकर मुझे आश्वस्त किया कि साहित्य का भी इस संघर्ष में रोल है। मीनाक्षी तिवारी और 'वायर' की लघुकाय टीम चुनावी ख़बरों के बीच इन लेखों के लिए जगह बना रही थी। इनके प्रति कृतज्ञता किस प्रकार ज्ञापित की जाए? पूर्वा हमेशा की तरह इन लेखों की पहली, प्रकाशन पूर्व की पाठक रही हैं और इनकी असावधानी का सम्पादन करती रहीं। उनके कारण ही ये लिखे जाते भी रहे।

हिन्दी में लिखनेवालों को इस भाव से ही लिखना होता है कि उनका कर्तव्य लिखना भर है। उसे कोई पढ़ भी रहा है, इसे लेकर हमेशा आशंका बनी रहती है। जब लेखक-सम्पादक पीयूष दइया ने एक रोज़ कहा कि उन्हें लेख उपयोगी लग रहे हैं तो लगा कि सिलसिले को जारी रखा जा सकता है। योगेश प्रताप शेखर कहते रहे कि कि लेख उपयोगी हैं। धर्मेंद्र सुशांत से चर्चा के बाद लगा कि इन लेखों को किताब की शक्ल दी जा सकती है। राजकमल प्रकाशन के संचालक अशोक महेश्वरी और सत्यानंद निरुपम ने इसे किताब के रूप में प्रकाशित करने का उत्साह दिखलाया। सबके प्रति कृतज्ञता का भाव मन में है।

कविता जनतंत्र की फ़िक्र ज़ाहिर करती है। क्या उसका कोई मूल्य है? यह जानने के लिए जनतंत्र के विचारक और सिद्धान्तकार प्रताप भानु मेहता से इन लेखों को पढ़ने का आग्रह किया। उन्होंने इन्हें पढ़ा और इन संग्रह के लिए प्रस्तावना भी लिखी। इसके लिए उनका आभार।

अगर इन लेखों को पढ़ने के साथ और बाद कविता पढ़ने का उत्साह और जनतंत्र की सम्भावनाओं से प्रतिबद्धता बढ़े तो इनमें लगा श्रम सार्थक होगा।

10.10.2024 **—अपूर्वानंद**

दिल्ली

कविता में जनतंत्र

भारत का भावी प्रधानमंत्री होने का अधिकार हमारा है

इस जीवन में
मैं प्रधानमंत्री नहीं हुआ
इस जीवन में मैं प्रधानमंत्री के पद का
उम्मीदवार भी शायद हरगिज़ नहीं बनूँ
पर होने का अधिकार हमारा है
भारत का भावी प्रधानमंत्री होने का
अधिकार हमारा है

तुम हँस सकते हो हँसो कि हाँ हाँ
हो जाओ अधिकार तुम्हारा है
तो सुनो कि हाँ अधिकार हमारा है
भारत के कोई कोने में
मरकर बेमौत जनम लेकर
भारत के कोई कोने में
खोजता रहूँगा वह औरत
काली नाटी सुन्दर प्यारी
जो होगी मेरी महतारी
मैं होऊँ मेरी माँ होवे
दोनों में से कोई होवे
अधिकार हमारा है
भारत का प्रधानमंत्री
होने का अधिकार हमारा है।

[अधिकार हमारा है]

कोई 50 साल पहले लिखी और प्रकाशित हुई रघुवीर सहाय की 'अधिकार हमारा है' शीर्षक यह कविता हर चुनाव के वक़्त याद आती है। ख़ास कर रघुवीर सहाय की शैली में लिखी यह कविता भारतीय मतदाता के राष्ट्रगान के रूप में पढ़ी जा सकती है। इसमें मतदाता शब्द कहीं नहीं है लेकिन बोलनेवाला या हम उसे बोलनेवाली क्यों न कहें, दावा देश के सर्वोच्च पद पर कर रही है। लेकिन यह दावा तो एक मतदाता का ही हो सकता है।

कविता में कहने के अन्दाज़ से साफ़ है कि प्रधानमंत्री के पद पर दावा करने वाला जानता है कि वह जिससे यह बात कर रहा है वह उसके दावे को क़बूल नहीं करता। वह यह भी जानता है कि उसका यह दावा जिस वक़्त वह बात कर रहा है, सहज, स्वाभाविक स्वीकार्य नहीं। हालात ऐसे नहीं कि वह इस जन्म में प्रधानमंत्री बन पाए। वह भले न बन पाए, लेकिन यह अधिकार उसका है, यह वह जानता है और सामने वाले को जतला भी देना चाहता है।

दावा याचना नहीं है। आज इस दावे की खिल्ली उड़ाई जाएगी लेकिन उससे वह झूठा साबित नहीं होता।

क्या यह दावा एक व्यक्ति का है या समुदाय का? या एक तरह के व्यक्ति और समुदाय का जो ताक़तवर और सुन्दर नहीं माना जाता? 'काली नाटी' लेकिन सुन्दर और प्यारी मेरी महतारी भी इस पद की दावेदार है। वह हो या उसकी माँ हो, दोनों ही प्रधानमंत्री बन सकते हैं।

'भारत के कोई कोने में' पर भी ध्यान दीजिए। वह मध्य क्षेत्र नहीं है, भारत का हृदय प्रदेश नहीं है। कोई कोना हो सकता है, जहाँ यह काली नाटी सुन्दर महतारी और उसका बच्चा होगा।

'भारत का भावी प्रधानमंत्री होने का अधिकार हमारा है।' यह आज नहीं होगा, लेकिन यह होना ही है, होकर रहेगा। यह जनतंत्र की यात्रा की कहानी है। अगर यह यक़ीन भारत के किसी कोने में पैदा आदमी को न हो, अगर वह यह इस रघुवीरी ठसके से न कह सके तो भारतीय जनतंत्र को सफल कहलाने का हक़ नहीं।

इस बार यह कविता याद आई एक ख़बर पढ़कर। 'कांग्रेस को मुस्लिम वोट चाहिए...कैंडिडेट क्यों नहीं?' कांग्रेस पार्टी की महाराष्ट्र इकाई के कार्यकारी अध्यक्ष मोहम्मद आरिफ़ (नसीम) ख़ान ने अपने पद से इस्तीफ़ा देते हुए कहा कि उनसे मुसलमान यह सवाल कर रहे हैं। इस लोकसभा चुनाव में महाराष्ट्र की महाविकास अघाड़ी के 48 उम्मीदवारों की सूची में एक भी मुसलमान का नाम नहीं है।

कुछ लोग यह भी कह रहे हैं कि ख़ान साहब की नाराज़गी दरअसल उन्हें टिकट न मिलने की है।

जो हो, यह तो अकाट्य तथ्य है कि भारतीय जनता पार्टी के विरोधी गठबन्धन ने, जिसे धर्मनिरपेक्ष भी कहा जा सकता है, हालाँकि अब वह ख़ुद को ऐसा नहीं कहता, एक भी मुसलमान को इस योग्य नहीं पाया कि उसे किसी भी लोकसभा क्षेत्र से अपना उम्मीदवार बनाए। इस पर ख़ान साहब की तकलीफ़ क्या सिर्फ़ उनकी तकलीफ़ है?

इस इस्तीफ़े के पहले यह ख़बर आई थी कि गुजरात में भी भाजपा-विरोधी गठबन्धन ने एक भी मुसलमान को उम्मीदवार नहीं बनाया। कर्नाटक, बिहार, उत्तर प्रदेश, मध्य प्रदेश, राजस्थान जैसे राज्यों में भी मुसलमान आबादी के मुक़ाबले चुनाव में उम्मीदवार के रूप में उनकी उपस्थिति नगण्य है।

मुसलमानों को दूसरे समुदायों के बराबर अधिकार हैं, यह बतलाने के लिए प्राय: तर्क दिया जाता है कि उनको बाक़ी की तरह ही मताधिकार है। क्या उन्हें कोई वोट देने से रोक रहा है? वोट देने का हक़ औरतों का भी है, दलितों, आदिवासियों का भी। निरक्षर को भी साक्षर को भी। यही तो जनतंत्र है।

जनतंत्र यह है। सार्वभौम मताधिकार जनतंत्र की नींव है। लेकिन क्या वह उतना ही है?

मताधिकार के साथ जुड़ा हुआ है प्रतिनिधित्व का अधिकार। अगर वह न होता तो फिर अनुसूचित जातियों के लिए सीटें क्यों आरक्षित की जातीं? या औरतें क्यों माँग करतीं कि विधानसभाओं या संसद में उनके लिए जगहें आरक्षित की जाएँ?

क्यों दलित या आदिवासी या पिछड़े या औरतें सिर्फ़ वोट देकर सन्तुष्ट नहीं? जनतंत्र की सेहत का अन्दाज इससे लगाया जा सकता है कि क्या उसने हर कोने के मतदाता को यह ताक़त भी दी है कि वह हिन्दुस्तान की सारी आबादी के प्रतिनिधित्व का दावा कर सके?

यह सवाल आज से कोई 52 साल पहले रघुवीर सहाय अपनी कविता में पूछ रहे थे :

इस जीवन में
मैं प्रधानमंत्री नहीं हुआ
इस जीवन में मैं प्रधानमंत्री के पद का
उम्मीदवार भी शायद हरगिज़ नहीं बनूँ
पर होने का अधिकार हमारा है

यह मतदाता कौन हो सकता है? भारत में यह आदिवासी हो सकता है, दलित हो सकता है, मुसलमान या ईसाई भी हो सकता है। लेकिन और ईमानदारी से पूछें, कौन है इनमें जिसकी उम्मीद सबसे कम है प्रधानमंत्री बनने की?

भारत में पिछड़ी जाति हो या दलित या औरत, सब यह सोच सकते हैं कि वे प्रधानमंत्री के पद तक पहुँचें। और सभी राजनीतिक दल उनसे वादा भी कर सकते हैं कि वे उन्हें प्रधानमंत्री बनाना चाहते हैं। लेकिन जिसे यह सोचने का अधिकार नहीं और जिसे कोई यह विश्वास नहीं दिलाएगा, वह निश्चय ही मुसलमान है। मुसलमान मतदाता तो सकता है, लेकिन इस देश के किसी राज्य में मुख्यमंत्री होने या देश का प्रधानमंत्री होने की वह कल्पना भी शायद ही कर सकता है।

मताधिकार, लेकिन तब तक पूर्ण नहीं और अर्थपूर्ण नहीं जब तक मतदाता को प्रधानमंत्री होने का अधिकार न हो। कविता आगे कहती है :

भारत का भावी प्रधानमंत्री होने का
अधिकार हमारा है

इस दावे पर कोई हँसे तो हँसे, अधिकार तो है :

तुम हँस सकते हो हँसो कि हाँ हाँ
हो जाओ अधिकार तुम्हारा है
तो सुनो कि हाँ अधिकार हमारा है

इन पंक्तियों में 'हाँ' के दुहराव पर हमारा ध्यान जाना चाहिए। प्रधानमंत्री होने के मेरे दावे का तिरस्कार और उस तिरस्कार का अस्वीकार।

जनतंत्र में मतदाता होने का मतलब सिर्फ़ वोट डालने का हक़ नहीं है। वह समाज के संगठन और संचालन में पूरी भागीदारी का अधिकार है। दुनिया के सारे जनतांत्रिक देशों में भारत इस मामले में विलक्षण है कि उसके संविधान ने हर किसी को, उसकी सामाजिक, शैक्षिक, आर्थिक स्थिति से निरपेक्ष मताधिकार दिया। यह अमेरिका जैसे देश में, जो दुनिया का सबसे पहला जनतंत्र होने का दम भरता है, नहीं था। वहाँ भी कालों, औरतों, सम्पत्तिहीन लोगों, आदि को एकबारगी हर जगह मताधिकार नहीं मिल गया था। औरतों को, कालों को इसके लिए संघर्ष करना पड़ा था।

भारत के संविधान में मताधिकार को लेकर कोई दुविधा नहीं है। लेकिन क्या हर किसी को देश या समाज का प्रतिनिधि होने का अधिकार या अवसर है?

यह बहस संविधान सभा में बड़ी उत्तेजना के साथ हुई। ज़ेड ए. लारी ने इस बहस में हिस्सा लेते हुए कहा कि जनतंत्र के दो उसूल हैं। एक, आख़िरकार बहुमत

ही शासन करेगा और दूसरा यह कि प्रत्येक व्यक्ति को अधिकार हो कि सरकार को चुनने में उसकी हिस्सेदारी हो, सरकार में उसका प्रतिनिधित्व हो।

उन्होंने जॉन स्टुअर्ट मिल के इस तर्क को उद्धृत किया कि देश में अपनी आबादी के अनुपात में प्रत्येक राजनीतिक मत को विधायिका में प्रतिनिधित्व का अधिकार है।

अगर मैं अपनी संसद, विधानसभा या सरकार में अपना चेहरा नहीं देख पाता तो वह मेरी कैसे और क्योंकर हो! प्राय: तर्क दिया जाता है कि सरकार या विधायिका में औरत के होने से औरत के हित के क़ानून या नीतियों का निर्माण नहीं होता। यही बात दलितों या आदिवासियों पर लागू होती है। कहा जाता है कि असल बात है सही विचारधारा का होना और उसे लागू करने की ईमानदारी और सदिच्छा। इस दृष्टि से हिन्दू मुसलमान या सिख के हित का ध्यान रख सकता है, सवर्ण दलित के भले के लिए क़ानून लागू कर सकता है।

लेकिन क्या यह पूरी तरह सच है?

अगर यह सच है भी, तो भी एक औरत कह सकती है कि मुझे भी मौक़ा दीजिए कि मैं पुरुषों का प्रतिनिधित्व कर सकूँ। दलित भी यही बात सवर्ण को कह सकते हैं कि वे उन्हें भी उनकी नुमाइन्दगी का मौक़ा दें और मुसलमान भी अपेक्षा कर सकते हैं कि उन्हें देश का नेतृत्व करने लायक़ माना जाए।

संविधान सभा की बहसों में आनुपातिक प्रतिनिधित्व के विचार के प्रति प्राय: अरुचि दिखलाई गई। जवाहरलाल नेहरू तक का ख़याल था कि अगर अल्पसंख्यक समुदाय इसकी ज़िद करेंगे तो बहुसंख्यक समुदाय के भीतर उनको लेकर बदगुमानी पैदा होगी। यह उन्हीं के लिए नुक़सानदेह होगा क्योंकि अपनी तादाद की वजह से बहुसंख्यक समुदाय के लोगों का बहुमत सरकार में होगा।

बाबा साहब अंबेडकर राष्ट्र के लिए एकरूपता को जितना ज़रूरी मानते थे उतना ही इस बात को भी कि समुदायों में संस्कृति, स्मृतियों की और हितों की साझेदारी राष्ट्रीयता को जन्म देती है। वह साझेदारी भारत जैसे स्वभावत: विभाजित देश में कैसे पैदा हो सकती है?

कोई उच्च जाति का हिन्दू पुरुष या उत्तर भारत का व्यक्ति शायद दावा नहीं करेगा कि देश का प्रधानमंत्री होने का अधिकार मेरा है—क्योंकि वह इसे स्वाभाविक रूप से अपना मानता है। तमिलनाडु, मिज़ोरम, केरल के किसी व्यक्ति का प्रधानमंत्री होना ख़बर बन जाता है। मनमोहन सिंह के प्रधानमंत्री बनने को जनतंत्र की ताक़त के तौर पर पेश किया जाता है। देखिए, एक अति अल्पसंख्यक सिख भारत का प्रधानमंत्री बन सकता है! लेकिन क्या यही बात मुसलमान के बारे में कही जा सकती है?

क्या उच्च जातियाँ एक पिछड़े या दलित को बिना झिझक अपना प्रतिनिधि चुन सकती हैं? क्या बहुसंख्यक हिन्दू किसी मुसलमान को अपना प्रतिनिधि चुन सकते हैं?

जब उनकी पार्टी सरकार में थी तब राहुल गांधी से यही सवाल अलीगढ़ मुस्लिम विश्वविद्यालय में एक छात्रा ने पूछा था कि क्या ऐसा वक़्त आएगा कि कोई मुसलमान भारत का प्रधानमंत्री बन सके तो उन्होंने उसका उत्तर सीधा नहीं दिया। उन्होंने जवाब दिया था कि देखिए, मनमोहन सिंह सिख होने के कारण नहीं, अपनी क़ाबिलियत की वजह से प्रधानमंत्री बने। तो जो योग्य होगा वह प्रधानमंत्री बन सकता है, वह कोई भी हो।

राहुल गांधी अच्छी तरह जानते हैं कि यह चतुर उत्तर था, ईमानदार नहीं। वरना जब उनकी पार्टी पर भाजपा ने यह कहकर हमला किया कि जीतने पर वह गुजरात में अहमद पटेल को मुख्यमंत्री बना देगी तो पार्टी रघुवीर सहाय की भाषा में जवाब दे सकती थी कि अहमद पटेल भारत के, गुजरात के मतदाता हैं और गुजरात का मुख्यमंत्री बनने का अधिकार उनका है। उनकी पार्टी यह जवाब नहीं दे सकी।

लेकिन रघुवीर सहाय का किरदार तो ताल ठोंककर कह रहा है कि एक दिन वह भारत का प्रधानमंत्री बनकर रहेगा क्योंकि वह आत्मविश्वास से भरा मतदाता है। उसे भारत के जनतंत्र ने हिम्मत दी है कि वह ख़ुद को प्रधानमंत्री की कुर्सी पर देख सके। उसे अपने जनतंत्र के अधूरेपन का अहसास है, इसलिए वह भविष्य की बात कर रहा है :

> एक दिन ऐसा आएगा जब वह प्रधानमंत्री बन सकेगा। लेकिन अगर भारतीय जनतंत्र को पूर्णता हासिल करनी है तो उसे इस दावे को हक़ीक़त में बदलने की तैयारी करनी होगी।

फिर से कविता पढ़ें :

इस जीवन में
मैं प्रधानमंत्री नहीं हुआ
इस जीवन में मैं प्रधानमंत्री के पद का
उम्मीदवार भी शायद हरगिज़ नहीं बनूँ
पर होने का अधिकार हमारा है
भारत का भावी प्रधानमंत्री होने का
अधिकार हमारा है

मैं होऊँ मेरी माँ होवे
दोनों में से कोई होवे
अधिकार हमारा है
भारत का प्रधानमंत्री
होने का अधिकार हमारा है।

लिखते-लिखते सोचता हूँ कि शायद यह कविता गुनगुनाते हुए जुनैद आज अपना वोट देने बूथ पर जाता। यह उसका दूसरा चुनाव होता। लेकिन वह दिल्ली से वल्लभगढ़ जाते हुए ट्रेन में घेरकर मार डाला गया। मार डाला गया क्योंकि वह जुनैद था। उसे 18 का नहीं होने दिया गया।

फिर बूथ पर कौन जाएगा और रघुवीर सहाय की इस कविता के इस ठस्सेदार किरदार की भूमिका कौन निभाएगा? जुनैद हो या जुनैद की माँ, दोनों का अधिकार भारत का प्रधानमंत्री बनने का है। वह नहीं है, उसकी माँ है। क्या वह यह कविता गा सकती है?

पाँच बरस बहुत होते हैं...

तुमको लोग भूलते जा रहे हैं
क्योंकि तुम जाने जाते रहे हो अपने अत्याचारों के कारण
और आज तुम हाथ खींचे हुए हो
कि तुम्हारे अत्याचारों को लोग भूल जाएँ
पर लोग तुम्हीं को भूले जा रहे हैं
करो कुछ जिससे कि वह शक्ति दुष्टता की
लोग फिर देखें और लोग भयंकर मुग्ध हों
एक राष्ट्र के पतन का लक्षण है कि
वे जो जीवन-भर परोपजीवी रहे
सत्ता के तंत्र में
आज उससे बाहर होकर यह भ्रम फैला सकते हैं कि
वे किसी दिन समाज बदल देंगे
और अभी सिर्फ़ मौक़ा देखते हुए बैठे हैं।

[पराजय]

रघुवीर सहाय की यह छोटी-सी कविता उनकी मृत्यु के बाद प्रकाशित हुई। उनकी रचनावली में संकलित की गई। लेकिन लगता है यहाँ सम्पादक की निगाह चूक गई। कविता को ध्यान से पढ़ने से साफ़ हो जाता है कि इसमें दो कविताएँ मिल गई हैं। एक कविता ख़त्म हो जाती है "लोग फिर देखें और लोग भयंकर मुग्ध हों" पर। उसके बाद की 5 पंक्तियों को, जो शुरू होती हैं "वे जो जीवन-भर" से उन्हें अलग कविता के रूप में पढ़ा जा सकता है। पहली कविता शुरू होती है "तुमको लोग भूलते जा रहे हैं" से और ख़त्म होती है "लोग फिर देखें और लोग भयंकर मुग्ध हों।"

यह चूक इसलिए हुई हो सकती है कि जैसा सम्पादक ने लिखा है, रघुवीर सहाय की ऐसी ढेर सारी कविताएँ पर्चियों पर, यहाँ तक कि सिगरेट की डिब्बियों के पीछे लिखी मिलती हैं। इस वजह से इस तरह की चूक क़तई मुमकिन है। लेकिन कविता का 'शीर्षक' थोड़ा भ्रामक है। वह कविता से मेल नहीं खाता। बहरहाल! हम कविता पर लौटें।

कविता एक अत्याचारी के बारे में है। अत्याचारी और लोगों के बारे में। उनके बीच के रिश्ते के बारे में। वह अत्याचारी है और लोकप्रिय है। आज उसने अपना हाथ अत्याचार से खींच लिया है। और उस वजह से लोग उसे भूलते जा रहे हैं। कविता यह नहीं बतलाती कि वह अत्याचारी कौन है। वह अत्याचारी शासक भी हो सकता है। या कोई नेता। एक अत्याचारी नेता जिसकी प्रसिद्धि का कारण उसका अत्याचार है। इस अत्याचार ने ही लोगों को उसके प्रति आकर्षित किया है। उसी जुल्म की वजह से लोगों ने उसे चुना है।

अत्याचारी रघुवीर सहाय की एक दूसरी कविता में भी दीखता है। लेकिन अलग तरीक़े से। 'स्वच्छंद लेखक' कविता में भी अत्याचार को याद रखने या भूलने का प्रसंग है :

लोग भूल जाते हैं
दहशत जो लिख गया
कोई किताब में

लोग भूल जाते हैं
झेली थी यातना
जो अपने आप में

अत्याचारी का मुँह
लोग भूल जाते हैं
उसके मुस्काने पर

पहली कविता का अत्याचारी कौन है? यह इस दूसरी कविता को पढ़ने से मालूम होता है।

अत्याचारी का चेहरा उसके मुस्कुराने से बदल जाता है और उसकी दहशत और यातना के प्रमाण जो किताबों में लिखे हैं, लोग भूल जाते हैं। यह जिस जगह हो रहा है वह जनतंत्र है यह आगे की पंक्तियों से जान पड़ता है :

पाँच बरस बहुत बरस
होते हैं एक गुलाम
औ' ग़रीब देश में

इतने में गया हुआ
वक़्त लौट आता है
एक नए वेश में

पाँच साल की इकाई काल-गणना के लिए भारत जैसे जनतंत्रों में ही इस्तेमाल की जाती है। जनतंत्र का जीवन एक चुनाव से दूसरे चुनाव के बीच बँटा होता है। इन वर्षों में वह भूल जाना जो पहले हुआ था स्वाभाविक है। लेकिन गया हुआ वक़्त नए भेस में लौट आता है। असल बात है हत्या और अत्याचार :

हत्या कमज़ोर की
सीधे-सीधे हत्या
गाँव-गाँव होती है

कोई रोता नहीं
हाँ, मारी नहीं गई
तो विधवा रोती है

मारे गए व्यक्ति से सहानुभूति जतलानेवाला कोई नहीं। उसे वाणी देने का काम जिनका है वे आज ख़ामोश हैं :

आज मौन देख रहे हैं
जाता है शासक
हिंसा के रास्ते

यह हिंसा जो शासक करता है उसमें वह जनता को भी भागीदार बनाता है। और उस हिंसा को देखते हुए वाणी या भाषा के अभ्यासी जो चुप हैं वे भी उस दमन-चक्र के लिए ज़िम्मेदार हैं जो जनता पर चलाया जाता है :

दोनों मिलकर के यों
नया दमन-चक्र
यह प्रेम से चलाते हैं।

जो अभिव्यक्ति की स्वतंत्रता के लिए अन्यथा चिन्तित दीखते हैं और शासक के इस दमन पर मौन हैं, वे भूल जाते हैं कि बोलने का अधिकार सिर्फ़ उन्हीं का नहीं :

जो मारा गया है
उसके भी बोली थी
लोग भूल जाते हैं।

कविता आख़िर में सवाल करती है :

वह बोली कहाँ गई?
उस पर बन्दूक़ ने
लगाया प्रतिबन्ध है

जनता, वह जनता जिसका दमन किया जा रहा है, बोल नहीं सकती। इस कविता में अत्याचारी और जनता के बीच रिश्ता क्या है? एक हिस्सा जिसका दमन होता है और दूसरा जिसे शासक हथियार देता है। यानी शासक और जनता इस हिंसा में एकमेक हो जाते हैं। ज़रूरत इस जनता की कुछ और है लेकिन उसे शासक हिंसा का अधिकार देते हैं :

देते हैं हथियार
शासक ग़रीबों को
पानी नहीं देते।

जनता के एक हिस्से के ख़िलाफ़ दूसरे को हिंसा का अधिकार मिल जाने पर वह मानने लगती है कि वह जो हिंसा या दमन कर रहा है, वह उसी की तरफ़ से कर रहा है।

इस प्रकार दमन जन-सहमति से चलाया जाता है। आम तौर पर माना जाता है कि अत्याचारी जबरन समाज पर या देश पर क़ब्ज़ा करता है। लेकिन यह कविता इसका प्रत्याखान करती है। दूसरी बात कविता यह कहती है कि उस शासक को ख़ुद को लोकप्रिय बनाए रखने के लिए अपने अत्याचारी रूप को उतना ही भयानक या प्रभावकारी बनाए रखना चाहिए।

इस अत्याचारी को जनता पसन्द करती है उसके अत्याचार के कारण। उसके बावजूद नहीं। अत्याचारी सीधे रास्ते चुनाव के ज़रिए आते हैं। जन-समर्थन से आते हैं। अगर वह जन-समर्थन बनाए रखना है तो अत्याचार भी बनाए रखना होगा।

अत्याचारी अगर अपने उस रूप को बदलने की कोशिश करे तो जनता उसे अपना नेता मानने से इनकार कर दे सकती है। जिसे उसके जुल्म की वजह से चुना था, वह अगर जुल्म करना जारी न रखे तो जनता उसे भूल जा सकती है :

लोग तुम्हीं को भूले जा रहे हैं
करो कुछ जिससे कि वह शक्ति दुष्टता की
लोग फिर देखें और लोग भयंकर मुग्ध हों

हिटलर की लोकप्रियता उसके अत्याचार के कारण ही थी। डोनाल्ड ट्रम्प की लोकप्रियता आप्रवासियों, मुसलमानों के ख़िलाफ़ उनकी हिंसक राजनीति के कारण ही है। और हम जो जनता हैं भारत की, हमें कौन-सा नेता पसन्द है? इस सवाल का जवाब पिछले दो चुनावों में, दो बार 5-5 साल के बाद भारत की जनता ने दिया है। भारतीय जनता पार्टी के नरेन्द्र मोदी को क्यों चुना गया? वे लोग जिनके पास क़लम है, यह बताते रहे कि दुष्टता और अत्याचार उसके चुने जाने का कारण नहीं था। लेकिन आज वह जो फिर दुष्टता की शक्ति अपने भाषणों में प्रदर्शित कर रहा है, वह क्यों? क्या इसलिए कि वह दुष्टता ही थी जिसके चलते जनता ने उसे वरा था, उसे लोग फिर देखें और उस पर भयंकर मुग्ध हों?

कविता का हस्तक्षेप

जब मैं अपने ही जैसे किसी आदमी से बात करता हूँ,
साक्षर है पर समझदार नहीं है। उसमें समझ है लेकिन
साहस नहीं है। वह अपने ख़िलाफ़ चलनेवाली
साज़िश का विरोध खुलकर नहीं कर पाता।
और इस कमज़ोरी को मैं जानता हूँ। लेकिन इसीलिए
यह आम मामूली आदमी मेरा साधन नहीं है
यह मेरे अनुभव का सहभागी है, बनता है।

जब मैं उसे भूख और नफ़रत और प्यार और ज़िन्दगी
का मतलब बतलाता हूँ—और मुझे कविता में
आसानी होती है—जब मैं ठहरे हुए को हरकत
में लाता हूँ—एक उदासी टूटती है, ठंडापन ख़त्म
होता है और वह ज़िन्दगी के ताप से भर जाता है।

मेरे शब्द उसे ज़िन्दगी के कई स्तरों पर ख़ुद को
पुनरीक्षण का अवसर देते हैं, वह बीते हुए वर्षों
को एक-एक कर खोलता है।
वर्तमान को और पारदर्शी पाता है, उसके आर-पार
देखता है। और इस तरह अकेला आदमी भी
अनेक कालों और अनेक सम्बन्धों में एक समूह में
बदल जाता है। मेरी कविता इस तरह अकेले को
सामूहिकता देती है और समूह को साहसिकता।

इस तरह कविता में शब्दों के ज़रिए एक कवि
अपने वर्ग के आदमी को समूह की साहसिकता से
भरता है जबकि शस्त्र अपने वर्ग-शत्रु को
समूह से विच्छिन्न करता है। यह ध्यान
रहे कि शब्द और शस्त्र के व्यवहार का व्याकरण
अलग-अलग है। शब्द अपने वर्ग-मित्रों में कारगर
होते हैं और शस्त्र अपने वर्ग-शत्रु पर।

[कविता के द्वारा हस्तक्षेप]

धूमिल, सुदामा पांडे धूमिल, की इस कविता पर नज़र ठहर गई। धूमिली अन्दाज़ से बिलकुल अलग इस कविता ने इस चुनाव-प्रचार के शोर-शराबे के बीच क्यों ध्यान खींच लिया? क्या इसलिए कि 24 घंटे शब्दों के हमलों के बीच यह कविता शायद भाषा के जनतांत्रिक कर्तव्य की याद दिलाती मालूम पड़ती है? लेकिन कविता तो कविता के बारे में है। कविता के काम के बारे में। ध्यान से पढ़ें तो वह भाषा के एक बड़े मक़सद की बात करती है।

भाषा का वह कर्तव्य क्या है? हम इस पर आगे बात करेंगे।

कोई 50 साल पहले लिखी इस कविता में धूमिल को धूमिल बनानेवाला परिचित क्रोध, क्षोभ, छटपटाहट, अस्वीकार नहीं है। है भाषा के दायित्व का गम्भीर अहसास।

भाषा के इस दायित्व का जनतंत्र से गहरा रिश्ता है। बल्कि जनतंत्र तो भाषा का ही व्यापार है। वही उसकी ताक़त है और उसी में उसके लिए ख़तरा भी है। जनतंत्र में भाषा के माध्यम से ही सत्ता का निर्माण होता है। हथियारों के बल पर अपनी प्रभुता स्थापित नहीं की जाती। भाषा के सहारे बहुमत का निर्माण किया जाता है और उस बहुमत के बल पर सत्ता हासिल की जाती है। लेकिन जनतंत्र मात्र वह नहीं। वह निरन्तर चलनेवाला वार्तालाप है। ऐसा जिसमें अलग-अलग पक्ष एक दूसरे से विवाद करते हैं, लेकिन उसकी परिणति संवाद में होनी चाहिए। विवाद का समय है चुनाव-प्रचार। लेकिन उसके समाप्त होने के बाद जब संसद में ये विवादी साथ बैठते हैं तो उनका जिम्मा संवाद स्थापित करने का है। तो विभाजन के बाद संयोजन। उसका दायित्व दोनों प्रतिद्वंद्वी पक्षों का है। लेकिन सत्ता-पक्ष का ज़्यादा है क्योंकि बहुमत उसके पास है। तो प्रलोभन यह हो सकता है कि अल्पमत की आवाज़ की उपेक्षा कर दी जाए और बहुमत के, संख्या के बल पर सारा फ़ैसला कर लिया जाए।

लेकिन उसके पहले भी जब विवाद दो या दो से ज़्यादा पक्षों के बीच चल रहा हो तो भी संवाद की प्रक्रिया वहाँ भी चलती रहती है, क्योंकि विवाद राजनीतिक दलों के बीच भले हो, वे जनता से तो संवाद करना चाहते ही हैं।

इस संवाद का उद्देश्य क्या है? और वह किसके द्वारा शुरू किया जाता है? जनतंत्र में प्राय: जनता का गुणगान करते हुए उसे सर्वोपरि बतलाया जाता है। लेकिन जनतंत्र का ही एक प्रिय शब्द है 'जनजागरण'। हर राजनीतिक दल जनता को जागरूक करना चाहता है। अगर 'पब्लिक सब जानती है' तो उसे जागरूक करने की आवश्यकता ही क्यों हो?

इस प्रश्न पर विचार करते ही स्वीकार करना पड़ता है कि समाज में भाषा के व्यवहार में असमानता है। भाषा सबके पास है। सब भाषा का व्यवहार करते हैं लेकिन एक तबक़ा तो है जो भाषा में छिपे ख़तरों को पहचानता है। भाषा जगा सकती है तो सुला भी सकती है। सचेत भी करती है और सम्मोहन में डालकर बेबस भी।

यह कविता दिलचस्प है। इस कविता में शब्द और शस्त्र के बीच के अन्तर की पहचान है। वह लेकिन आख़िरी हिस्से में है। शुरुआत तो शुरू से ही की जानी चाहिए। पहले हिस्से में कवि जिससे बातचीत करना चाहता है, उसकी पहचान है : वह साक्षर है, लेकिन समझदार नहीं है। सम्भवत: इसीलिए हमारे संविधान-निर्माताओं ने मत धिकार के लिए समझ को महत्त्व दिया, साक्षरता को नहीं। समझ साक्षरता की समानुपाती नहीं है। यानी साक्षरता के स्तर से समझ नहीं तय होती।

कविता का या भाषा का काम समझ पैदा करने का है। समझ एक दूसरे के बीच—एक रिश्तों की और अपने चारों तरफ़ घट रही घटनाओं के बीच के न दीखनेवाले रिश्तों की भी। लेकिन यह समझ हो भी तो दूसरा गुण जो किसी को 'मतदाता' बनाता है, वह है साहस। इस साहस के बिना वह पूरा जनतांत्रिक व्यक्ति नहीं बन सकता। क्योंकि आख़िर गांधी ने स्वराज की परिभाषा देते हुए कहा था कि यह मात्र मुझ जैसों का राज नहीं। स्वराज वह है जिसमें सत्ता के अन्याय का, या मैं जिसे ग़लत समझता हूँ, उसका विरोध करने की आज़ादी मुझे हो। विरोध करने की आज़ादी का इस्तेमाल साहस के बिना कैसे हो सकता है?

किसी में साहस भरने का काम उसे अपना सहभागी बनाए बिना सम्भव नहीं। क्या लोग सिर्फ़ ज़रिया हैं या उनसे आपका बराबरी का नाता है और उनकी और आपकी ज़िन्दगी में कोई साझेदारी भी है :

यह आम मामूली आदमी मेरा साधन नहीं है
यह मेरे अनुभव का सहभागी है, बनता है।

समझ और साहस के साथ चाहिए जीवन के प्रति उत्सुकता और उत्साह। उसमें दिलचस्पी। उसमें हिस्सा लेने की। यानी व्यक्ति को एक सक्रिय व्यक्ति होना चाहिए। उसमें ज़िन्दगी की गर्माहट होनी चाहिए :

मैं उसे भूख और नफ़रत और प्यार और ज़िन्दगी
का मतलब बतलाता हूँ—और मुझे कविता में
आसानी होती है—जब मैं ठहरे हुए को हरकत

में लाता हूँ—एक उदासी टूटती है, ठंडापन ख़त्म
होता है और वह ज़िन्दगी के ताप से भर जाता है।

जीवन में रुचि का अर्थ ही है लोगों में रुचि। मुक्तिबोध की पंक्तियाँ याद आ जाती हैं :

एकदम ज़रूरी दोस्तों को खोजूँ
पाऊँ मैं नए-नए सहचर
सकर्मक सत्-चित्-वेदना भास्वर।

धूमिल जब ठहरे हुए को हरकत में लाने की बात करते हैं तो शायद मुक्तिबोध की 'सकर्मक सत्-चित्-वेदना भास्वर' उनके मन में कहीं उठ रही हो!

जनतंत्र का काम अन्ततः समूह-निर्माण का है। जनतंत्र की बुनियाद व्यक्तिगत मताधिकार पर है, लेकिन वह व्यक्ति समूह का अंग है। राष्ट्र भी एक समूह या सामूहिकता का भाव है। वह सामूहिकता कैसे बनती या बनाई जाती है? सामूहिकता का यह निर्माण एक स्तर पर व्यक्ति की ख़ुद की पहचान से होता है। इतिहास की समझ से। वह काल के किस बिन्दु पर स्थित है? उससे, इतिहास से उसका रिश्ता क्या है? भाषा का काम इन सम्बन्धों का बोध पैदा करना है :

इस तरह अकेला आदमी भी
अनेक कालों और अनेक सम्बन्धों में एक समूह में
बदल जाता है।

जैसे व्यक्ति में साहस होना चाहिए, वैसे ही समूह में भी :

मेरी कविता इस तरह अकेले को
सामूहिकता देती है और समूह को साहसिकता।

साहस और उद्धतपन में फ़र्क़ है। एक जनता का निर्माण करता है और दूसरा हिंसक भीड़ का। सामूहिकता का निर्माण गांधी भी कर रहे थे और लेनिन भी। मुसोलिनी का तो सिद्धान्त ही सामूहिकता का था। इन सामूहिकताओं के चरित्र में अन्तर है। रूसी लेखक और लेनिन के मित्र गोर्की ने देखा कि लेनिन एक हिंसक सामूहिकता का निर्माण कर रहे हैं और इसके लिए उन्होंने अपने मित्र की कड़ी आलोचना की।

कविता का अन्त लेकिन सबसे अधिक महत्त्वपूर्ण है। वहाँ वह शब्द और शस्त्र के बीच अन्तर करती है :

इस तरह कविता में शब्दों के ज़रिए एक कवि
अपने वर्ग के आदमी को समूह की साहसिकता से
भरता है जबकि शस्त्र अपने वर्ग-शत्रु को
समूह से विच्छिन्न करता है। यह ध्यान
रहे कि शब्द और शस्त्र के व्यवहार का व्याकरण
अलग-अलग है। शब्द अपने वर्ग-मित्रों में कारगर
होते हैं और शस्त्र अपने वर्ग-शत्रु पर।

धूमिल जिस समय कविता लिख रहे थे, जनतंत्र के प्रति, जनतांत्रिक सामूहिकता के प्रति सन्देह और अधैर्य ही बौद्धिक समाज का मुख्य भाव था। वह राममनोहर लोहिया की राजनीति में था और नक्सलवादियों में भी। 'नक्सलबाड़ी में वसन्त के वज्रनाद' ने धूमिल जैसे कवियों को भी खींचा था। शब्द या शस्त्र? या दोनों ही? शब्द अपने मित्रों की साहसिक सामूहिकता का निर्माण करते हैं और शस्त्र जिस पर इस्तेमाल किये जाते हैं उसे समूह से विच्छिन्न करते हैं। क्या कविता वर्ग-मित्रों के लिए शब्द की और वर्ग-शत्रुओं के लिए शस्त्र की वकालत कर रही है? क्या जनतांत्रिक चेतना वर्ग-मित्र और वर्ग-शत्रु के इस अलंघ्य विभाजन की चुनौती का सामना करते हुए ही नहीं बनती? और क्या कवि को नहीं मालूम कि अनेक बार शस्त्र ख़ून बहाएँ उसके पहले शब्द ही शस्त्र में बदल दिये जाते हैं? कविता का काम इसी के ख़िलाफ़ संघर्ष का तो है!

जानने और नकारने का अधिकार

मैं...ज...हूँ...ज
और तुम...न...हो
हम दोनों मिलकर 'जन' बनाते हैं।

मेरा जानना
और तुम्हारा नकारना
हमें इस क़ाबिल बनाते हैं
कि हम
चेहरे को चेहरा
और चाक़ू को चाक़ू कह सकें।

कल तक वे चेहरे को चाक़ू
और चाक़ू को चेहरा कहते रहे
और हम इसे बुत की तरह सहते रहे।

लेकिन यह देखो हम किस तरह
एक दूसरे के सामने खड़े हैं
एक अदद बटन और चुटकी-भर
आटे की सुविधा ने
हमें बाग़ी बना दिया है
जबकि हमारी पीठ बुरी तरह
महसूसती है कि हमारी रीढ़ पर
दाँत भेड़ियों के गड़े हैं।

मैं...ज...हूँ...ज
और तुम...न...हो
हम दोनों मिलकर 'जन' बनाते हैं
तुम मुझे कहीं भी देख सकते हो
सुबह-सुबह जब आसमान
मुँह धोये पेड़ों में
नारंगी की फाँकें बाँटता है
तुम मुझे बेकारी की पसली में
चहलक़दमी करते हुए
देख सकते हो

मेरा चलना
बरफ़ की सिल्ली में
सैंकड़ों उदास आँखों का चलना है

या फिर
तुम मुझे देख सकते हो
शाम के धुँधलके में
दीवारों पर एक नया नारा लिखती हुई
हलफल काँपती ललछौंही कूँची में

मैं भाषा के जबड़े में कैंसर की गाँठ हूँ
मेरा जानना
मेरा जलना है
और तुम कहाँ रहते हो
संसद के पीछे
दँतचियार रिश्वती हथेली पर
या काम रोको प्रस्ताव की सूची में

बहरहाल तुम जहाँ भी रहते हो
यह पहला मौक़ा है कि हम दोनों

साथ हैं। थकान पर चुसकी मारते हुए
बिलकुल ताज़ा और गरम
चाय के प्यालों की तरह
और लगभग उस माहौल में
जबकि हमें निर्णय लेना है
तो आओ, एक निर्णय लें

हम दोनों मिलकर
अपने जानने और अपने नकारने का
एक संयुक्त मोर्चा बनाएँ

आज की भूख से भूख के अगले पड़ाव तक
लिख दें—
यह रास्ता जनतंत्र को जाता है

और इस तरह
धुन्ना कविताओं और
चुन्ना राजनीति
और मुन्ना विद्रोह को
ठेंगा दिखाएँ।

मैं...ज...हूँ...ज
और तुम...न...हो
हम दोनों मिलकर 'जन' बनाते हैं।

[संयुक्त मोर्चा]

धूमिल की इस कविता में उनकी पिछली कविता ('कविता के द्वारा हस्तक्षेप') के मुक़ाबले वे धूमिल अधिक मौजूद हैं जिन्हें हिन्दी के पाठक पहचानते हैं। इस कविता के स्वर में बेचैनी है। धूमिल का ख़ास तीखापन है और सीधापन भी। आप यह भी पहचान सकते हैं कि यह कविता तब लिखी गई है जब जनतांत्रिक संवेदना के दायरे में अभी मनुष्येतर प्राणियों का शुमार नहीं हुआ था। यानी हीनतर मानवीय वृत्तियों के लिए उपमा और प्रतीक के तौर पर भेड़िया, सुअर, गीदड़ आदि का

इस्तेमाल करने के पहले कवि शायद ही कभी दुविधा का अनुभव करते हों। लेकिन यह सवाल जब धूमिल लिख रहे थे, उस वक़्त के सारे लेखकों से किया जा सकता है। इसे चाहें तो उस वक़्त की चेतना की सीमा भी कह सकते हैं। यह जनतांत्रिक चेतना मनुष्यकेन्द्रित, उसके लाभ के विचार से सीमित थी।

इस नुक़्ताचीनी में लेकिन कहीं कविता हमारे हाथ से फिसल न जाए। कविता में एक बेचैनी है लेकिन खेल भी है। 'ज' और 'न', इन दो अक्षरों को लेकर किया गया खेल। वर्णमाला के ये दो अक्षर आसपास आते हैं तो जनतंत्र की बुनियादी और सबसे अहम इकाई की शक्ल बनती है। वह जन है।

जन अकेला है लेकिन जैसा हम धूमिल की दूसरी कविता के ज़रिए जान चुके हैं कि जन-भाव अकेले इनसान से नहीं बनता। वह लोगों के साथ आने से, सामूहिकता से निर्मित होता है। लेकिन वह सामूहिकता जनतांत्रिक किस प्रक्रिया से बनती है?

जनतांत्रिक सामूहिकता का निर्माण होता है जानने और नकारने या इनकार करने से। यह समझना मुश्किल नहीं कि जाने बिना नकारना सम्भव नहीं। कोई पूछ सकता है कि आख़िर नकारने से ही शुरुआत क्यों?

जानना जन बनने की शुरुआत है। जानना इसीलिए अधिकार है। वह वैकल्पिक नहीं हो सकता। वह सत्ता की मर्ज़ी पर नहीं छोड़ा जा सकता। और जानना अकेले एक आदमी के बस की बात नहीं। उसके लिए उसे और साधन चाहिए। सिर्फ़ जनसंचार माध्यम नहीं, जिसे आज हम मीडिया कहते हैं, बल्कि शोध संस्थानों, विश्वविद्यालयों, यहाँ तक कि लेखकों, कवियों, सबका काम है जनता को जनता बनाने या बनाए रखने के लिए जानने के इस काम में उसकी मदद करना।

जनतंत्र में सब कुछ जन है लेकिन वह उस तंत्र या सत्ता के सामने कितना निरुपाय नज़र आता है जिसे उसी ने अपने फ़ैसले से बनाया है। सत्ता की स्वाभाविक प्रवृत्ति गोपनीयता ही है। यानी वह जनता को या तो इस योग्य नहीं मानती कि उसे सब कुछ बतलाया जाए या वह घबराती है कि जानने के बाद जनता उसे नकारना शुरू कर सकती है।

क्यों धूमिल जो आज से कोई 50 साल पहले लिख रहे थे, वह इतना अहम है, यह इस बात से ही मालूम हो जाता है कि भारत के जन को सूचना या जानने का अधिकार भारत में उसके 'स्वराज' आने के कोई 60 साल बाद ही मिला। वह भी ख़ुद-ब-ख़ुद नहीं। और क्यों सरकार बार-बार अदालत को यह कहती है कि जनता को जानने का हक़ नहीं। हमें भारत की सबसे बड़ी अदालत में सरकार का बयान याद करना चाहिए कि जनता को यह जानने का हक़ नहीं कि जिस 'चुनावी बॉन्ड' के सहारे पार्टियाँ चुनाव लड़ती हैं, वह किसने ख़रीदा और किसे दिया।

या वह सरकारी स्टैंड भी कि प्रधानमंत्री द्वारा स्थापित किये गए 'पी एम केयर' का पैसा कहाँ से आ रहा है और कहाँ जा रहा है! या कोरोना-संक्रमण के दौरान ऑक्सीजन आपूर्ति को लेकर गोपनीयता पर सरकार की ज़िद। या जब अदालत ही कहती है कि मतदाता को जानने का हक़ नहीं कि अपने बारे में जो जानकारी उम्मीदवार ने दी है, वह सही है या नहीं।

जानना पहली सीढ़ी है। या पहला क़दम। उसके सहारे या उसके बल पर नकारने से ही जनतंत्र का रास्ता खुलता है। सत्ता के निर्णय की जाँच करने का अधिकार ही जन को जन बनाता है। और उसमें हमेशा सम्भावना उस निर्णय को नकारने की बनी रहती है।

अगर जानने के साथ नकारने का अधिकार न हो तो जनतंत्र सम्भव नहीं। जनतंत्र में नकारने का अधिकार विरोध का प्रस्थान-बिन्दु है। जनता को विरोध का अधिकार है। वह सरकार द्वारा लाए गए क़ानून का विरोध कर सकती है, उसके द्वारा लिए गए किसी शासकीय निर्णय का विरोध कर सकती है। जनता के जीवन के बारे में निर्णय अगर लिया जाए और वह उसे अपने ख़िलाफ़ मालूम हो तो उसे उसे नकारने और उसका विरोध करने का अधिकार है। सच्चाई को जैसी वह है, पहचानना और बता सकना इसके बाद ही सम्भव होता है :

मेरा जानना
और तुम्हारा नकारना
हमें इस काबिल बनाते हैं
कि हम
चेहरे को चेहरा
और चाक़ू को चाक़ू कह सकें।

जानना लेकिन एक तकलीफ़देह क्रिया और प्रक्रिया है। वह फिर चैन से नहीं रहने देती :

मैं भाषा के जबड़े में कैंसर की गाँठ हूँ
मेरा जानना
मेरा जलना है

जनतंत्र का जन कबीर है जो जानने के कारण जागता और रोता है जबकि बाक़ी न जानने के कारण चैन से सोते हैं। या मुक्तिबोध की कविता 'अँधेरे में' का वह पागल जिसके गाने से सुननेवालों का चैन चला जाता है, नींद उड़ जाती है।

जानना जलना है। इसलिए कि उसके साथ नकारने की चुनौती लगी आती है। वही जनतांत्रिक दायित्व है। जानने के बाद ख़ामोश बैठना जनतंत्र के साथ द्रोह है।

इसलिए कविता इस मोर्चे का प्रस्ताव करती है :

हम दोनों मिलकर
अपने जानने और अपने नकारने का
एक संयुक्त मोर्चा बनाएँ

आज की भूख से भूख के अगले पड़ाव तक
लिख दें—
यह रास्ता जनतंत्र को जाता है

यह भूख सिर्फ़ 5 किलो अनाज की नहीं, यह कहने की ज़रूरत न होनी चाहिए। यह एक बड़ी भूख है, अपने आपको हासिल करने की। जनतंत्र कुछ नहीं अगर वह इस बड़ी भूख को जगा न सके और आत्मा के लिए ख़ुराक भी जुटा न सके। कविता इसलिए क्षुद्रता से ऊपर उठने की चुनौती देती है।

...इस तरह
धुन्ना कविताओं और
चुन्ना राजनीति
और मुन्ना विद्रोह को
ठेंगा दिखाएँ।

कविता को बड़ी कविता होना होगा, राजनीति को गहराई हासिल करनी होगी और विद्रोह को अपने वक़्त के सबसे बड़े और असली सवाल को पहचान कर उससे टकराते हुए अर्थवान होना होगा। तब जनतंत्र का रास्ता खुलेगा। रास्ता जो अन्तहीन है।

अपनी बानी, अपना पानी, माँग रहा है हिन्दुस्तानी

पानी पानी
बच्चा बच्चा
हिन्दुस्तानी
माँग रहा है
पानी पानी

जिसको पानी नहीं मिला है
वह धरती आज़ाद नहीं
उस पर हिन्दुस्तानी बसते हैं
पर वह आबाद नहीं

पानी पानी
बच्चा बच्चा
माँग रहा है
हिन्दुस्तानी

जो पानी के मालिक हैं
भारत पर उनका क़ब्ज़ा है
जहाँ न दें पानी वाँ सूखा
जहाँ दें वहाँ सब्ज़ा है

अपना पानी
माँग रहा है
हिन्दुस्तानी

बरसों पानी को तरसाया
जीवन से लाचार किया
बरसों जनता की गंगा पर
तुमने अत्याचार किया

हमको अक्षर नहीं दिया है
हमको पानी नहीं दिया
पानी नहीं दिया तो समझो
हमको बानी नहीं दिया

अपना पानी
अपनी बानी हिन्दुस्तानी
बच्चा बच्चा माँग रहा है

धरती के अन्दर का पानी
हमको बाहर लाने दो
अपनी धरती अपनी बानी
अपनी रोटी खाने दो

पानी पानी
पानी पानी
बच्चा बच्चा
माँग रहा है
अपनी बानी
पानी पानी
पानी पानी
पानी पानी
पानी पानी।

[पानी पानी, रचनावली, भाग-1]

कविता का शीर्षक है 'पानी पानी'। कविता की भाषा पर रघुवीर सहाय के दस्तख़त साफ़ हैं। पानी और बानी के पास-पास रहने से एक खेल-सा बनता है। पानी का जैसे एक से अधिक अर्थ किया जा सकता है, बानी के भी एक ही मायने नहीं। पानी और बानी के साथ हिन्दुस्तानी की तुक मिलती है लेकिन उतना कवि के लिए काफ़ी नहीं। इन तीनों के बीच के रिश्ते को खोजना ही कविता का मक़सद है।

कविता जैसे-जैसे आगे बढ़ती है, और वह बहुत लम्बी नहीं, खेल की जगह उसके भीतर का दर्द उभरने लगता है। सिर्फ़ दर्द नहीं, एक ग़ुस्सा भी। ग़ुस्से से आगे बढ़कर एक माँग। वह माँग दुनियावी है लेकिन रूहानी भी है। पानी चाहिए, लेकिन अपनी बानी भी चाहिए।

पानी यानी जीवन। जहाँ पानी है वहीं ज़िन्दगी है। यह पानी वही है जो आज भी तक़रीबन 35 करोड़ हिन्दुस्तानियों को क़ायदे से मयस्सर नहीं। लेकिन यह सबसे बड़े चुनावी मुद्दों में एक नहीं हालाँकि हम जानते हैं कि इस पानी के लिए तरसते और एक दूसरे से झगड़ते लोग 'वाटर पार्क' में मज़ा लेनेवालों के लिए एक दर्जा कम इनसान हैं। वे भी वोट देते ही हैं, लेकिन जैसे मतदान-केन्द्र के बाहर वे क़तार में खड़े रहते हैं वैसे ही पानी के लिए भी। रघुवीर सहाय कहते हैं कि इन लोगों को सिर्फ़ इनसानी शक्ल में ज़िन्दा रखा जाता है जिससे राष्ट्र के लिए उत्पादन होता रहे। कार्ल मार्क्स भी पूँजीवाद के आलोचक इसीलिए थे कि वह इनसानों की बड़ी आबादी को जीवन के न्यूनतम स्तर पर बनाए रखकर ही सन्तुष्ट रहता है, बल्कि उसी वजह से वह मोटा-ताज़ा होता जाता है।

पूँजीवाद को जनतंत्र के लिए सबसे स्वाभाविक और मुफ़ीद व्यवस्था माना जाता है। लेकिन क्या वह वास्तविक बराबरी के ख़िलाफ़ नहीं जो जनतंत्र की बुनियाद है और उसका लक्ष्य भी है?

जब रघुवीर सहाय ने यह कविता लिखी थी तब शायद उन्हें इसका अनुमान न रहा होगा कि एक दिन ऐसा आएगा जब नदियों पर भी पूँजीपतियों का क़ब्ज़ा होगा। लेकिन निगाह उनकी उस समय साफ़ है :

जिसको पानी नहीं मिला है
वह धरती आज़ाद नहीं
उस पर हिन्दुस्तानी बसते हैं
पर वह आबाद नहीं

आज़ाद क़ौम ही जनतांत्रिक क़ौम हो सकती है। यह आज़ादी रोज़मर्रा के किसी

तरह जी लेने की मजबूरी से आज़ादी है—जब मुझे पानी न मिलने की आशंका के साथ दिन न शुरू करना पड़े। और जिस धरती को पानी नहीं मिले, वह फल-फूल भी नहीं सकती। वह आबाद नहीं है। आबाद का अर्थ है ऐसी ज़मीन या धरती जो फ़सल के लिए तैयार हो। आब या पानी के बिना कोई जगह आबाद नहीं।

लेकिन पानी अकेले नहीं। बानी के बिना पानी का कोई मतलब नहीं। रघुवीर सहाय एक प्रकार से वही कह रहे हैं जिसे अमर्त्य सेन ने सिद्धान्तीकृत किया। जैसे-जैसे जनतंत्र की सम्भावना बढ़ती है, अकाल की आशंका भी उतनी ही कम होती जाती है। पानी और बानी का अधिकार ही जनतंत्र का आधार है। अगर इनसान को इनसानी क़द्र के साथ ज़िन्दा रहना है तो उसे दोनों चाहिए :

हमको अक्षर नहीं दिया है
हमको पानी नहीं दिया
पानी नहीं दिया तो समझो
हमको बानी नहीं दिया

कामचलाऊ ज़िन्दगी से आगे एक अर्थपूर्ण जीवन की माँग है। यह मात्र साक्षरता नहीं है। भाषा का अधिकार है। इतनी भाषा, भरपूर भाषा जिसमें मैं अपनी बात कह सकूँ। जिसके सहारे संवाद कर सकूँ। लोगों से रिश्ता जोड़ सकूँ। इन पंक्तियों की गहरी शिकायत सामाजिक व्यवहार में हिस्सेदारी के लिए अनिवार्य भाषा हासिल करने की व्याकुलता ही है।

रघुवीर सहाय दूसरी कविताओं में वाणी शब्द का प्रयोग करते हैं। यहाँ बानी का इस्तेमाल बामक़सद है। वह मात्र वाणी नहीं है, अपनी बानी है। बानी या भाषा। इसे संकुचित अर्थ में मात्र मातृभाषा के प्रयोग की माँग नहीं समझा जाना चाहिए। यह अपनी बानी की माँग है। मेरी अपनी ज़ुबान हो, मेरी अपनी अभिव्यक्ति हो। अपनी ज़ुबान, अपनी अभिव्यक्ति, अपना कंठ। निराला को याद करें :

प्रिय स्वतंत्र-रव अमृत-मंत्र नव
भारत में भर दे!

अपनी बानी का मतलब है अपना अन्दाज़। इसका ख़तरा उठाते हुए कि यह कहीं अतिव्याख्या न हो कविता की, कार्ल मार्क्स को एक बार फिर याद करने में कोई हानि नहीं। सेंसरशिप का विरोध करते हुए मार्क्स कहते हैं कि सेंसर मुझे सिर्फ़ यह नहीं बताता कि मुझे क्या कहना है, वह यह भी निर्देश देता है कि जो कहना है, वह कैसे कहना है। इस तरह वह मुझसे मेरी शैली, मेरा अन्दाज़ छीन लेता है।

कवि या कविता की माँग है :

धरती के अन्दर का पानी
हमको बाहर लाने दो
अपनी धरती अपनी बानी
अपनी रोटी खाने दो

यहाँ एक क़दम आगे बढ़कर अपनी रोटी खाने के अधिकार की माँग है। किसी के, वह राज्य ही क्यों न हो, रहमोकरम पर नहीं, अपने बूते जीने के हालात हों, यह तमन्ना। शासक अगर दम्भपूर्वक यह कहे कि वह आपको 5 किलो अनाज पर ज़िन्दा रखता है तो यह जनता का अपमान है। वह लाभार्थी नहीं, उत्पादक और सर्जक है। उसे अपनी रोटी खाने का सुख चाहिए। यानी काम का हक़ चाहिए। उसे नज़रअन्दाज़ करके महीने 5 किलो अनाज का मतलब फिर वही है : जीवन का न्यूनतम स्तर।

रघुवीर सहाय एक दूसरी कविता में आधा अधूरा जीवन जीने से इनकार करते हैं। उनकी कविता कहती है, हम से कम की बात न कहिए, हम तो पूरा का पूरा जीवन लेंगे। जनतंत्र इसीलिए अगर संवाद है तो संघर्ष भी है क्योंकि वह सबसे पहले ग़ैरबराबरी को देखता है और फिर उसे ख़त्म करने की जद्दोजहद में लगता है। वह ग़ैरबराबरी पानी के बँटवारे में है और बानी के भी। तो आइए नारा लगाएँ :

अपना पानी, अपनी बानी,
माँग रहा है हिन्दुस्तानी।

गहरी नफ़रत से सम्मोहन उपजता है

देखा आप ने?
अभी-अभी आपके सामने से एक औरत गुज़री
उसने छत की ओर अपनी मुट्ठियाँ उछालीं
कठपुतलियों की डोरियाँ खींचने की तरह
उसने उँगलियाँ नचाईं
और इस बीच उसके मुँह से लगातार
कड़वे और शर्मनाक शब्दों की धारा बहती रही
हम-आप सब इस तमाशे को देखते रहे
हममें से किसी ने कुछ न कहा
न उसकी ज़बान पकड़ी
आख़िर ऐसा क्यों हुआ?

> *गहरी नफ़रत में शायद सम्मोहन का जादू होता है*
> *जब तक वह बोलती रही*
> *हम उसी सम्मोहन में डूबे रहे*
> *जैसे उसने हमें एक ऐसी दुनिया में पहुँचा*
> *दिया हो*
> *जहाँ पहुँचना हमारे लिए ज़रूरी हो*
> *आख़िर ऐसा क्यों हुआ?*

आप अपनी बाँहों की रोमावली को छूकर देखें
क्या आप में कोई फ़र्क तो नहीं पैदा हो गया है?
आप अँगड़ाई लेकर देखें
आँखों को सहलाएँ
खड़े होकर आस्तीनों की गर्द झाड़ दें

आप की आस्तीनें साफ़ हैं
त्वचा नर्म है
रोमावली मुलायम है
जैसी हरेक आदमी की होनी चाहिए
सम्मोहन टूटने के बाद आप सोच रहे हैं
कि आप वही हैं
जो आप घर से चले थे
आप की तरफ़ से कोई और
नफ़रत की उस आकर्षक दुनिया में चला
गया था—
आख़िर ऐसा क्यों हुआ?

> *एक बात और आपने देखी होगी*
> *मेरा इशारा उसी औरत की ओर है*
> *जो अभी आपके सामने से गुज़री*
> *आख़िरी गालियाँ बकते-बकते*
> *उसकी आँखें सूज गई थीं*
> *उसके ओंठ टेढ़े हो गए थे*
> *लेकिन धीरे-धीरे उसका शरीर*
> *निराकार होता गया*
> *पहले उसके पैर ग़ायब हुए फिर*
> *हाथ फिर धड़*
> *यहाँ तक कि कुछ देर वह पसलियों और मुँह के सहारे*
> *इस तमाम माहौल को कोसती रही*
> *आख़िरकार सब कुछ काफ़ूर की तरह*
> *उड़ गया*
> *सूजी हुई आँखें भी ग़ायब हो गईं।*

देखा आप ने?

> *इतने बड़े विशाल कक्ष में*
> *इतनी देर तक सुई गिरने की आवाज़ भी नहीं हुई*
> *आप सब बुत की तरह देखते रहे*
> *चारों ओर दहशत-भरा सन्नाटा छा गया।*
> *आख़िर ऐसा क्यों हुआ?*

शायद गहरी नफ़रत से सम्मोहन उपजता है
शायद सम्मोहन से दहशत
और दहशत से सन्नाटा उपजता है
तब वह समय आता है
जब शरीफ़ आदमी यह नहीं सोचता
कि क्या हो रहा है
सिर्फ़ इतना ही सोचता है
कि आगे क्या होगा।
तमाशबीन सज्जनो,
नाटक ख़त्म हो गया है।
अब इस कक्ष के दरवाज़े खोल दिये जाएँगे
आप सब इस दहशत के बारे में
दबी ज़ुबान बातें करते
उस ग़ायब औरत को भुलाने की कोशिश करते
घर चले जाएँगे।
लेकिन मेहरबान सज्जनो!
बाहर जाने के पहले
कृपया अपने को टटोलकर
अच्छी तरह देख लें
कहीं ऐसा तो नहीं हुआ नाटक के दौरान
कि आप ख़ुद काफ़ूर की तरह ग़ायब हो गए हैं।
और अब जो आप की तरफ़ से घर वापस जा रहा है।
वह नहीं है जो यहाँ आया था।
उपस्थित या अनुपस्थित सज्जनो
जवाब देने की जल्दी न कीजिए
घर जाकर
मेरी तरह देर तक पूछते रहिए
आख़िर ऐसा क्यों हुआ?

[अन्त में सूत्रधार का वक्तव्य]

विजयदेव नारायण साही की यह कविता पिछले 10 सालों में रह-रहकर याद आती रही है। लेकिन इससे यह न सोचा जाना चाहिए कि जो अभी हमारे यहाँ हो रहा है, वह इस कविता की याद दिलाता है। हिन्दी में लिखी जाने की वजह से इस कविता का रिश्ता सिर्फ़ हिन्दी इलाक़े से या भारत से होना चाहिए, यह मान लेना ठीक न होगा। यह कविता पूरी दुनिया के किसी भी इलाक़े या किसी भी ज़ुबान के लोगों के बारे में हो सकती है। इस कविता को अंग्रेज़ी में पढ़कर अमरीकी डोनाल्ड ट्रम्प के बारे में सोच सकते हैं, जर्मन अडोल्फ़ हिटलर के बारे में। या इटली के लोगों को मुसोलिनी की याद सकती है। लेकिन वे इतना पीछे क्यों जाएँ। अभी हाल ही में उन्होंने जार्जिया मिलोनी को अपना प्रधानमंत्री चुना है। यूरोप में इस तरह के लफ़्फ़ाज़ों का इतिहास रहा है और आज भी वे कसरत से पैदा हो रहे हैं। उन मुल्कों में जो ख़ुद को इनसानी तहज़ीब और संस्कृति के मुहाफ़िज़ के तौर पर देखते और पेश करते रहे हैं।

यह कविता साही की उन चन्द कविताओं में है जो अपनी व्याख्या ख़ुद करती हैं। यह भी दिलचस्प है कि इसकी पात्र एक औरत है। कुछ आलोचकों का ख़याल है कि यह शायद इन्दिरा गांधी को ध्यान में रखकर लिखी गई कविता है। यह सम्भव है। आख़िर उन्होंने आपातकाल लगाया था और जनतंत्र को स्थगित किया था। लेकिन तब की याद जिन्हें है वे पूछ सकते हैं कि क्या वे वह कर रही थीं जो इस कविता की औरत कर रही है?

यह भी हो सकता है कि साही को एक ऐसे जनतांत्रिक नेता की कल्पना की सूझ उस परिघटना से मिली हो। कविता की औरत इसलिए अनिवार्यतः औरत नहीं है। वह एक प्रतिनिधि काव्यात्मक चरित्र है, और जैसा हमें दुनिया का इतिहास बतलाता है, ऐसे चरित्र प्रायः पुरुष ही होते हैं।

कविता जनतंत्र में लफ़्फ़ाज़ या मजमेबाज़ और लोगों के रिश्ते की है। इसमें पात्र सिर्फ़ लफ़्फ़ाज़ नेता नहीं, जनता भी है। बल्कि एक लिहाज़ से यह उस जनता पर अधिक केन्द्रित है जो ऐसा नेता न सिर्फ़ चुनती है, बल्कि उसके कारण ख़ुद भी बदल जाती है।

जनतंत्र ही लफ़्फ़ाज़ पैदा करता है। इसलिए कि वह भाषा के ज़रिए काम करता है। जन-समर्थन भाषा के माध्यम से हासिल किया जाता है। जनता को प्रभावित करना आवश्यक है, उसे ख़ुद से सहमत कराना उसका नेतृत्व लेने के लिए अनिवार्य है।

लफ़्फ़ाज़ या डेमॉगॉग जनतंत्र के लिए आरम्भ से ही समस्या रहा है। वह जो जनतांत्रिक तरीक़े से सत्ता में आता है और फिर जनतंत्र को ही ख़त्म कर देता है।

जैसा कहा जाता है, ऐसा नेता अपनी शुरुआत करता है एक लफ़्फ़ाज़ के तौर पर और बदल जाता है तानाशाह में। यह कोई सौ साल का मामला नहीं। जनतंत्र के बिल्कुल आरम्भिक दौर से ही दार्शनिकों और विचारकों के लिए डेमॉगॉग का उभरना चिन्ता का विषय रहा है। ईसा से पाँच सदी पहले यूनान में इस शब्द की ईजाद हुई। ऐसे नेताओं के लिए जो लोगों की भावनाओं को उत्तेजित करके और उनके भीतर के पूर्वग्रहों को सक्रिय करके उनका समर्थन हासिल करते हैं।

430 ईसा पूर्व एथेंस के लोगों पर ऐसे लफ़्फ़ाज़ों का राज हुआ जो उन्हें यह यक़ीन दिला रहे थे कि वे दुनिया जीत लेंगे। इनमें सबसे कुख्यात था क्लियोन। उसके जीवनीकार प्लूटार्क ने उसके बारे में लिखा कि उसमें बदज़ुबानी और बेशर्म अन्दाज़ के अलावा कुछ नहीं था।

प्लेटो ने 'रिपब्लिक' में डेमॉगॉग के ख़तरे की चर्चा की। डेमॉगॉग लोगों के भीतर छिपी अश्लीलताओं को उत्तेजित करता है, समाज में विभाजन पैदा करता है और जो अन्तर लोगों में हैं, उनका इस्तेमाल करके उनके बीच खाई खोदता है, वह एक के हित को दूसरे के ख़िलाफ़ खड़ा करता है, ख़ुद को अपने लोगों के रक्षक के तौर पर पेश करता है। जो समस्याएँ हैं उनके लिए एक समुदाय के लोगों को वह बलि के बकरे के तौर पर चिह्नित करता है।

सबसे कारगर हथियार है नफ़रत। डेमॉगॉग इसे पैदा करता है, अगर उसके बीज समाज में हैं तो खाद-पानी देता है और अपने लोगों को समझाता है कि दरअसल नफ़रत वे नहीं कर रहे, उनसे नफ़रत की जा रही है।

नफ़रत से बेहतर कोई अस्त्र नहीं, कोई ज़रिया नहीं। उसमें जादू होता है :

गहरी नफ़रत में शायद सम्मोहन का जादू होता है
जब तक वह बोलती रही
हम उसी सम्मोहन में डूबे रहे
जैसे उसने हमें एक ऐसी दुनिया में पहुँचा
दिया हो
जहाँ पहुँचना हमारे लिए ज़रूरी हो
आख़िर ऐसा क्यों हुआ?

कविता का ध्यान उतना उस औरत पर नहीं जितना उन लोगों पर है जो उसके सम्मोहन में डूब जाते हैं और उसे अपने लिए अनिवार्य मानने लगते हैं : वह हमें वहाँ पहुँचा देती है, जहाँ पहुँचना हमें ज़रूरी लगने लगता है। कविता पूछती है, ऐसा क्यों होता है?

यह भी कि जो इस नफ़रत या कड़वाहट के सम्मोहन में पड़ते हैं, वे कोई और नहीं, हम सब हो सकते हैं :

आप अपनी बाँहों की रोमावली को छूकर देखें
क्या आप में कोई फ़र्क तो नहीं पैदा हो गया है?
आप अँगड़ाई लेकर देखें
आँखों को सहलाएँ
खड़े होकर आस्तीनों की गर्द झाड़ दें
आप की आस्तीनें साफ़ हैं
त्वचा नर्म है
रोमावली मुलायम है
जैसी हरेक आदमी की होनी चाहिए

जर्मनी में हिटलर और फ़ासीवाद के अवसान के बाद साही की तरह सबने एक दूसरे से पूछा, 'आख़िर ऐसा क्यों हुआ?' उन्होंने अपनी ज़िम्मेदारी से इनकार किया :

सम्मोहन टूटने के बाद आप सोच रहे हैं
कि आप वही हैं
जो आप घर से चले थे
आप की तरफ़ से कोई और
नफ़रत की उस आकर्षक दुनिया में चला
गया था

यह सिर्फ़ ख़ुद को धोखा देना ही है। वह हम ही थे जो उस कक्ष में गए, हम ही थे जो नफ़रत के सम्मोहन में पड़े और हमने ही उसकी जय-जयकार की।

हम ज़िम्मेदार हैं क्योंकि
उसके मुँह से लगातार
कड़वे और शर्मनाक शब्दों की धारा बहती रही
हम-आप सब इस तमाशे को देखते रहे
हममें से किसी ने कुछ न कहा
न उसकी ज़बान पकड़ी

जब यह तमाशा ख़त्म होता है, नफ़रत का सम्मोहन टूटता है और मज़मा भी तब हम शायद यह सोचकर कन्धे झाड़ लेते हैं कि वे हम न थे, कोई और था जो इस घृणा को पी रहा था।

, जब हम एक डेमॉगॉग को चुनते हैं तो ख़ुद को यह भी समझाते हैं कि यह तात्कालिक है, इससे हम बदल नहीं जाएँगे। लेकिन यह नहीं होता। नफ़रत हमें, समाज को बदलती है :

मेहरबान सज्जनो!
बाहर जाने के पहले
कृपया अपने को टटोलकर
अच्छी तरह देख लें
कहीं ऐसा तो नहीं हुआ नाटक के दौरान
कि आप ख़ुद काफ़ूर की तरह ग़ायब हो गए हैं।

नफ़रत से जो चोट लगती है, जो ज़ख़्म पैदा होता है, उसका दर्द देर तक रहता है। वह नफ़रत करनेवाले और जिससे नफ़रत की जाती है, दोनों को ही बदल देती है। इसलिए जब यह शुरू हो रहा हो, तभी ज़ुबान पकड़ना ज़रूरी है। क्यों हमें नफ़रत आकर्षक लगती है, क्यों हम एक लफ़्फ़ाज को चुनते हैं? कविता सावधान करती है कि इसके जवाब की हड़बड़ी करने से फिर हम वजह तक नहीं पहुँच पाएँगे :

उपस्थित या अनुपस्थित सज्जनो
जवाब देने की जल्दी न कीजिए
घर जाकर मेरी तरह देर तक पूछते रहिए
आख़िर ऐसा क्यों हुआ?

अन्तहीन सहानुभूति की वाणी बोल सकूँ

परम गुरु
दो तो ऐसी विनम्रता दो
कि अन्तहीन सहानुभूति की वाणी बोल सकूँ
और यह अन्तहीन सहानुभूति
पाखंड न लगे।

दो तो ऐसा कलेजा दो
कि अपमान, महत्त्वाकांक्षा और भूख
की गाँठों में मरोड़े हुए
उन लोगों का माथा सहला सकूँ
और इसका डर न लगे
कि कोई हाथ ही काट खाएगा।

दो तो ऐसी निरीहता दो
कि इस दहाड़ते आतंक के बीच
फटकारकर सच बोल सकूँ
और इसकी चिन्ता न हो
कि इस बहुमुखी युद्ध में
मेरे सच का इस्तेमाल
कौन अपने पक्ष में करेगा।

यह भी न दो
तो इतना ही दो
कि बिना मरे चुप रह सकूँ।

[प्रार्थना : गुरु कबीरदास]

विजयदेव नारायण साही के संग्रह 'साखी' की अन्तिम कविता है : 'प्रार्थना : गुरु कबीरदास' के लिए। चुनावी कोलाहल के बीच इस कविता ने ध्यान खींचा। चुनावी शोर यानी शब्दों, भाषा का चौतरफ़ा प्रहार। ऐसी भाषा हमला करती है, चोट पहुँचाती है, विभाजित करती है। इसके पक्ष में कहा जा सकता है कि चुनावी भाषा की यह बाध्यता है। उसमें दो पक्ष होते हैं। अपने पक्ष के साथ दूसरे पक्ष का भी निर्माण करना पड़ता है। वह पक्ष जिसके ख़िलाफ़ नहीं तो जिसके बरक्स अपना पक्ष निर्मित किया जाना है। उसे छोटा दिखलाना, किसी भी तरह ग़लत साबित करना चुनावी भाषा का कर्तव्य है। इसलिए चुनावी भाषा में कटुता, आक्रामकता का होना लाज़िमी है। वह विभेदकारी होगी ही, वह एक पक्ष को कमज़ोर करने के मक़सद से ही इस्तेमाल की जाएगी।

भारत के पहले आम चुनाव में एक सभा में बोलते हुए जवाहरलाल नेहरू कहते हैं कि यह बात तो उनकी समझ में आती है कि चुनावी भाषणों में कुछ कड़वाहट होगी, लेकिन वे यह देखकर हैरान हैं कि लोग ऐसी भाषा का इस्तेमाल कर रहे हैं जिसमें झूठ और हिंसा है। नेहरू को थोड़ी आक्रामकता से परहेज़ नहीं, लेकिन वे असभ्य भाषा को बर्दाश्त नहीं कर पाते। ऐसी ग़ैरज़िम्मेदार भाषा से जो नुक़सान होता है वह सिर्फ़ चुनाव तक महदूद नहीं रहता, समाज को तोड़कर रख देता है।

कविता पर लौट आएँ। इसे आम तौर पर एक व्यक्ति की प्रार्थना के रूप में पढ़ा जा सकता है। किसी भी स्थिति में रह रहे व्यक्ति की अपनी भाषा के लिए प्रार्थना। लेकिन इसे एक सामाजिक भाषा की खोज की कविता के रूप में भी पढ़ सकते हैं। या और आगे बढ़कर कहें तो एक राजनीतिक भाषा की तलाश की कविता की तरह। और आगे बढ़ें तो जनतांत्रिक भाषा का सन्धान करनेवाली कविता।

यह भाषा मुझे बनाती है। यह कविता एक तरह से जनतांत्रिक भाषा और जनतांत्रिक व्यक्ति की खोज की कविता है। जनतांत्रिक व्यक्ति आख़िरकार अपनी भाषा के माध्यम से ही किसी को समझ में आता है।

कबीरदास का नाम यहाँ मानीख़ेज़ है। कबीर की प्रसिद्धि उनकी भाषा के बेलौसपन या बेधड़कपन के कारण है। कबीर का मतलब है ऐसा आलोचक जो किसी का ख़याल या लिहाज़ नहीं करता। वह सत्य से प्रतिबद्ध है। इसकी परवाह उसे नहीं कि उसकी बोली की नोक किसे चुभती है। कबीरी बानी का मतलब है ईमानदार ज़ुबान, वह जो रणनीति नहीं जानती।

अगले ज़माने के सयानों की सलाह है बोलते समय स्थान, काल, पात्र का ध्यान रखने की। लेकिन कबीर परम्परा इसे नहीं मानती। वह जो देखती है, उसे बोलने को बाध्य है। लोक-परम्परा में कबीर आलोचक के रूप में ही जाने जाते हैं।

जनतांत्रिक भाषा या जनतंत्र के लिए उपयुक्त भाषा का मुख्य काम क्या आलोचना है? या जैसा फ़ासीवादी भाषा के अध्येता विक्टर क्लेमपेरर लिखते हैं, प्रत्येक भाषा को समस्त मानवीय आवश्यकताओं को पूरा करने की क्षमता (या इच्छा?) रखनी चाहिए। वह तर्कशील प्रवृत्ति को सन्तुष्ट करती है, लेकिन भावना को भी, यह सम्प्रेषण है और संवाद भी, यह एकालाप है और प्रार्थना भी, यह इल्तिजा है, आदेश और उद्बोधन भी है।

यह बात जनतांत्रिक भाषा पर भी लागू होगी। उसका काम जन के निर्माण का है। जन अपनी पूरी गरिमा में ख़ुद को हासिल कर सके और दूसरों के सामने उद्घाटित भी कर सके। एकान्त और सार्वजनिकता, दोनों में। यानी जनतांत्रिक भाषा को व्यक्ति का एकान्त स्वीकार करना चाहिए और उसे मात्र उसकी सार्वजनिकता में रहने के लिए बाध्य नहीं करना चाहिए।

क्लेमपेरर नाज़ी या फ़ासीवादी भाषा के बारे में कहते हैं कि वह किसी को निजता देने के लिए तैयार नहीं : "तुम कुछ नहीं हो, तुम्हारे लोग ही सब कुछ हैं।" तुम हमेशा अपने लोगों की निगरानी में हो।

भाषा जनतांत्रिक वह है जो मुझे मेरा एकान्त देती है, लेकिन मुझे अकेला, एकाकी नहीं करती। उस एकान्त में हमेशा एक झरोखा है, एक दरवाज़ा है, जिसे मैं अपनी मर्ज़ी से खोल सकता हूँ लेकिन जिसे कोई खटखटाए तो उसे भीतर आ पाने का आश्वासन भी हो। या जिस दरवाज़े के पीछे अपने एकान्त में रहते हुए मुझे किसी खटखटाहट का इन्तज़ार भी हो। भाषा हमेशा एक सम्भावना है, रिश्ता बनाने की, उसे खोजने की।

साही की कविता पढ़ते हुए शायद मैं कहीं और निकल गया। शायद मैं इस कविता की अतिव्याख्या कर रहा हूँ। कविता तीन गुणों की कामना की कविता है :

परम गुरु
दो तो ऐसी विनम्रता दो
कि अन्तहीन सहानुभूति की वाणी बोल सकूँ
और यह अन्तहीन सहानुभूति
पाखंड न लगे।

विनम्रता पहला गुण है। उससे ही सम्भव है अन्तहीन सहानुभूति की वाणी, यानी वह जो हर किसी के लिए है, हर परिस्थिति के लिए है। सिर्फ़ अपने या अपने जैसे लोगों के लिए नहीं। मात्र अपने देश, राष्ट्र, वर्ग, अपनी जाति, अपनी भाषा, अपनी जेंडर पहचान तक जो सीमित न हो। लेकिन यह अन्तहीन सहानुभूति अर्थपूर्ण होनी चाहिए। ज़बानी जमाख़र्च नहीं। उसका एक क्रियात्मक पक्ष है। उससे हीन वह पाखंड बन जाती है।

दूसरा गुण भाषा का या व्यक्ति का होना चाहिए, वह है—निष्कवच साहस। जनतांत्रिक कर्तव्य है उन सबके पास जाना जो 'अपमान, महत्त्वाकांक्षा और भूख की गाँठों में मरोड़े हुए' हैं। अपमान और भूख के साथ 'महत्त्वाकांक्षा' पर ध्यान देना चाहिए। क्या यह असंगत है? जो महत्त्वाकांक्षा के सताए हैं, वे भी तो सहानुभूति के हक़दार हैं!

जब मैं किसी का माथा सहलाने जाऊँ तो हमेशा प्रतिदान की अपेक्षा के साथ नहीं। गांधी नोआखाली में थे या फिर दिल्ली में तो क्या वे नहीं जानते थे कि उन्हीं में से कोई उनकी हत्या कर सकता है जिनके लिए वे मारे-मारे फिर रहे हैं? क्या जिसने नाथूराम को भेजा था गांधी की हत्या के लिए वह नहीं जानता था कि गांधी ने नोआखाली में हिन्दुओं के लिए अपनी जान की बाज़ी लगा दी थी?

सहानुभूति के लिए शर्त की ज़रूरत नहीं। क्या किसी राजनीतिक दल को किसानों के लिए इसलिए बोलना बन्द कर देना चाहिए कि वे उसे वोट नहीं देते?

अन्तहीन सहानुभूति के लिए विनम्रता के साथ बड़ा कलेजा भी होना चाहिए। और फिर सच देखने और बोलने की ताक़त

इस दहाड़ते आतंक के बीच
फटकारकर सच बोल सकूँ
और इसकी चिन्ता न हो
कि इस बहुमुखी युद्ध में
मेरे सच का इस्तेमाल
कौन अपने पक्ष में करेगा।

मुझे इन पंक्तियों को पढ़ते हुए रूसी लेखक मैक्सिम गोर्की याद आ गए। अपने मित्र व्लादिमीर लेनिन के नेतृत्व में की जा रही 'बोल्शेविक क्रान्ति' की क्रूरता के ख़िलाफ़ वे बेहिचक लिख रहे थे। उन पर इल्ज़ाम लगा कि पूँजीवादी दुनिया उनके लिखे का इस्तेमाल क्रान्ति के ख़िलाफ़ कर सकती है, लेकिन इस बात से गोर्की विचलित नहीं हुए। उन्हें सच को लेकर उस वक़्त कोई दुविधा नहीं थी।

जब सुविधाजनक सत्य ही बोला जाता है तो वह सत्य की सत्ता को ही समाप्त कर देता है। असुविधाजनक सत्य इसका इन्तज़ार नहीं करता कि उसके लिए मुनासिब वक़्त कौन-सा होगा।

अगर यह सब न हो तो बिना मरे चुप रहने का वरदान ही मिले। मौन उस वक़्त भाषा का सबसे बड़ा गुण हो जाता है जब सबसे अभ्यर्थना और जय-जयकार की माँग हो रही हो। जब सारे हाथ उठे हों, तो अपना हाथ बाँधे रख सकना भी एक अभिव्यक्ति है।

जनतंत्र आख़िरकार सहानुभूति की अन्तहीन खोज है। एक जनता के निर्माण का अभियान है जो कभी किसी बिन्दु पर रुकता नहीं, जिसका कोई आख़िरी पड़ाव नहीं। इस यात्रा के पाथेय हैं विनम्रता, दुख को पहचानने की शक्ति, निष्कवच साहस और ईमानदारी।

हमें तमीज़ हो सही और ग़लत की...

हम एक जन बन सकेंगे, अगर हम चाहें, जब हम सीख लेंगे कि
हम फ़रिश्ते नहीं, और शैतानियत सिर्फ़ दूसरों का विशेषाधिकार नहीं

हम एक जन बन सकेंगे, जब हम हर उस वक़्त पवित्र राष्ट्र को शुक्राना देना बन्द करेंगे जब भी एक ग़रीब शख़्स को रात की एक रोटी मिल जाए

हम एक जन बन सकेंगे जब हम सुल्तान के चौकीदार और सुल्तान को बिना मुक़दमे के ही पहचान लेंगे

हम एक जन बन सकेंगे जब एक शायर एक रक़्क़ासा की नाभि का वर्णन कर सकेगा,

हम एक जन बन सकेंगे जब हम भूल जाएँगे कि हमारे क़बीले ने क्या कहा है हमें, और जब वाहिद शख़्स छोटे से छोटे ब्योरे की अहमियत भी पहचान सकेगा

हम एक जन बन सकेंगे जब एक लेखक सितारों की ओर सर उठाकर देख सकेगा, बिना यह कहे कि हमारा देश अधिक महान है और अधिक सुन्दर

हम एक जन बन सकेंगे जब नैतिकता के पहरेदार सड़क पर एक तवायफ़ को हिफ़ाज़त दे पाएँगे पीटने वालों से

हम एक जन बन पाएँगे जब फ़िलिस्तीनी अपने झंडे को सिर्फ़ फ़ुटबाल के मैदान में, ऊँट दौड़ में और नकबा के रोज़ याद करे

हम एक जन बन सकेंगे अगर हम चाहें, जब गायक को एक दो मज़हबों के लोगों की शादी के वलीमा पर सूरत-अल-रहमान पढ़ने की इजाज़त हो

हम एक जन बन सकेंगे जब हमें तमीज़ हो सही और ग़लत की

[हम एक जन बन सकेंगे]

महमूद दरवेश की यह कविता (संकलन 'A River Dies Of Thirst' से अनूदित) पिछले कुछ सालों से बार-बार याद आती रही है। भारत नाम के जनतंत्र में जन का विघटन होते देख दूर एक ऐसे वतन फ़िलिस्तीन के शायर की आवाज़ सुनाई पड़ती है, जो अभी सिर्फ़ ख़यालों में है। उस शायर की, जिसके लोगों की अपने वतन की तमन्ना से दुनिया के सारे ताक़तवर मुल्क इतना ख़फ़ा हैं कि वे उन लोगों को ही, उस जनता को ही बमों से उड़ा देना चाहते हैं।

शायर क्यों और कैसे अपने वक़्त में रहता है और उससे कई क़दम आगे भी, यह महमूद दरवेश की इस कविता को पढ़कर समझ में आता है। जिस कवि की जनता को उसके पड़ोसी इनसानियत का हक़ नहीं दे रहे हैं, वह उस वक़्त भी यह सोच सकता है और अपने लोगों को कह सकता है कि

हम एक जन बन सकेंगे, अगर हम चाहें, जब हम सीख लेंगे कि
हम फ़रिश्ते नहीं, और शैतानियत सिर्फ़ दूसरों का विशेषाधिकार नहीं

जनतंत्र इतिहास के एक क्षण में घटित होनेवाली एक परिघटना नहीं, वह एक प्रक्रिया है। उसी प्रकार जन का गठन या निर्माण भी किसी एक घोषणा के ज़रिए, किसी संविधान को स्वीकार कर लेने मात्र से नहीं हो जाता। वह भी एक लम्बी प्रक्रिया है। समय-समय पर होनेवाले चुनाव भी इस जन या जनता के गठन का एक अवसर हैं। चुनाव एक ऐसा वक़्त है जब समाज के लोग एक दूसरे से संवाद करते हैं। इस संवाद के क्रम में जन का निर्माण होता है।

हम प्राय: राजनीतिक दलों को दूसरे दलों पर यह आरोप लगाते हुए देखते हैं कि वे वोट-बैंक बना रहे हैं। अलग-अलग वोट-बैंक यानी अलग-अलग हितों के समुदाय जिनमें एक दूसरे से समानता ही नहीं, बल्कि विरोध है। लेकिन वे यह भूल

जाते हैं कि ख़ुद जब वे इल्ज़ाम लगाते होते हैं तो वे उस जनता से रिश्ता तोड़ते हैं जिसे वे अपने प्रतिद्वंद्वी का वोट-बैंक कहकर लांछित कर रहे हैं।

यह कविता लेकिन इससे बड़े सवाल की कविता है : जन होते हैं या गठित किये जाते हैं? ध्यान से पढ़ें, यह कविता जन के होने की नहीं, 'एक जन' होने की शर्तों की कविता है। राष्ट्र 'एक जन' के ख़याल पर टिका हुआ है। किन शर्तों को पूरा करने भारत के लोग 'एक जन' बन सकेंगे? या अमरीका के लोग? या फ़िलिस्तीन के लोग ही?

प्राय: नेता अपनी जनता को उसकी श्रेष्ठता का भ्रम देते हैं और बतलाते हैं कि उसमें कुछ है जो उसे विशेषाधिकार देता है। वे ख़ुद को उस विशेषाधिकार के संरक्षक के तौर पर पेश करते हैं और जनता को उसे छीन लिये जाने की साज़िशों से सावधान रहने की चेतावनी देते हैं। लेकिन शायर उन्हें इस भ्रम से आज़ाद करते हुए कहता है कि उन्हें मालूम होना चाहिए कि वे फ़रिश्ते नहीं, बल्कि वे भी शैतान हो सकते हैं। किसी भी जनता में कोई आंतरिक गुण या दोष नहीं होते। इस समझ से एक विनम्रता और आत्मनिरीक्षण की सावधानी पैदा होती है।

इन पंक्तियों को पढ़ते हुए मुझे आज से कोई 95 साल पहले लिखे गए भगत सिंह के एक निबन्ध की याद हो आई जिसमें उन्होंने जवाहरलाल नेहरू और सुभाष चन्द्र बोस के विचारों की तुलना की है। नेहरू अपने मित्र सुभाष के विचारों की आलोचना करते हुए कहते हैं कि प्रत्येक राष्ट्र के पास दुनिया को देने के लिए कोई ख़ास सन्देश हैं। यही सुभाष बाबू को लगता है, लेकिन ख़ुद उन्हें अपने देश में कोई ख़ास बात नज़र नहीं आती जो किसी दूसरे मुल्क में न हो।

यह बात दो राष्ट्रों के लिए जितनी ठीक है उतनी ही उन लोगों के लिए जो किसी धर्म, भाषा की समानता के कारण ख़ुद को एक तरह के लोग मानते हैं। क्या हिन्दू आंतरिक रूप से सहिष्णु हैं, क्या मुसलमान अनिवार्यत: बराबरी के उसूल में यक़ीन करते हैं और क्या ईसाई स्वभ।वत: करुणाशील होते हैं? या क्या आदिवासी किसी प्रकार की शत्रुता के विचार से परे होते हैं? क्या दक्षिण भारतीय प्रगतिशील और हिन्दीभाषी दकियानूस होते हैं? क्या जापानी क्रूर होते हैं और अंग्रेज़ सभ्य?

जवाहरलाल नेहरू ने पत्रकार आर.के. करंजिया को एक इंटरव्यू में कहा कि अपनी जापान-यात्रा में उन्होंने देखा, जापानी लोग कितने विनम्र, सभ्य, परिश्रमी होते हैं। उन्हें देखकर यह कल्पना करना मुश्किल था कि अभी कुछ बरस पहले जापानियों ने चीनी या कोरियाई लोगों के साथ कितनी क्रूरता की थी। नेहरू महमूद दरवेश की तरह ही करंजिया को कहते हैं कि प्रत्येक जन में फ़रिश्ता और शैतान होने की सम्भावना रहती है।

कविता एक दूसरे प्रश्न पर भी विचार करती है। वह है राष्ट्र और जन का रिश्ता। क्या जन को मान्यता तभी मिलेगी जब वह लगातार, सुबह-शाम राष्ट्र से अपनी वफ़ादारी का ऐलान करता रहे? क्या हम हमेशा राष्ट्र को अपने जीवन के लिए कृतज्ञता अर्पित करते रहें? महमूद दरवेश इससे सहमत नहीं :

> *हम एक जन बन सकेंगे, जब हम हर उस वक़्त पवित्र राष्ट्र को शुक्राना देना बन्द करेंगे जब भी एक ग़रीब शख़्स को रात की एक रोटी मिल जाए*

सम्प्रभु लोग हैं, जन हैं, राष्ट्र वे बनाते हैं, राष्ट्र उन्हें जन्म नहीं देता।

जैसे नेहरू वैसे ही महमूद दरवेश को मालूम था कि उपनिवेशवाद से लड़ते हुए संकीर्णता और श्रेष्ठता, दोनों भाव हमें ग्रस सकते हैं। हमें यह लग सकता है कि अकेले हमारे साथ ही अन्याय हुआ है और हम भूल जा सकते हैं कि हमारे भीतर भी अन्याय की पर्याप्त क्षमता है।

उपनिवेशवाद से संघर्ष करते हुए अपने देश में अच्छाई खोजना शायद वक़्ती ज़रूरत हो, लेकिन मेरा देश सबसे महान है या मेरा झंडा विश्व को विजय करनेवाला है या उसे ऐसा करना चाहिए, यह एक हीन विचार है। यह हमें दूसरों की अच्छाई या अनेक गुणों को देखने और सराहने से रोक देता है। यहाँ तक कि हम कुदरत को भी आज़ाद निगाहों से नहीं देख पाते :

> *हम एक जन बन सकेंगे जब एक लेखक सितारों की ओर सर उठा कर देख सकेगा, बिना यह कहे कि हमारा देश अधिक महान है और अधिक सुन्दर*

एक जन बनना—यानी राष्ट्रवाद के दबाव से ख़ुद को आज़ाद करना।

राष्ट्रवाद एक तरह की क़बीलाई मानसिकता ही है। लेकिन 'एक जन' की बुनियाद हैं लाखों, करोड़ों अलग-अलग जन। वे सब जो अलग-अलग वाहिद शख़्स हैं। व्यक्ति बुनियादी इकाई है इस जन की। हर किसी की आवाज़ की अहमियत है। किसी तस्वीर को देखते वक़्त, किसी उपन्यास को पढ़ते समय हम छोटे से छोटे तथ्य, ब्योरे को नज़रअन्दाज़ नहीं कर सकते :

> *हम एक जन बन सकेंगे जब हम भूल जाएँगे कि हमारे क़बीले ने क्या कहा है हमें, और जब वाहिद शख़्स छोटे ब्योरे की अहमियत भी पहचान सकेगा*

अलग-अलग, भिन्न-भिन्न लोगों के एक दूसरे में विलय से 'एक जन' नहीं बनता। वह बनता है इनके एक दूसरे से भावनात्मक रिश्ता बनाने की इच्छा से। और उस रिश्ते को समाज की मान्यता से। क्या वह रिश्ता सबको क़बूल है :

हम एक जन बन सकेंगे अगर हम चाहें, जब गायक को एक दो मज़हबों के लोगों की शादी के वलीमा पर सूरा-अल-रहमान पढ़ने की इजाज़त हो

एक जन बनना हमारी इच्छा पर है : अगर हम चाहें। सम्बन्ध बनाने की इच्छा। और अपने से नितांत भिन्न से रिश्ता बनाने की तत्परता। समाज द्वारा उस इच्छा को पवित्र मान पाने की तैयारी।

जनों का 'एक जन' बनना इसलिए एक तैयारी है, एक सफ़र है, एक प्रक्रिया है, एक प्रयत्न है। इन सबका आधार एक बहुत मामूली, लेकिन सबसे मुश्किल चीज़ का होना है : विवेक, और न्यायबोध :

हम एक जन बन सकेंगे जब हमें तमीज़ हो सही और ग़लत की

आमीन!

केवल अपना मत नहीं दे ही तो सकता हूँ

यही मेरे लोग हैं
यही मेरा देश है
इसी में रहता हूँ
इन्हीं से कहता हूँ
अपने आप और बेकार।

लोग लोग लोग चारों तरफ़ हैं मार तमाम लोग
ख़ुश और असहाय
उनके बीच में सहता हूँ
उनका दुख
अपने आप और बेकार।

देश की व्यवस्था का विराट वैभव
व्याप्त है चारों ओर

एक कोने में दुबक ही तो सकता हूँ
सब लोग जो कुछ रचाते हैं उसमें
केवल अपना मत नहीं दे ही तो सकता हूँ
वह मैं करता हूँ
किसी से नहीं डरता हूँ
अपने आप और बेकार।

[अपने आप और बेकार]

'अपने आप और बेकार' शीर्षक यह कविता रघुवीर सहाय ने बीसवीं सदी के 60 के दशक में लिखी थी। तब तक भारत में जनतांत्रिक प्रक्रियाएँ जड़ जमा चुकी थीं। लोग चुनावों के अभ्यस्त हो चले थे जो हर कुछ वक़्फ़े पर आते ही थे। संसद और विधानसभाएँ बैठा करती थीं। यह सब कुछ लोगों के नाम पर था। लोग जो जनतंत्र में सर्वोपरि हैं। आख़िर 'हम भारत के लोगों' ने ही भारत को एक जनतांत्रिक गणराज्य के रूप में गठित किया था।

लोगों की प्रभुसत्ता के मंगलाचरण के बाद ही उनके द्वारा चुने हुए प्रतिनिधि अपनी सत्ता स्थापित कर सकते थे। धर्म ने नर में नारायण देखा, जनतंत्र ने जनता को जनार्दन का दर्जा दिया। जनता ही जनतंत्र में सारी शक्ति का स्रोत है, उसी में सारी बुद्धि, सारे विवेक का निवास है। जनतंत्र जनादेश से चलता है। यह जन या जनता ही सब कुछ चलाती है। वह प्रश्नातीत है। उसके फ़ैसले पर उँगली नहीं उठाई जा सकती। जॉन कीन ने जनतंत्र के सबसे संक्षिप्त इतिहास वाली किताब में अमरीकी रिपब्लिकन जॉन एडम्स को उद्धृत किया है जिनके मुताबिक़ जनता या लोगों की महिमा अपरम्पार है, वे जानते हैं कि क्या सही है और क्या ग़लत, वे जो निर्णय लें, उसे सर-माथे लेना ही जनतांत्रिक कर्तव्य है।

जनता निर्णय सिर्फ़ एक बार लेती है। इस बीच उसके नाम पर निर्णय वे लेते हैं जो कहते हैं कि उनके पास जनादेश है। एक तरह से जनता परे धकेल दी जाती है। जनादेश से चुनी सरकारों से जब कोई सवाल करता है, या उसके प्रतिनिधियों से, तो वे इस जनता या लोगों के नाम पर ही सवाल करनेवालों पर हमला करते हैं। सवाल करनेवाले जनद्रोही ठहरा दिये जाते हैं। जनता को बहुमत में शेष कर दिया जाता है। जब जनता ने हमें 5 साल के लिए चुना है तो आप कौन होते हैं इस बीच सवाल करके जनता के विवेक पर सन्देह करनेवाले? यह प्रश्न सवाल को ही नाजायज़ बना देता है।

कवि को जनता की इस प्रभुता का पता है। वह उसी के बीच रहता है। और उसे जनता ने नहीं चुना है। इस जनता को उसका पता भी है, इसे लेकर सन्देह है। कवि और जनता का यह रिश्ता कैसा है?

यही मेरे लोग हैं
यही मेरा देश है
इसी में रहता हूँ
इन्हीं से कहता हूँ
अपने आप और बेकार।

कवि की असहायता। कवि की निरुपायता। अपनी व्यर्थता का अहसास। क्या यह अपने लोगों और अपने देश में रहने की बाध्यता है : 'यही मेरे लोग हैं/ यही मेरा देश है'। इसे छोड़कर मैं कहाँ जाऊँ? या इसे छोड़कर मैं जा नहीं सकता?

मेरे लोग, मेरा देश जो इन लोगों से मिलकर बनता है, मेरी नियति है। इनसे ही मैं बात कर सकता हूँ। आख़िर मैं इन्हीं की ज़बान बोलता हूँ। लेकिन मुझे पता है कि मेरा बोलना बेकार है।

फिर भी मैं बोलता हूँ। और वह इसलिए कि मैं उनका दुख सह रहा हूँ जिसका अहसास शायद उन्हें ख़ुद नहीं :

लोग लोग लोग चारों तरफ़ हैं मार तमाम लोग
ख़ुश और असहाय
उनके बीच में सहता हूँ
उनका दुख
अपने आप और बेकार।

ये कौन हैं जो ख़ुश हैं और असहाय हैं? ये लोग लोग हैं या भीड़? 'भीड़ में मैकू और मैं' कविता में ये लोग भीड़ हैं जिनके बीच कवि मैकू को खोज रहा है। और अगर मैकू न मिले तो रामलाल ही मिल जाए! मिलती है लेकिन भीड़ :

भीड़ में मैलखोरी गंध मिली
भीड़ में आदिम मूर्खता की गंध मिली
भीड़ में नहीं मिली मेरी गंध
जब मैंने उसे साँस-भर सूँघा

भीड़ में खोता है व्यक्ति। भीड़ में अपनी गंध नहीं मिलती। लोग ख़ुद को भीड़ में बदलते हैं। झुँझलाहट कवि की अपने लोगों से है :

अलग-अलग खाना पकाती इस जाति ने
क्या किया जात पूछने के बाद प्यास का

प्यास का क्या किया? इस सवाल का जवाब जनतंत्र कैसे देता है? जात से परे जनता। या जात के साथ जनता? और वह प्यास का क्या करती है? वह तो उसका कुछ तभी कर सकती है जब उसके पास चेतना हो। वह क्या अपने आप बदलती है? वह क्या किसी क्रान्ति की प्रतीक्षा करती है जो यह करेगी? मैकू की खोजवाली कविता में एक कार्यकर्ता है जो पार्टी की शक्ति है।

घर छोड़ आया अपढ़ बच्चों को शहर में विचरता
विचरता किसी दिन एक प्रबल उथल-पुथल
बदल देगी क़स्बे की चेतना

उसकी निराशा यह है :

बड़े कष्ट से मैं पिछले कुछ बरसों में
अपने को खींचकर लाया था दर्पण तक
उसमें जब देखा, देखी एक भीड़

कवि की बेचैनी यह है कि वह देख पाता है जो लोग कभी नहीं देख पाते कि वे रोज़ थोड़ा-थोड़ा मर रहे हैं :

रोज़-रोज़ थोड़ा-थोड़ा मरते हुए लोगों का झुंड
तिल-तिल खिसकता है शहर की तरफ़

और इस भीड़ में कहीं कोई छटपटाहट नहीं। यही बात कवि को व्याकुल करती है। जनतंत्र को लेकर दुविधा यह है कि प्राय: लोग इसमें भीड़ में शेष हो सकते हैं। दो ताक़तें एक साथ काम करती हैं। एक जो लोगों में जन-भाव का सृजन करने की कोशिश करती है और दूसरी जो उसे भीड़ में बदल देना चाहती है।

उनके मुताबिक़ ये जनता की जनतांत्रिक शिक्षा के लिए सबसे मुनासिब मौक़ा था। लेकिन चुनाव ही ऐसा अवसर भी ही सकता है जिसमें जनता को 'देश की व्यवस्था का विराट वैभव' चारों तरफ़ से दबोच ले।

उस वैभव से कवि अछूता रह सकता है, एक कोने में दुबका हुआ। वह जनता को सहला नहीं सकता। 'नेता क्षमा करें' कविता में वह अपनी निरुपायता को स्वीकार करता है,

लोगो, मेरे देश के लोगो और उसके नेताओ
मैं सिर्फ़ एक कवि हूँ

मैं तुम्हें रोटी नहीं दे सकता और न उसके साथ खाने के लिए ग़म
न मैं मिटा सकता हूँ ईश्वर के बारे में तुम्हारा संभ्रम

जनतंत्र में जनता और नेता के बीच एक रिश्ता है। नेता और दल जनता को बनाते और तोड़ते हैं। कवि का काम फिर क्या है? उसका और जनता का क्या सम्बन्ध है?

यानी कि आप ही सोचें कि जो कवि नहीं हैं
कि लोग सब एक तरफ़ और मैं एक तरफ़
और मैं कहूँ कि तुम सब मेरे हो
पूछिए, मैं कौन हूँ

वह अपने इन लोगों को छोड़ नहीं सकता लेकिन उनसे ख़ुद को अलग तो कर ही सकता है :

सब लोग जो कुछ रचाते हैं उसमें
केवल अपना मत नहीं दे ही तो सकता हूँ
वह मैं करता हूँ
किसी से नहीं डरता हूँ
अपने आप और बेकार।

कभी-कभी मत नहीं देना भी जनतांत्रिक कर्तव्य है। यह न समझें कि कवि वोट नहीं देने को कह रहा है। वह सिर्फ़ अपने वक़्त के लोकप्रिय मत से अपनी आवाज़ अलग करने के कर्तव्य को स्वीकार करता है। जानते हुए कि यह बेकार हो शायद। लेकिन प्रायः कवि का जनतंत्र के प्रति दायित्व यही है : लोकप्रिय से ख़ुद को अलग करना।

तुम बच नहीं सकते हस्तक्षेप से

कोई छींकता तक नहीं
इस डर से
कि मगध की शान्ति
भंग न हो जाए,
मगध को बनाए रखना है, तो,
मगध में शान्ति
रहनी ही चाहिए

मगध है, तो शान्ति है

कोई चीख़ता तक नहीं
इस डर से
कि मगध की व्यवस्था में
दख़ल न पड़ जाए
मगध में व्यवस्था रहनी ही चाहिए

मगध में न रही
तो कहाँ रहेगी?
क्या कहेंगे लोग?

लोगों का क्या?
लोग तो यह भी कहते हैं

मगध अब कहने को मगध है,
रहने को नहीं

कोई टोकता तक नहीं
इस डर से
कि मगध में
टोकने का रिवाज़ न बन जाए
एक बार शुरू होने पर
कहीं नहीं रुकता हस्तक्षेप—

वैसे तो मगध निवासियो
कितना भी कतराओ
तुम बच नहीं सकते हस्तक्षेप से—

जब कोई नहीं करता
तब नगर के बीच से गुज़रता हुआ
मुर्दा
यह प्रश्न कर हस्तक्षेप करता है—
मनुष्य क्यों मरता है?

[हस्तक्षेप]

श्रीकान्त वर्मा के कविता संग्रह 'मगध' की कविता 'हस्तक्षेप' भारत के पिछले 10 सालों में कई बार याद की गई है। उसके साथ 'मगध' की और कविताएँ भी। आज से आठ महीना पहले अमरीका और यूरोप में भी इस कविता को पढ़कर वहाँ के लोग इसकी प्रासंगिकता पर चकित हो सकते थे। हालाँकि अब इन देशों के नौजवान और वहाँ के श्रमिक भारत के गुज़रे ज़माने के इस कवि को कह सकते हैं कि हमने तुम्हारी कविता पढ़ी, समझी और उसका उत्तर दिया है। अमरीका और यूरोप के समाजों में इस समय जो जीवंतता है, उसका स्रोत है उनके विश्वविद्यालयों के विद्यार्थियों का हस्तक्षेप। सौ से अधिक विश्वविद्यालयों में विद्यार्थी और उनके साथ कई जगह उनके अध्यापक भी इज़राइल के द्वारा फ़िलिस्तीनियों के क़त्लेआम के ख़िलाफ़, और इस क़त्लेआम में उनकी सरकारों की मदद का विरोध करने के लिए कक्षाओं के बाहर धरने पर बैठे हैं। उनके इस हस्तक्षेप ने उन जनतंत्रों की व्यवस्था को हिला दिया है।

अमरीका के राष्ट्रपति जो बाइडेन ने इन विरोध-प्रदर्शनों के बारे में कहा कि विरोध का अधिकार जनतंत्र में है, लेकिन किसी को व्यवस्था भंग करने का अधिकार नहीं है। इस व्यवस्था की रक्षा के नाम पर छात्रों और अध्यापकों को पीटा गया है, गिरफ़्तार किया गया है और निष्कासित भी किया गया है।

विरोध-प्रदर्शन व्यवस्था को विचलित करने के लिए ही किये जाते हैं, व्यवस्था जो अन्याय की है और जब तक बिना दख़ल के चलती रहे, शान्ति का भ्रम बना रहता है।

क्या जनतंत्र का मक़सद एक ऐसा राज्य क़ायम करना है जिसमें शान्ति और व्यवस्था हो? क्या शान्ति-व्यवस्था ही मक़सद है? या राज्य को बनाए रखना जो शान्ति के बिना स्थिर नहीं रह सकता? क्या राज्य का, जैसा सरकारें बतलाती हैं, बने रहना ही मक़सद है? जैसा व्यवस्था के रक्षक समझाना चाहते हैं कि राज्य की शान्ति बनाए रखना है और शान्ति से ही राज्य बना रहता है।

लेकिन वह देश भी क्या देश है जहाँ सर्वत्र सहमति की शान्ति हो? जहाँ

कोई छींकता तक नहीं
इस डर से
कि मगध की शान्ति
भंग न हो जाए,
मगध को बनाए रखना है, तो,
मगध में शान्ति
रहनी ही चाहिए

जनता को उपदेश दिया जाता है कि उसने वोट देकर अपना काम कर दिया है। अब उसे अपने धंधे से लग जाना चाहिए। उसे वापस खेतों, कारख़ानों, विश्वविद्यालयों में अपनी स्याही लगी उँगली के साथ लौट जाना चाहिए। उसने जनतंत्र और राज्य के प्रति अपना कर्तव्य निभा दिया है। इससे आगे कुछ भी, और विरोध तो निश्चय ही, जनतंत्र-विरोधी है।

विरोध अराजकता को जन्म देता है जो राज्य के लिए ख़तरनाक है। लेकिन जैसा नेयोमी क्लाइन ने एक इंटरव्यू में कहा कि यह भ्रम है और झूठ है कि जनतंत्र का मतलब है मात्र हर 4-5 साल पर वोट देने का अधिकार। जनतंत्र सड़कों पर होता है, वह जन-सभाओं में होता है, वह विरोध-प्रदर्शनों में रूप ग्रहण करता है। यही वजह है कि सारे जनतंत्रों में विरोध जनता का संवैधानिक अधिकार है। हमें बोलने, अपनी राय ज़ाहिर करने, संगठन बनाने, प्रदर्शन करने का संवैधानिक अधिकार है।

विडम्बना यह है कि जैसे ही जनता अपने इस अधिकार का इस्तेमाल करती है, सरकारें कहने लगती हैं कि यह सब कुछ, बोलना, संगठन करना, प्रदर्शन करना जनतंत्र-विरोधी है क्योंकि लोगों का काम मात्र वोट देकर फिर अच्छे उपभोक्ता की भूमिका में लौट जाना है।

भारत में प्राय: भीमराव अंबेडकर को सामने खड़ा कर दिया जाता है जिन्होंने संवैधानिक रास्ते से अलग जनता के किसी भी दख़ल को 'अराजकता के व्याकरण' की संज्ञा दी थी। क्या राज्य को अराजकता बर्दाश्त करनी चाहिए?

अंबेडकर ने क्रान्ति के ख़ूनी रास्ते से सावधान किया था और अपने जनतांत्रिक उद्देश्य को हासिल करने के लिए संवैधानिक तरीक़े अपनाने को कहा था। उन्होंने सिविल नाफ़रमानी, असहयोग और सत्याग्रह के रास्तों को भी त्याज्य माना था। लेकिन संविधान-सभा की अपनी आख़िरी तक़रीर में इसके आगे उन्होंने कहा कि जब आर्थिक और सामाजिक उद्देश्यों के लिए संवैधानिक रास्ते बन्द हो जाएँ तो असंवैधानिक रास्तों की ज़रूरत पड़ती है।

अंबेडकर को कहना चाहिए था कि संविधान में ही लोगों को वे अधिकार मिले हुए हैं जिनके सहारे वे उस सरकार से सवाल कर सकें जो उन्होंने चुनी है। वरना जनतंत्र हर 5 या 4 साल में जनता द्वारा अपने लिए दासता चुनने का ही दूसरा नाम हो जाएगा।

जनतंत्र हमें मालूम है कि मात्र वोट से नहीं चलता। वह संस्थानों, शक्तियों के विभाजन और उनकी निगरानी और उन पर नियंत्रण से ही चल सकता है। लेकिन जैसा जनतंत्रों का इतिहास हमें बतलाता है, यह कई बार नहीं होता। जो स्वायत्त संस्थान हैं, वे अपनी स्वायत्तता सरकार के हवाले कर देते हैं।

जनतंत्र आख़िर क्यों श्रेष्ठ है? इसलिए कि वह मनुष्य के सबसे प्रिय मूल्य, स्वतंत्रता की रक्षा के लिए सबसे मुफ़ीद है। लेकिन स्वतंत्रता न तो राज्य की देन है और न उसे नियंत्रित करनेवाले की ख़ैरात। डैरन अज़ेमौलू और जेम्स रॉबिंसन अपनी किताब 'द नैरो कॉरीडोर' में लिखते हैं कि यह ठीक है कि स्वतंत्रता के लिए राज्य और क़ानून की ज़रूरत होती है, लेकिन वह उनके चलते नहीं है। वह साधारण लोगों, समाज द्वारा हासिल की जाती है। यह ज़रूरी है कि समाज राज्य को नियंत्रित करे ताकि वह लोगों की स्वतंत्रता में इज़ाफ़ा कर सके न कि उसे कुचल दे। स्वतंत्रता के लिए एक संगठित और गतिशील समाज की आवश्यकता है जो राजनीति में भाग ले, जब ज़रूरी हो विरोध करे और जब वह कर सके, सरकार को सत्ता से बाहर कर दे।

प्रायः ख़तरा राज्य के अधिक ताक़तवर हो जाने का होता है। उसे क़ाबू में रखने के लिए ताक़तवर समाज की ज़रूरत होती है। वह इसलिए भी कि सत्ता की प्रवृत्ति निरंकुशता की होती है और किसी हद तक अधर्म की भी। 'महाभारत' में ही एक शासक यह स्वीकार करता है कि उसे मालूम है कि धर्म क्या है, लेकिन उसकी तरफ़ उसकी प्रवृत्ति नहीं है और उसे यह भी मालूम है कि अधर्म क्या है, लेकिन उससे उसकी निवृत्ति नहीं है।

सत्ता, जनतंत्र के सहारे गढ़ी गई सत्ता, लेकिन जनता को एक ही बार सड़क पर देखना चाहती है। वह है मतदान का वक़्त, जब वह अनुशासित तरीक़े से पंक्तिबद्ध होकर मत देने का इन्तज़ार कर रही हो। उसके बाद सड़क पर जनता से बड़ा अप्रिय दृश्य सत्ता के लिए नहीं है।

सड़क पर जनता का अर्थ है हस्तक्षेप करती हुई जनता। वह सरकार को नहीं चाहिए। उसे मात्र जय-जयकार करते हुए लोग चाहिए। सरकार को यह भी मालूम है कि मामूली लगनेवाले हस्तक्षेप को भी बर्दाश्त नहीं करना चाहिए क्योंकि वह हस्तक्षेप की संस्कृति को बढ़ावा देता है। एक जगह अगर इसे होने दिया गया तो वह और अनेक जगहों पर होगा :

एक बार शुरू होने पर
कहीं नहीं रुकता हस्तक्षेप—

दर्शक यह सोचकर हैरान हो सकते हैं कि आख़िरकार बिलकुल शान्ति से बैठे, गाना गाते हुए और चित्र खींचते छात्रों पर इतना भयंकर पुलिस-दमन अमरीकी सरकार क्यों कर रही है? लेकिन सरकार को मालूम है कि एक बार यह हस्तक्षेप शुरू हो गया तो वह रुकता नहीं है। इसलिए वह सबसे निरापद हस्तक्षेप को भी कुचल देना चाहती है।

सरकार जो करे, लोग क्या करते हैं, इससे जनतंत्र की सेहत तय होती है। सत्ता लोगों की है या लोग सत्ता के हैं? क्या सत्ता ने ऐसे लोग बना लिये हैं जो अपनी ख़ुदमुख़्तारी के ऊपर शान्ति और व्यवस्था को तरजीह देते हैं? क्या ज़्यादा ज़रूरी मगध का बने रहना है? :

मगध को बनाए रखना है, तो,
मगध में शान्ति
रहनी ही चाहिए
मगध है, तो शान्ति है

और इसलिए टोकने का रिवाज़ शुरू नहीं करना चाहिए क्योंकि वह शान्ति को भंग करता है और वह मगध को ख़त्म कर सकता है। लेकिन क्या मगध अब सिर्फ़ कहने को मगध नहीं, क्या वह रहने लायक़ मगध है?

हस्तक्षेप तो होता है :
जब कोई नहीं करता
तब नगर के बीच से गुज़रता हुआ
मुर्दा
यह प्रश्न कर हस्तक्षेप करता है—
मनुष्य क्यों मरता है?

जनतंत्र में मनुष्य के मरने का अर्थ क्या है? और वह कब मर जाता है?

धर्म नहीं रहेगा, तो कुछ नहीं रहेगा

मैं फिर कहता हूँ
धर्म नहीं रहेगा, तो कुछ नहीं रहेगा—
मगर मेरी
कोई नहीं सुनता!
हस्तिनापुर में सुनने का रिवाज़ नहीं—

जो सुनते हैं
बहरे हैं या
अनसुनी करने के लिए
नियुक्त किये गए हैं

मैं फिर कहता हूँ
धर्म नहीं रहेगा, तो कुछ नहीं रहेगा—
मगर मेरी
कोई नहीं सुनता
तब सुनो या मत सुनो
हस्तिनापुर के निवासियो! होशियार!
हस्तिनापुर में
तुम्हारा एक शत्रु पल रहा है, विचार—
और याद रखो
आजकल महामारी की तरह फैल जाता है
विचार।

[हस्तिनापुर का रिवाज़]

जनतंत्र की शर्त हैं सचेत लोग। विचारशील, विचारवान लोग। चेतना, विचार के साथ साहस और सक्रियता दूसरी शर्तें हैं। उन सबका आधार है न्याय की संवेदना। न्याय-बोध या विवेक। या वह सम्भवतः सबसे पहली ज़रूरत है :

मैं फिर कहता हूँ
धर्म नहीं रहेगा, तो कुछ नहीं रहेगा—

धर्म का बोध वही तो है जिसे महमूद दरवेश ने सही और ग़लत की तमीज़ कहा है। इस कविता को गांधी की उस चेतावनी की तरह भी पढ़ा जा सकता है जिसमें उन्होंने धर्मविहीन राजनीति को एक प्रकार की विपदा ही कहा था। इसका सहारा लेकर प्रायः जवाहरलाल नेहरू जैसे गांधी के मित्रों पर इल्ज़ाम लगाया जाता है कि चूँकि उन्होंने धर्मनिरपेक्षता का विदेशी सिद्धान्त लागू कर दिया और राजनीति ही नहीं, समाज में भी धर्म को लेकर एक प्रकार का संकोच या शर्मिंदगी पैदा कर दी, तो समाज में विकृति पैदा हो गई; साम्प्रदायिकता भी इसी धर्मनिरपेक्षता का परिणाम है।

गांधी के लिए धर्म कुछ और है। वह ऐसा गुण है जो सभी धर्मों में व्याप्त है। वह एक विचार है। वह मनुष्य को मनुष्य से ही नहीं इस ब्रह्मांड मात्र से बाँधता है और उसमें अपनी जगह पहचानने की शक्ति देता है। वह दूसरों के प्रति, जो अपने से बिलकुल भिन्न हैं, अपने कर्तव्य का ज्ञान देता है। ज्ञान ही नहीं, वह उस कर्तव्य की प्रेरणा और स्फूर्ति भी प्रदान करता है। अगर मुक्तिबोध को याद करें तो वह हमें निस्संगता से मुक्त करता है, अपने दायरे से बाहर निकालता है और दूसरों से रिश्ता बनाने को प्रवृत्त करता है।

धर्म इस प्रकार निजी और सामाजिक नैतिकता है। वह सत्य से प्रतिबद्धता है और उसका सन्धान करने की प्रस्तुति है। इस अर्थ में धर्म, गांधी के मुताबिक़ एक विचार है। वह किसी भी प्रकार की श्रेष्ठता के अहंकार से मुक्त करता है।

नेहरू के अनुसार धर्म वह है जो हमें अपनी साधारणता से मुक्त करता है, हमें अपनी सतह से ऊपर उठाता है। उन्हें यह विचार आकर्षित करता था, जिसे वे हिन्दू धर्म का विचार कहते थे, कि प्रत्येक मनुष्य में दैवी तत्त्व का निवास है। इस्लाम से बराबरी और ईसाइयत से करुणा और दया के भावों को ग्रहण करके एक पूर्ण धर्म-बोध की कल्पना की जा सकती है।

असल समस्या या चुनौती उस सिद्धान्त की पहचान की है जो समाज में पारस्परिकता का आधार होगा। वह धर्म ही है जो यह कर सकता है। धर्म के इस विचार के बिना बहुमत की ताक़त अल्पमत को पीस दे सकती है। जो ताक़तवर हैं वे सारी प्रक्रियाओं को अपने स्वार्थ के लिए तोड़ दे सकते हैं।

जनतंत्र में धर्म के इस विचार का ज़िम्मा मात्र सत्ता पर नहीं छोड़ा जा सकता। इसीलिए विभिन्न प्रकार की संस्थाएँ ज़रूरी हैं जो धर्म को जीवित रखें। यह इसलिए कि सत्ता में प्राय: धर्म की प्रवृत्ति नहीं। लेकिन वे सब जिन्हें धर्म का विचार करना है, अगर वे अपने कर्तव्य से विमुख हो जाएँ?

जो सुनते हैं
बहरे हैं या
अनसुनी करने के लिए
नियुक्त किये गए हैं

मैं फिर कहता हूँ
धर्म नहीं रहेगा, तो कुछ नहीं रहेगा—
मगर मेरी
कोई नहीं सुनता

जिन्हें यह काम दिया गया कि वे धर्म की पुकार सुनें, या धर्म की हानि का समाचार सुनें, अगर वे अनसुनी करें? धर्म के प्रति उनकी उदासीनता के बावजूद समाज में अन्तिम तौर पर धर्म के विचार का लोप नहीं होता। वह विचार इन विचारपतियों के बावजूद पलता रहता है और एक दिन फूट पड़ता है जैसे महामारी।

जनतंत्र का इतिहास हमेशा से ही इस धर्म के विचार को सत्ता के तंत्र में जीवित रखने का और इसकी निराशा का है कि वे प्राय: अपने कर्तव्य की अवहेलना करते रहे। लेकिन फिर वह इतिहास ही यह बतलाता है कि यह विचार संस्थानों से कहीं अलग उन जगहों पर जीवित रखा जाता है जहाँ इसकी उम्मीद नहीं की जाती है।

इस संघर्ष के बिना जनतंत्र का बने रहना सम्भव नहीं। उसके लिए चाहिए जनता की सजगता और सक्रियता। उसके बिना गणराज्य भी मात्र कल्पना रह जाता है :

कोसल मेरी कल्पना में एक गणराज्य है
कोसल में प्रजा सुखी नहीं
क्योंकि कोसल सिर्फ़ कल्पना में गणराज्य है

उसका कारण है नागरिकों की उदासीनता और जनतंत्र के प्रति अपने कर्तव्य से विमुख हो जाना :

नागरिक
दिन-भर जुआ खेलते हैं जो जुआ नहीं खेलते
ऊँघते हैं

नागरिक दिन-भर क़िस्से गढ़ते हैं
जो क़िस्से नहीं गढ़ते
ऊँघते हैं

नागरिक
दिन-भर खीझते हैं
जो खीझते नहीं
ऊँघते हैं

वर्तमान के अपने इस कर्तव्य से दूर रखने के लिए सबसे बड़ा प्रलोभन है किसी स्वर्णिम अतीत की कल्पना में डूब जाना :

नागरिक
कोसल के अतीत पर
पुलकित होते हैं
जो पुलकित नहीं होते
ऊँघते हैं।

यथार्थ की चेतना का अर्थ है सक्रियता की बाध्यता। प्रयत्न और संघर्ष। वह इसलिए कि जनतंत्र बहुत कुछ मनुष्य की तरह है। वह एक बार बन नहीं जाता। वह एक परिघटना नहीं, प्रक्रिया है। वह स्वचालित भी नहीं। वह चलता रह सके इसके लिए मानवीय सक्रियता की दरकार है। मानवीय सक्रियता जो विचार-संवलित है।

जनतंत्र में इसकी आशंका बनी रहती है कि जनता प्रक्रियाओं को लेकर निश्चिन्त हो जाए और उन पर भरोसा कर बैठ जाए, यह मानकर कि वे अपना काम करते रहेंगे और जनतंत्र सुरक्षित रहेगा। यह नहीं होता। जिस रूस ने जनतंत्र के लिए साम्यवादी सत्ता को अपदस्थ किया, वह उस जनतंत्र को खो बैठा है। जो अमरीका जनतंत्र का दारोग़ा होने का दावा करता है, वहाँ जनतंत्र एक खाई के किनारे पर झूल रहा है। और अपने देश भारत में हम जनतांत्रिक तरीक़े से जनतंत्र से वंचित किये जा रहे हैं।

क्या यह धर्मबोध के विलुप्त हो जाने के कारण हुआ है? क्या यह नागरिक चेतना के सो जाने के कारण हुआ है? क्या यह अतीत के नशे में डूब जाने के कारण हुआ है? या यह इसलिए हुआ है कि इस समाज ने अपने कवि श्रीकान्त वर्मा को नहीं सुना?

मैं क्या कर रहा था?

मैं क्या कर रहा था
जब
सब जयकार कर रहे थे?
मैं भी जयकार कर रहा था—
डर रहा था
जिस तरह
सब डर रहे थे।
मैं क्या कर रहा था
जब
सब कह रहे थे,
'अज़ीज़ मेरा दुश्मन है?'
मैं भी कह रहा था,
'अज़ीज़ मेरा दुश्मन है।'

मैं क्या कर रहा था
जब
सब कह रहे थे,
'मुँह मत खोलो?'
मैं भी कह रहा था,
'मुँह मत खोलो
बोलो
जैसा सब बोलते हैं।'
ख़त्म हो चुकी है जयकार,

अज़ीज़ मारा जा चुका है,
मुँह बन्द हो चुके हैं।

हैरत में सब पूछ रहे हैं,
यह कैसे हुआ?
जिस तरह सब पूछ रहे हैं
उसी तरह मैं भी
यह कैसे हुआ?

[प्रक्रिया]

श्रीकान्त वर्मा को गुज़रे वक़्त हुआ। उनकी इस कविता की उम्र भी आधी सदी से अधिक हो गई। लेकिन यह कविता तब भी और आज भी, और सिर्फ़ भारत नहीं, किसी भी जनतंत्र के लिए एक चेतावनी थी और बनी हुई है।

20वीं सदी का सबसे बड़ा सवाल मात्र राजनीतिशास्त्रियों के लिए नहीं, बल्कि मनोवैज्ञानिकों, दार्शनिकों और साहित्यकारों के लिए भी यही रहा है : जनतंत्र को जनता कैसे खोती है?

इस कविता का शीर्षक 'प्रक्रिया' सार्थक है क्योंकि इसे जनतंत्र के क्षरण की प्रक्रिया की कविता के रूप में पढ़ा जा सकता है। बिना सवाल अनुकरण, भय, दूसरे से शत्रुता का भाव मिलकर एक ऐसा आदमी बनाते हैं जो इन सबकी परिणति देखकर, परिणति के बारे में हैरानी का नाटक-भर कर सकता है, क्योंकि वह ख़ुद इसका भागीदार है।

व्यक्ति के भीड़ में बदलने या भीड़ के सामने आत्मसमर्पण करने की आशंका मात्र श्रीकान्त वर्मा की नहीं। उनके समकालीन रघुवीर सहाय और विजयदेव नारायण साही की कविताओं में भी यह बार-बार बज उठती है। यह कविता सबसे पहले व्यक्ति के भीड़ बन जाने की प्रक्रिया की कविता है। भीड़ बनने की प्रक्रिया में अनिवार्य है एक आराध्य का चुनाव। एक नेता में आस्था जिससे कोई सवाल नहीं किया जा सकता, जिसकी सिर्फ़ जय-जयकार ही की जा सकती है।

जयकार और भय, दोनों जुड़वाँ हैं। यह भय बहुमुखी है। हम जिसकी जयकार में शामिल होते हैं, उसी से डरने भी लगते हैं। एक तरह से यह हमारी प्रश्नातीत भक्ति है जो हमारी भक्ति के पात्र को इतना बड़ा बना देती है कि हम उससे भय खाने लगते हैं। उस व्यक्ति के प्रति किसी भी प्रकार के सन्देह से हम डर जाते हैं। कहीं उसे हमारी आस्था के डिगने का पता न चल जाए! जिसे हमने अपनी श्रद्धा अर्पित

करके इतना विराट बना दिया है, वह हमें अपने सामने उतना ही लघु बना देता है, फिर प्रश्न करने की स्वतंत्रता हमसे छीन लेता है। या हम ख़ुद ही प्रश्न उठते ही उसे दबा देते हैं क्योंकि उस परम सत्ता पर अविश्वास दूषण है।

यह भय लेकिन सिर्फ़ आराध्य से नहीं होता, अपने आप से भी होता है। अपने सन्देह से। और जिस भीड़ के साथ मिलकर, उसमें घुलकर हम जय के नारे लगाते हैं, जिसके साथ एक सामूहिकता का बोध हासिल करते हैं, उसी भीड़ से हम डरने लगते हैं। एक बार इस सामूहिक जयगान में शामिल होने के बाद उससे ख़ुद को अलग करना कठिन हो जाता है। इस सामूहिकता से ख़ुद को अलग करना भीड़ की निगाह में हमें भी सन्देहास्पद बना देता है। भीड़ नारा लगा रही हो तो हम चुप नहीं रह सकते। कहीं भीड़ में कोई हमें चुप न देख ले!

मैं क्या कर रहा था
जब
सब कह रहे थे,
'मुँह मत खोलो?'
मैं भी कह रहा था,
'मुँह मत खोलो
बोलो
जैसा सब बोलते हैं।'

जिसे आराध्य चुना है उसके प्रति आस्था जुड़ी हुई है एक सन्देह के जन्म से। उसके प्रति सन्देह जो मुझ जैसा नहीं। यह सन्देह उससे भय पैदा करता है और फिर वह आसानी से दुश्मन में बदल जाता है :

सब कह रहे थे,
'अज़ीज़ मेरा दुश्मन है?'
मैं भी कह रहा था,
'अज़ीज़ मेरा दुश्मन है।'

यह अज़ीज़ जर्मनी में यहूदी है, अमरीका या यूरोप में आप्रवासी है, भारत में मुसलमान और ईसाई है, श्रीलंका में तमिल हिन्दू, ईसाई और मुसलमान है। ज़ाहिर है ये सब उस भीड़ का हिस्सा नहीं हैं जो जयकार कर रही है। या भीड़ के बनने की शर्त ही है अज़ीज़ को अलग करना और उसे दुश्मन घोषित करना। और अज़ीज़ के इस भीड़ में शामिल न होने से साबित हो जाता है कि वह दुश्मन ही है।

अज़ीज़ को दुश्मन बताते ही भीड़ को एक मक़सद मिलता है। उससे भय का कारण भी क्योंकि वह दुश्मन है। इस शत्रु भाव को लेकर भी हर प्रकार के सन्देह को उठते ही दबा दिया जाता है। मैं अज़ीज़ को जानता हूँ, उसके मेरे शत्रु होने का कोई कारण मुझे नहीं दीखता, लेकिन मैं यह कह नहीं सकता क्योंकि सबने उसे दुश्मन घोषित कर दिया है और उससे अलग राय एक तरह से अपने लोगों से द्रोह मानी जाएगी।

और फिर अज़ीज़ मार डाला जाता है। क्या उसे मैंने मारा? क्या उसकी हत्या में मेरी कोई भूमिका है? 'न्यूरेमबर्ग ट्रायल' नामक फ़िल्म में न्यायाधीशों पर इस इल्ज़ाम में मुक़दमा चलता है कि उन्होंने फ़ासीवाद की आमद में मदद की थी। उनमें से एक न्यायाधीश आख़ीर में अपना अपराध क़बूल करता है। लेकिन वह कहता है कि उसे नहीं मालूम था कि चीज़ें वहाँ पहुँच जाएँगी जहाँ वे पहुँचीं। उसी तरह एक कलाप्रिय संभ्रांत महिला बार-बार कहती है कि क्या यह माना जा सकता है कि उस जैसे सभ्य जर्मनों को मालूम था कि क्या हो रहा है?

क्या भीड़ पर सारा इल्ज़ाम मढ़कर अपनी निजी ज़िम्मेदारी से बचा जा सकता है? यह कविता पूछती है,

मैं क्या कर रहा था
जब
सब जयकार कर रहे थे?

और पूछती है,

मैं क्या कर रहा था
जब
सब कह रहे थे,
'अज़ीज़ मेरा दुश्मन है?'

पूछती रहती है,

मैं क्या कर रहा था
जब
सब कह रहे थे,
'मुँह मत खोलो?'

अब शोर थम चुका है, जयकार भी बन्द हो चुकी है। अज़ीज़ मारा गया है। और सब हैरत में हैं कि

यह कैसे हुआ?
जिस तरह सब पूछ रहे हैं
उसी तरह मैं भी
यह कैसे हुआ?

जनतंत्र का लोप कोई जादू नहीं। वह कोई अचानक टूट पड़नेवाली आपदा नहीं। वह एक प्रक्रिया है। वह प्रक्रिया व्यक्ति के आत्मलोप की है। अपनी ज़िम्मेदारी से ख़ुद को अलग कर लेने की है। यह प्रक्रिया, जो काम व्यक्ति का है, यानी निर्णय लेना, उस काम को ख़ुद से परे किसी सत्ता को सुपुर्द कर देने की भी है।

जनतंत्र में शुरू से ही व्यक्ति और जन के बीच एक तनाव-भरा रिश्ता है। जनता स्वायत्त व्यक्तियों का समूह है या सत्ताविहीन इकाइयों की ऐसी भीड़ जिसमें किसी का कोई चेहरा नहीं? जनतंत्र का बचे रहना भीड़ से अलग अपनी स्वायत्तता की रक्षा और अपनी ज़िम्मेदारी के निर्वाह पर निर्भर है। वरना अन्त में बचती है सिर्फ़ हैरत।

विवादित स्थल पर सिमट गया राम का साम्राज्य

हे राम,
जीवन एक कटु यथार्थ है
और तुम एक महाकाव्य!
तुम्हारे बस की नहीं
उस अविवेक पर विजय
जिसके दस बीस नहीं
अब लाखों सिर—लाखों हाथ हैं,
और विभीषण भी अब
न जाने किसके साथ है।

इससे बड़ा क्या हो सकता है
हमारा दुर्भाग्य
एक विवादित स्थल में सिमटकर
रह गया तुम्हारा साम्राज्य

अयोध्या इस समय तुम्हारी अयोध्या नहीं
योद्धाओं की लंका है,
'मानस' तुम्हारा 'चरित' नहीं
चुनाव का डंका है!

हे राम, कहाँ यह समय
कहाँ तुम्हारा त्रेता युग,

कहाँ तुम मर्यादा पुरुषोत्तम
और कहाँ यह नेता-युग!

सविनय निवेदन है प्रभु कि लौट जाओ
किसी पुराण—किसी धर्मग्रंथ में
सकुशल सपत्नीक...
अबके जंगल वो जंगल नहीं
जिनमें घूमा करते थे वाल्मीक!

'अयोध्या, 1992' पिछले 30 वर्षों में हिन्दी की सबसे ज़्यादा उद्धृत की गई कविताओं में शामिल है। कुँवर नारायण की इस कविता का मुख्य स्वर व्यंग्य का है और वह दुख से भरा हुआ है। भाषा का खेल त्रेता युग और नेता युग या सपत्नीक और वाल्मीक जैसे प्रयोगों में देख सकते हैं। लेकिन कुँवर नारायण की इस कविता में अभिधा का गुण ही अधिक है। वह अपनी व्याख्या भी ख़ुद कर देती है।

यह कविता भारतीय जनतंत्र के एक ऐसे प्रसंग से जुड़ी है जिसने उसे सबसे अधिक प्रभावित किया या कहें विकृत कर दिया। वह प्रसंग है अयोध्या में बाबरी मस्जिद के ध्वंस की घटना का। कविता ठीक उसके बाद लिखी गई थी। उसे भी घटना कहना ठीक न होगा। वह एक प्रक्रिया का एक हिस्सा-भर थी। राम-जन्मभूमि अभियान की परिणति थी, या एक पड़ाव। परिणति तो तब हुई जब कवि जीवित नहीं रह गया यह देखने को कि बाबरी मस्जिद की ज़मीन में उस राम को एक मन्दिर में प्रतिष्ठित कर ही दिया गया जिसे यह कविता किसी पुराण या धर्मग्रंथ में लौट जाने की सलाह दे रही है।

परिणति सम्भवत: उस अभियान की आज भी नहीं हुई। 2024 का चुनाव भी उसका एक पड़ाव है जिसमें राम, या राम भी नहीं उनका मन्दिर हिन्दू वोट को आकर्षित करने का सबसे कारगर चुम्बक मान लिया गया है। एक राजनीतिक दल या एक नेता दम्भोक्ति करता फिर रहा है कि उसने राम को वनवास से मुक्ति दिलाई है और उनका छीना हुआ घर उन्हें वापस दिला दिया है।

1992 से 2024 की भारतीय जनतंत्र की यात्रा में राम एक स्थायी उपस्थिति रहे हैं। लेकिन वे ख़ुद अधर्म और अविवेक के रथ पर पताका पर एक चुनाव-चिह्न की तरह फहरा रहे हैं। 22 जनवरी, 2024 के पहले और उसके बाद पूरे भारत में रिक्शे, टेम्पो, कार, मकानों, शिक्षा-संस्थानों पर भगवा झंडे में धनुर्धारी राम जाने किसे चुनौती देते दिख रहे थे! क्या यह पताका भारतीय जनतंत्र पर उनकी विजय की पताका थी?

जैसे-जैसे धूप तेज़ हुई झंडों का भगवा रंग फीका पड़ने लगा और झंडे भी झूल-से गए। और तब चुनाव का ऐलान हुआ। और राम पताकाएँ वापस आ गईं। नए जोश के साथ फिर से उन्होंने मुरझा गए झंडों की जगह ले ली। और भारतीय जनता पार्टी ने राम को ही मानो अपनी तरफ़ से चुनाव में खड़ा कर दिया। अब वे भाजपा के लिए वोट माँग रहे हैं। कह रहे हैं : मेरे अभिभावकों को दिल्ली की गद्दी नहीं मिली तो मेरे मकान पर ताला लग जाएगा। वह मकान जो मुझे 500 साल बाद इतनी मुश्किल से भाजपावालों ने दिलाया है।

हिन्दू यह नहीं पूछ रहे कि वह जो अयोध्या के उस निलय में है, वह तो शिशु राम है। और यह जो वोट माँग रहा है, वह धनुष-बाण लिये हुए है! यह फ़र्क़ अब हिन्दू जनता नहीं कर पा रही। यह असफलता राम की है या भारतीय जनतंत्र की?

क्या राम जनतंत्र के तर्क के आगे अब बेबस हैं? जनतंत्र का तर्क जिसमें बहुमत बटोरना ही सबसे बड़ा धर्म है और उसके लिए कुछ भी किया जा सकता है!

कुछ भी लेकिन नहीं किया जा सकता। एक मर्यादा जिसे चुनाव की आचार संहिता निर्धारित करती है, उसके अनुसार कोई भी दल या उम्मीदवार धर्म के सहारे वोट नहीं माँग सकता। इस मर्यादा की धज्जियाँ ख़ुद उसने उड़ा दी हैं जिसने ख़ुद को राम का उद्धारक घोषित कर दिया है और राम के भक्तों ने जिसे राम के अभिभावकों का अभिभावक मान भी लिया है। वह राम की पताका लिये जनतंत्र की मर्यादा को कुचल रहा है।

और राम असहाय हैं। वे मर्यादा स्थिर नहीं कर सकते। यह यथार्थ उनके बस का नहीं। या जनतंत्र का यह जीवन वास्तव में उनका यथार्थ भी नहीं। वे तो महाकाव्य हैं :

हे राम,
जीवन एक कटु यथार्थ है
और तुम एक महाकाव्य!

महाकाव्य उस यथार्थ को कैसे नियंत्रित कर सकता है जो राजनीति के संसार का मनुष्य बनाता है? वह राजनीति जिसमें साम-दाम-दंड-भेद को वैध माना जाता है, या हर अनीति को कृष्ण-नीति कहकर उचित ठहराया जाता है?

राम में यह क्षमता नहीं कि वे आज की राजनीतिक भाषा की मर्यादा निर्धारित कर सकें :

तुम्हारे बस की नहीं
उस अविवेक पर विजय
जिसके दस बीस नहीं
अब लाखों सिर—लाखों हाथ हैं,
और विभीषण भी अब
न जाने किसके साथ है।

कुँवर नारायण इस अविवेक को सिर्फ़ एक राजनीतिक दल, भाजपा के मत्थे मढ़कर छुटकारा नहीं पा लेना चाहते। जिस अविवेक की वे बात कर रहे हैं, उसके दस-बीस नहीं, लाखों सिर-हाथ हैं। वह सम्पूर्ण हिन्दू समाज है जो इस अविवेक का शिकार है। उसे कवि बरी नहीं करता।

राम का भौगोलीकरण भारतीय जनतंत्र की सबसे बड़ी दुर्घटना है। उनके साम्राज्य का सिकुड़ जाना :

इससे बड़ा क्या हो सकता है
हमारा दुर्भाग्य
एक विवादित स्थल में सिमटकर
रह गया तुम्हारा साम्राज्य

राम अब बन्दी हैं उस राममन्दिर के जो बाबरी मस्जिद को ढहाकर ख़ाली की गई ज़मीन को न्यायिक छल से हड़पकर उस पर बनाया गया है। राम का महाकाव्यात्मक चरित्र जो जग-भर की कल्पना को स्फुरित कर सकता था, अब जड़ हो गया। इस राम से मुसलमानों का, ईसाइयों का क्या रिश्ता होगा जिनकी हत्या उसके नाम का नारा लगाते हुए की जाने लगी है? 'राम' का 'जय श्रीराम' में बदल जाना क्या राम की ट्रेजेडी है या किसी एक समाज की?

वह नाम अब शान्ति नहीं देता, भय पैदा करता है। उसका नारा सुनकर अब बहुत बड़ी आबादी अपने कान बन्द कर लेना चाहती है। अयोध्या अब मन को शान्त नहीं करती, वह एक ऐसे युद्ध क्षेत्र में बदल गई है जिसे कभी ख़ाली नहीं छोड़ा जाएगा। यह अयोध्या भी अब एक बड़े समाज के हृदय की प्रतिनिधि है जिसमें युद्ध चलता रहता है। शत्रु गढ़े जाते रहते हैं। लेकिन वे मारे जाते हैं बाहर और उनके कानों में आख़िरी नाम राम का होता है :

अयोध्या इस समय तुम्हारी अयोध्या नहीं
योद्धाओं की लंका है,

'मानस' तुम्हारा 'चरित' नहीं
चुनाव का डंका है!

महाकाव्य के राम भी तो एक दूसरे लिहाज़ से ट्रैजिक चरित्र हैं। वे शुरू से अन्त तक दूसरों के द्वारा निर्धारित मर्यादा को लागू करने के साधन बने रहते हैं। शायद वे कभी अपना जीवन जी ही नहीं पाए। सीता का अपहरण और उन्हें अपहर्ता रावण से मुक्त करने के नाम पर किया गया युद्ध क्या था? सीता को जब राम अन्त में तिरस्कृत करते हैं तो वे किस मर्यादा को लागू कर रहे होते हैं? या बाली की हत्या, सीता का निर्वासन, शंबूक की हत्या : राम किस मर्यादा की रेखा खींच रहे हैं?

कविता राम को सकुशल सपत्नीक वन में लौट जाने की सलाह देती है। लेकिन हमारे काव्यों ने तो उन्हें वहाँ से निकालकर युद्धक्षेत्र में भेज दिया था!

आज फिर एक युद्ध चल रहा है। राम एक पक्ष के हथियार बना दिये गए हैं। उन्हें या उनके नाम को आज कौन कवि मुक्त कर सकता है? या यह काम कवि का नहीं भारतीय मतदाता का है कि वह राम को वापस काव्य में भेज सके?

इन्साफ़ की रोटी जनता को ही सेंकनी चाहिए

इन्साफ़ लोगों के लिए रोटी है।
कभी यह बहुत होती है, कभी बिल्कुल नहीं।
कभी यह ज़ायक़ेदार होती है और कभी बिल्कुल बेस्वाद।
जब रोटी न हो, भूख होती है।
जब रोटी बेस्वाद हो, असन्तोष होता है।

बुरे इन्साफ़ को फेंक दो
बिना मोहब्बत के सेंकी गई, बिना ज्ञान के गूँधी गई!
इन्साफ़ बिना किसी सुगंध के, भूरी पपड़ीवाला
बासी इन्साफ़ जो बहुत देर से आता है!

अगर रोटी अच्छी और बहुत हो,
बाक़ी खाने की फ़िक्र छोड़ी भी जा सकती है।
एक ही साथ हर चीज़ भरपूर नहीं मिल सकती।
इन्साफ़ की रोटी के सहारे
काम किया जा सकता है
जिससे भरपूर मिल सके।

जैसे रोज़ाना रोटी ज़रूरी है
वैसे ही रोज़ाना इन्साफ़।
यह और भी ज़रूरी है एक दिन में कई बार।

सुबह से शाम तक, काम करते हुए, ख़ुद आनंदित होते हुए।
काम करते हुए, जो ख़ुद आनंद है।
मुश्किल वक़्तों में और ख़ुशहाल दिनों में
जनता को चाहिए भरपूर, सेहतमन्द
रोज़ाना रोटी इन्साफ़ की।

चूँकि इन्साफ़ की रोटी इतनी अहम है
दोस्तो, कौन सेंकेगा इसे?

वह दूसरी रोटी कौन सेंकता है?

उस दूसरी रोटी की तरह
इन्साफ़ की रोटी भी जनता को ही
सेंकनी चाहिए।

भरपूर, सेहतमन्द, रोज़ाना।

ब्रेख़्त की यह कविता इन्साफ़ का पूरा सिद्धान्त देती है। इन्साफ़ इन्साफ़ तभी है जब वह इत्तेफ़ाक़ न हो, जब वह नियम हो, अपवाद नहीं। जब वह समझ के साथ किया जाए और उसमें सद्भावना शामिल हो।

बर्तोल्त ब्रेख़्त की यह कविता 'जनता की रोटी' भारतीय जनतंत्र के इस दौर में बार-बार याद आती रही है। जब यह लिख रहा हूँ ख़बर मिली कि पत्रकार प्रबीर पुरकायस्थ की गिरफ़्तारी को सर्वोच्च न्यायालय ने प्रक्रियाओं के ख़िलाफ़ मानकर उनकी रिहाई का आदेश दिया है। वे 6 महीने से ज़्यादा जेल में रह चुके हैं। उसके पहले सर्वोच्च न्यायालय ने जब गौतम नवलखा को सशर्त ज़मानत दी तब भी यह कविता बरबस याद आ गई।

गौतम 4 साल से ज़्यादा वक़्त से जेल में बन्द हैं। पिछले साल उन्हें बम्बई उच्च न्यायालय में जमानत दे दी थी, लेकिन फिर उसे स्थगित भी कर दिया था। उन्हें भीमा कोरेगाँव षड्यंत्र के मामले में गिरफ़्तार किया गया था। साज़िश की यह कहानी हिन्दुस्तान की पुलिस ने गढ़ी है जिसके सहारे उसने गौतम समेत 15 मानवाधिकार कार्यकर्ताओं और राजनीतिक कार्यकर्ताओं को देश में अलग-अलग जगह से गिरफ़्तार किया था। गौतम के पहले इसी मामले में 5 साल

से ऊपर से गिरफ़्तार शोमा सेन को भी ज़मानत दी गई। उसके पहले सुधा भारद्वाज को। वरवर राव को भी लम्बे अरसे तक जेल में रखने के बाद ख़राब सेहत की वजह से जमानत मिली। लेकिन अंग्रेज़ी के अध्यापक हैनी बाबू अभी जेल में हैं। बुज़ुर्ग मानवाधिकार कार्यकर्ता फादर स्टैन स्वामी तो जेल में ही मर गए।

शरजील इमाम, उमर ख़ालिद, गुलफ़िशाँ फ़ातिमा, ख़ालिद सैफ़ी के साथ एक दर्जन लोग पिछले 4 साल से दिल्ली में हुई हिंसा के बारे में दिल्ली पुलिस द्वारा गढ़ी गई साज़िश की कहानी के चलते जेल में हैं। उनमें से कुछ लोगों को तो जमानत मिली है लेकिन बाक़ी अब भी जेल में बन्द हैं।

इन्साफ़ की रोटी के टुकड़े जनता के आगे फेंककर उसे सन्तुष्ट करने की कोशिश की जा रही है। उस जनता को जो अरसे से इन्साफ़ की भूखी है।

दिल्ली के मुख्यमंत्री अरविन्द केजरीवाल को भी लोकसभा चुनाव आधा बीत जाने के बाद जमानत दी गई। वह भी मानो एहसान हो। झारखंड के पूर्व मुख्यमंत्री हेमंत सोरेन की जमानत की अर्ज़ी की तारीख़ आगे खिसकाई गई। उनके वकील ने जब कहा कि जिस आधार पर अरविन्द केजरीवाल को ज़मानत दी गई है, वही हेमंत सोरेन पर लागू होता है, अदालत ने कहा, नहीं, नहीं, हर मामला अलग है।

10 साल जेल में रखने के बाद दिल्ली विश्वविद्यालय के अंग्रेज़ी के अध्यापक जी एन साईंबाबा को आरोप मुक्त किया गया। ज़िन्दगी के 10 साल!

इन्साफ़ की रोटी के टुकड़े : आधे, बासी, बेस्वाद।

यह कविता तब याद आई जब स्टैन स्वामी की जमानत की अर्ज़ी ख़ारिज की गई। बूढ़े, बीमार स्टैन स्वामी को अदालत ने जेल में मरने दिया। फादर ने कहा था कि अगर उन्हें जमानत दी जाती है तो उन्हें अपने लोगों के बीच राँची में रहने दिया जाए। अदालत ने कहा कि यह मुमकिन नहीं है। और उस वक़्त भी यह कविता याद आई। ख़ासकर ये पंक्तियाँ :

बुरे इन्साफ़ को फेंक दो
बिना मोहब्बत के सेंकी गई, बिना ज्ञान के गूँधी गई!
इन्साफ़ बिना किसी सुगंध के, भूरी पपड़ीवाला
बासी इन्साफ़ जो बहुत देर से आता है!

ब्रेख़्त मानो भारत के इन्हीं वक़्तों के लिए यह कविता तब लिख रहे थे। लेकिन यह सिर्फ़ भारत के लिए, और सिर्फ़ आज के वक़्त के लिए नहीं है। यह कविता अवाम, इन्साफ़ और जम्हूरियत के रिश्ते के बारे में है। इन्साफ़ अगर रोटी की तरह रोज़ मिलना है तो निज़ाम अवाम का होना चाहिए।

कविता पढ़कर भ्रम हो सकता है कि इन्साफ़ का काम सीधे जनता करेगी। क्या हम जनतांत्रिक सरकारों की अदालतों की बात कर रहे हैं? ज़ाहिर है, नहीं। इन्साफ़ सबसे अच्छे तरीक़े से जनतांत्रिक व्यवस्था में ही किया जा सकता है, ब्रेख़्त का यह कहना है। इन्साफ़ इस सवाल का जवाब देने की कोशिश करता है : कौन किस चीज़ का हक़दार है?

हक़ आज़ादी का, बाइज़्ज़त ज़िन्दगी का और उसे बसर करने के लिए ज़रूरी मौक़ों का, समाज के संसाधनों में हिस्सेदारी का।

इसे समझने में बहुत दिक़्क़त नहीं होनी चाहिए कि समाज के जो तबक़े ऐतिहासिक और सामाजिक वजहों से पीछे रह गए हैं, और दुनिया-भर में आम तौर पर वे औरतें होंगी, अमरीका में काले लोग होंगे, भारत में अनुसूचित जाति और जनजाति के, और मुसलमान समेत अल्पसंख्यक भी, उन्हें समाज के संसाधनों में पहले हिस्सा दिया जाएगा। यह पूरे समाज की सेहत के लिए भी ठीक है अगर हम समाज को एक शरीर मानते हैं कि उसके कमज़ोर अंग पर पहले ध्यान दिया जाए। यही इन्साफ़ है।

जनतंत्र के तर्क का इस्तेमाल करके इन्साफ़ के इस उसूल को बेकार कर दिया जा सकता है। अगर एक ऐसा बहुमत बना दिया जाए जो इसे इन्साफ़ न माने तो, जो कहे कि यह उसका हिस्सा है जो अल्पसंख्यकों को ग़ैरवाज़िब तरीक़े से दिया जा रहा है तो यह इन्साफ़ नहीं किया जा सकता। उसी तरह अगर समाज में बहुसंख्यक जनता से पूछा जाए तो औरतों को गर्भपात का अधिकार ही नहीं रहेगा। या अमरीका में अगर यह 'जनतांत्रिक' तरीक़े से तय किया जाए कि डारविन का सिद्धान्त पढ़ाना है या नहीं तो बच्चों के जानने के अधिकार के ख़िलाफ़ राय बनेगी।

जनतंत्र इसलिए सिर्फ़ बहुमत के आधार पर चलनेवाली व्यवस्था नहीं। वह सामाजिक जीवन के बारे में सामूहिक तरीक़े से विचार-विमर्श की दीर्घ प्रक्रियाओं के ज़रिए निर्णय लेने की व्यवस्था है। जनतंत्र ख़ुद इन्साफ़ है क्योंकि वह अपनी ज़िन्दगी के बारे में फ़ैसला करने के मामूली से मामूली आदमी के हक़ को स्वीकार करने और हासिल करने का अब तक ईजाद किया सबसे कारगर रास्ता है।

जनतंत्र को हम इसलिए नहीं स्वीकार करते कि यह उपयोगी है, बल्कि इसलिए कि इसमें आंतरिक रूप से ऐसे गुण हैं जो इसे राजशाही या तानाशाही से बेहतर ठहराते हैं। किसी भी एक व्यक्ति को, एक दल को या एक समूह मात्र को सारे समाज के बारे में फ़ैसला करने का अधिकार नहीं दिया जा सकता। जनतंत्र ऐसी सामूहिकता की कल्पना है जिसमें सारे समुदायों की बराबर की हिस्सेदारी हो, और वह विभिन्न मतों को व्यक्त होने की जगह और मौक़ा दे।

अगर एक समूह, एक व्यक्ति भी महसूस करे कि उसकी आवाज़ नहीं सुनी जा रही तो उस जनतंत्र को आत्मसमीक्षा की आवश्यकता है।

न्याय करने का काम ज़ाहिर है चुने हुए विशेषज्ञ करते हैं, लेकिन जनतंत्र में अनेक फ़ैसलों का आधार संविधान है। संविधान बहुमतवाद के, जो बहुसंख्यकवाद में बदल जाता है, ख़तरे से बचने का तरीक़ा है। कुछ अधिकार संविधान में तय होते हैं जिन्हें न तो न्यायाधीशों की मर्ज़ी से स्थगित किया जा सकता है और जिन्हें बहुमत से आई हुई सरकारें भी नहीं ख़त्म कर सकतीं।

विचार का, अभिव्यक्ति का, संगठन का, अपने धर्म और विश्वास के पालन का, उसके प्रचार का अधिकार संविधानसम्मत है। उसी तरह इन्साफ़ का अधिकार भी संविधानसम्मत है। वह किसी की मर्ज़ी पर नहीं। इन्साफ़ और आज़ादी एक दूसरे से जुड़े हुए हैं। किसी की आज़ादी को राज्य के कहने-भर से सीमित नहीं किया जा सकता। और वह कितनी, कब, किसे मिलनी है, अगर यह न्यायाधीशों की मर्ज़ी पर है तो फिर वह इन्साफ़ नहीं है।

चुनावी बॉन्ड पर पाँच साल तक टालने के बाद फ़ैसला बासी रोटी है, सुधा भारद्वाज, वरवर राव को मुम्बई की चौहद्दी में क़ैद करके ज़मानत रोटी का एक टुकड़ा है, गौतम नवलखा को जमानत जब हैनी बाबू जेल में है, बेस्वाद रोटी है। यह आधा अधूरा इन्साफ़ है, बल्कि इन्साफ़ का भ्रम है। क्या ऐसा इसलिए है कि हमारा जनतंत्र भी बहुसंख्यकवादी जनतंत्र में बदल गया है, जनतंत्र का भ्रम, आधा अधूरा?

नागरिकता के सीमान्त पर ठहरे लोग

नागरिकता के सीमान्तों पर खड़े लोग
सन्दिग्ध हो जाते हैं
वे बहुसंख्यक आबादी की पूँछ माने जाते हैं
जानवरों की तरह
लोग उनसे अपनी देह की मक्खियाँ झाड़ते हैं
उन्हें वे अपने पेट तक नहीं पहुँचने देते
अपने सीने से नहीं लगने देते
अपनी ज़ुबान की भाषा तो
उन्हें कभी होने ही नहीं दिया जाता
वे उन्हें अपने मलद्वार के ठीक ऊपर
लटकाकर रखते हैं

अकविता की भाषा की तरह
बहुसंख्यक अपने बच्चों को उनसे दूर रखते हैं
वे असभ्य और पिछड़े माने जाते हैं

नागरिकता के सीमान्त पर खड़े लोग
कभी जम्मू के हो जाते हैं
तो कभी कश्मीर के
तो कभी बस्तर के

वे सीरिया, फ़िलिस्तीन, म्यामार
मेक्सिको, ग्वाटेमाला, कहीं के भी हो सकते हैं

यहाँ तक कि वे हमारे घरों में
चूल्हों, चौकियों और चौखटों के हो जाते हैं

धीरे-धीरे वे ग़ुस्सैल हो जाते हैं
वे चिड़चिड़े हो जाते हैं
कभी-कभी वे हथियारबन्द भी हो जाते हैं
तब उन्हें और आसान हो जाता है नागरिकता के पायदान से धक्के दे देना
नागरिकता के सीमान्त पर खड़े लोग आपकी तरह
मुस्कुराते हुए आधार कार्ड नहीं दिखा सकते
राशन कार्ड लिये हुए भी उनका दिल धड़कता रहता है
वे जानते हैं उन्हें कभी भी अनाज की जगह
जेल की सलाखें मिल सकती हैं
वे आपको अपना भूगोल दिखा सकते हैं मानचित्र नहीं
वे गोद में अपनी
बिलखते बच्चों को दिखा सकते हैं, उनका भविष्य नहीं
वे आपको अपनी आँखें दिखा सकते हैं, रुदन नहीं
वे नदियों, नालों, पहाड़ों
और कँटीले रास्तों को पार करते हुए
हमेशा किसी अनिश्चितता में पहुँचते हैं
यह उनकी ख़ूबसूरती है कि
वे हर चीज़ को लाँघते हुए
आदमियत के बन्द दरवाज़ों को तोड़ते हैं।

[नागरिकता के सीमान्तों पर खड़े लोग]

अनुज लुगुन की 'नागरिकता के सीमान्तों पर खड़े लोग' की भाषा और जम्मू, कश्मीर, बस्तर जैसी जगहों के ज़िक्र से लग सकता है कि यह कविता प्राथमिक रूप से भारत के बारे में है। लेकिन इन नामों के फ़ौरन बाद सीरिया, मैक्सिको, म्यामार जैसे नाम आपको सावधान करते हैं। कविता एक विश्वव्यापी सार्वभौम अनुभव के बारे में है। इसे आप नागरिकता का अनुभव या नागरिकता की सरहद पर रहनेवालों का अनुभव कह सकते हैं।

कौन नागरिकता के दायरे के केन्द्र में और कौन हमेशा परिधि पर लटके रहने को अभिशप्त है? यह सवाल आज की हर भाषा का सबसे महत्त्वपूर्ण प्रश्न हो उठा है।

लेकिन उसके पहले हम यह देखें कि जनतंत्र में जन कौन है? उसे क्या अनिवार्यत: नागरिक होना चाहिए? नागरिकता को जितना स्वाभाविक मान लिया गया है, क्या वह वैसी है या उसे वैसा होना चाहिए?

लोग या नागरिक? संविधान नागरिकों ने स्वीकार या ख़ुद को सुपुर्द नहीं किया था। संकल्प नागरिकों ने नहीं लोगों ने लिया था। संविधान की प्रस्तावना शुरू होती है : 'हम भारत के लोग' से। लेकिन सारी जनतांत्रिक प्रक्रियाएँ जो इस संविधान से शुरू होती हैं निर्माण करती हैं नागरिक का। और यह अधिकार मिलता है राज्य को कि वह आपको नागरिक होने का प्रमाण-पत्र दे। नागरिक कहने में जो शान है वह लोग कहने में कहाँ? 'नागरिक' में गम्भीरता है, 'लोग' में हल्कापन।

नागरिक को ही लेकिन मतदान का अधिकार है। लेकिन वह अधिकार भी हर किसी को पूरा मिले, ज़रूरी नहीं। अनुज लुगुन की इस कविता को पढ़ते समय भारत के अलग-अलग शहरों में मुसलमानों को वोट देने से रोकने के दृश्य याद आते रहे। अनुज सीमान्त पर खड़े या उससे टँगे लोगों की बात कर रहे हैं। ये सरहदें वहाँ भी हैं जिन्हें केन्द्र माना जाता है। जैसे कानपुर या बड़ौदा या दिल्ली या हैदराबाद।

भारत के एक प्रदेश, असम, में एक पूरी श्रेणी तैयार कर दी गई है, डी वोटर की। डी : डाउटफुल, सन्दिग्ध। वे असम में पीढ़ियों से रहते आने के बावजूद आज नागरिकता के सीमान्त पर खड़े हैं या धकेल दिये गए हैं :

नागरिकता के सीमान्तों पर खड़े लोग
सन्दिग्ध हो जाते हैं

यह कविता उस समय लिखी गई थी जब भारतीय जनतंत्र ने लोगों को नागरिकता तक पहुँचने के लिए एक रास्ता बनाया और उसके प्रवेश पर एक तख़्ती टाँग दी: इस रास्ते पर मुसलमान नहीं चल सकते। और उसी समय उसने एक प्रक्रिया शुरू की इसकी जाँच करने की कि आपको नागरिकता का दर्जा मिले इसके लिए आपके पास सबूत हैं या नहीं। वह सबूत यह नहीं है कि आपके परनाना या परनानी की क़ब्रें यहाँ हैं, बल्कि वे काग़ज़ात हैं जिन्हें जनता के द्वारा चुनी हुई जनतांत्रिक सरकार नागरिकता के प्रमाण के रूप में स्वीकार करती है। असम में अभी 19 लाख लोग नागरिकता के सीमान्त पर हैं। वे सन्दिग्ध लोगों में बदल दिये गए हैं। उनकी ज़मीन ली जा सकती है, उन्हें घरों से बेदख़ल किया जा सकता है और डिटेंशन कैंपों में बन्द किया जा सकता है। सैंकड़ों लोग पहले से उन कैंपों में बन्द हैं।

कौन लोग नागरिक हैं? यह मेरी पैदाइश तय करेगी या यह कि मेरे माँ-बाप, दादा-दादी नागरिक थे या नहीं?

अशोक वाजपेयी अपनी एक कविता में लिखते हैं कि किसी प्रयोजन से जब पुरखों की याद की ज़रूरत पड़ी तो कवि तीन पीढ़ियों के पीछे के नाम नहीं बता सका। विरासत कौन-सी, कितनी दूर तक की?

नागरिक की कल्पना बिना अनागरिक के नहीं की जा सकती। राज्य की धूप में खड़े होने पर नागरिक की छाया गिरती है और अनागरिक का निर्माण करती है।

कुछ साल पहले, तक़रीबन तभी जब यह कविता लिखी गई होगी, भुवनेश्वर में गांधी पर एक सेमिनार में आलोक राय ने मुझे एक कहावत सुनाई : इनसान दो पैरों पर चलनेवाला प्राणी है। उसकी इनसानियत उसकी इस गतिशीलता में है। इस गतिशीलता ने ही उनका सृजन किया है जिन्हें हम सभ्यता कह सकते हैं।

निवेदिता मेनन लिखती हैं कि लोगों ने नहीं, राष्ट्र-राज्यों ने नागरिकता का निर्माण किया। जब हमने राष्ट्र-राज्य को गृहप्रदेश कहके उसके दरवाज़े बन्द किये, सीमाएँ खींचीं और लोगों का बँटवारा नागरिकों, आप्रवासियों, प्रवासियों और शरणार्थियों के बीच किया। यह भुलाते हुए कि मानवीय समाज अनंत काल से लगातार एक जगह से दूसरी जगह आते-जाते लोगों ने बनाए हैं। मानवीय तस्करी की अवधारणा का रिश्ता सरहदों में बन्द राष्ट्र-राज्य से है।

जनतंत्र इस मूल मानवीय स्वभाव, गतिशीलता, की रक्षा करता है या उसमें बाधा डालकर उसे जड़ कर देता है? इस प्रश्न के साथ निवेदिता मेनन की एक बात याद आती है। गति के साथ श्रम को भी जोड़ लीजिए। यह ज़मीन मेरी है, इस पर मेरा हक़ है। सिर्फ़ इसलिए नहीं कि इसकी मिट्टी में मेरे पूर्वजों की राख मिली है या इसमें मेरी पुरखिनें दफ़्न हैं, बल्कि इसलिए भी कि इस ज़मीन पर मेरा पसीना गिरा है। सवाल सिर्फ़ ख़ून का नहीं, पसीने का भी है।

पसीना यानी श्रम जो जीवन का सृजन करता है और राष्ट्रों का भी। अनुज लुगुन अपनी दूसरी कविता 'मुझे मेरी नागरिकता दे दो' में निवेदिता मेनन की तरह ही नागरिकता का वैकल्पिक प्रस्ताव करते हैं :

मुझे मेरी नागरिकता दे दो
मुझे मेरी अस्मिता दे दो
मानचित्र की उलझी रेखाओं में नहीं
आदमी होने की भाषा में मुझे नागरिकता दे दो।

मैं हिन्दू हूँ, बौद्ध हूँ,
ईसाई हूँ, पारसी हूँ,

मुसलमान हूँ
कोई भी हूँ
मुझे मेरी सम्मिलित नागरिकता दे दो

मुझे छत दे दो
भात दे दो
लिखने का हाथ दे दो
मुझे मेरी ज़ुबान आज़ाद दे दो
संविधान में लिखी थी जो धर्म की बात
मुझे वही बात दे दो

कल जो होंगे मेरे बच्चे
नंगे और ठिठुरते हुए
उनको ग़रीबी की जात दे दो
मुझे आदमी होने की बात दे दो

तुम तो करोगे राज-पाट की बात
मुझे काम-काज की बात कर लेने दो
कुदाल चला लेने दो
लोहा गला लेने दो
अपना पेट पाल लेने दो
मुझे मेरी श्रमशील नागरिकता दे दो।

श्रमशील नागरिकता, सम्मिलित नागरिकता बिना आज़ाद ज़ुबान के कैसे मिल सकती है? और वह ज़ुबान भी क्या है : "आदमी होने की भाषा", "आदमी होने की बात!" क्या यह माँग सिर्फ़ कवि की है जनतंत्र से?

कलीमुद्दीन तो ख़ाक हो गया...

गले से रुद्राक्ष की लम्बी माला
लटक रही थी
जोगिया कलरवाले
कुर्ते पर...
दाहिने कान से
लाल फूल अटका पड़ा था,
चमक रहा था भाल पर
चन्दन का पीला तिलक...

वो अपना रिक्शा
मेरे निकट ले आया
"नमस्ते बाबाजी!"
संजीदगी में बोला—
"किधर को ले चलूँ बाबाजी?"

मैं उसको ग़ौर से देखने लगा
वो अच्छा-भला युवक था,
गंदमी सूरत का दुबला-पतला!

बड़ी-बड़ी आँखें, सुरमई...
चौड़ी पेशानी पर
चमक रहा था चन्दन का टीका
लुंगी पीली थी
पैर ख़ाली थे...

“चलो बाबाजी
किधर ले चलूँ?
छीपी तालाब?
बेगम पुल?”
कि इतने में
एक और युवक
इन कानों में
फुसफुसा के कह गया—
“ख़बरदार, यह मुसलमान है...
इसके रिक्शे पर
कभी ना बैठना आप!”

मगर अपना साथी
अ.अ. बोला—
“हम इसी का रिक्शा लेते हैं।”
हमने उससे कहा—
“हॉस्टल ले चलो,
हाँ, हाँ, मेरठ कॉलेज हॉस्टल।”

हमें हॉस्टल के गेट पर
पहुँचाकर
निहायत नरम आवाज़ में
वो कहने लगा—

“बाबाजी, अब हम चुटैया भी रखेंगे
आठ-दस रोज़ की
भुखमरी के बाद
हमारे अन्दर
य'अक्किल फूटी है!
बाबाजी,
रुदराछ के मनके

अच्छी मजूरी दिला रहे हैं
बाबाजी, अब हम
चुटला भी रखेंगे माथे पे
अब हम चन्दन का टीका भी
रोज़ लगाते रहेंगे...
बाबाजी, अब हम
अपना नाम भी तो
'परेम परकास' बतलाते हैं..."

वो अपना रिक्शा लेकर
वापस जा रहा था...
उसने हमारी बातें सुन ली थीं
जभी तो
अपना 'वक्तव्य'
सूत्र-रूप में
हमारे सामने रख गया था!

अपना रिक्शा लेकर
प्रेमप्रकाश जा रहा था
और हम दोनों
मिनटों तक उसे जाते हुए
देखते रहे...
...
यों तो वो
कल्लू था...
कल्लू रिक्शावाला
यानी कलीमुद्दीन...
मगर अब वो
"परेम परकास'
कहलाना पसन्द करेगा...

कलीमुद्दीन तो
भूख की भट्ठी में
ख़ाक हो गया था

"जियो बेटा प्रेम प्रकाश!
हाँ, हाँ, चोटी ज़रूर रख लो
और हाँ, पूरनमासी के दिन
'गढ़ की गंगा में डूब लगा आना!
हाँ, हाँ, तेरा यही लिबास
तेरे को रोज़ी-रोटी देगा!
सच बेटा प्रेम प्रकाश
तूने मेरा दिल जीत लिया!
लेकिन तू अब इतना
ज़रूर करना
मुझे उस नाले के क़रीब
ले चलना कभी
उस नाले के क़रीब
जहाँ कल्लू का कुनबा रहता है!
मैं उसकी बूढ़ी नानी के पास
बीमार अब्बा जान के पास
बैठकर चाय पी आऊँगा कभी!
कल्लू के नन्हे-मुन्ने
मेरी दाढ़ी के बाल
सहलाएँगे...और..."

"और?"
और तेरा सिर!..."
मेरे अन्दर से
एक ग़ुस्सैल आवाज़ आई...
"बुड्ढे, अपना इलाज करवा!
तेरी खोपड़ी के अन्दर
गू भर गई है!

खूसट कहीं का!
कल्लू तेरा नाना लगता है न?
ख़बरदार साले
तुझे किसने कहा था
मेरठ आने के लिए?...
लगता है
वो ग़ुस्सैल आवाज़
आगे भी कभी-कभी

सुनाई देती रहेगी...

[तेरी खोपड़ी के अन्दर]

नागार्जुन की इस कविता का शीर्षक है 'तेरी खोपड़ी के अन्दर'। कविता क्या है, एक फटकार है या नागार्जुन के हृदय से निकली चीत्कार! या भारत को एक भयानक चेतावनी या उसके लिए भविष्यवाणी। स्वतंत्रता के बाद विकसित हुए भारतीय जीवन पर एक फटकार।

कविता में एक व्यर्थ की भावुकता हो सकती थी जिसे नागार्जुन के कुशल कवि ने जैसे बिल्कुल पोंछ दिया है। उपहास का स्वर है लेकिन उसका पात्र है कल्लू उर्फ़ प्रेम प्रकाश से सहानुभूति दिखलाने वाला बाबा।

कविता यह नहीं बतलाती कि आख़िर कल्लू यानी कलीमुद्दीन ने क्यों प्रेम प्रकाश बनने का फ़ैसला किया होगा? आठ-दस रोज़ की भुखमरी उसे क्यों झेलनी पड़ी होगी? और भुखमरी से निकलने का यही तरीक़ा क्यों उसने चुना होगा? कलीमुद्दीन से प्रेम प्रकाश में ख़ुद को बदल लेने का? क्यों चुटिया और टीका और रुद्राक्ष के मनके उसे अच्छी मजूरी दिला रहे हैं?

कविता यह कारण नहीं बतलाती है क्योंकि वह मानती है कि भारतीय पाठकों की सांस्कृतिक या सामाजिक या राजनीतिक या जनतांत्रिक स्मृति मेरठ का एक अर्थ जानती है। जैसे जबलपुर, भिवंडी का, जमशेदपुर का, भागलपुर का, नेल्ली का, हाशिमपुरा का, अहमदाबाद का, मुज़फ़्फ़रनगर का। ये सारे नाम सिर्फ़ शहरों के नाम नहीं, मील के पत्थर हैं भारतीय जनतंत्र के पथ के। भारतीय जनतंत्र जो मुसलमानों के ख़िलाफ़ हिंसा के सहारे या उसके बावजूद इसी रास्ते पर आगे बढ़ता गया है। ये सारे शहर उस हिंसा के प्रतीक हैं। यह हिंसा इन शहरों को बनाती, बदलती है। इन शहरों की बनावट, बसाहट को, उसमें रह रहे लोगों के बीच के रिश्तों को वह हिंसा बदलती है।

कविता सिर्फ़ कल्लू का जो कि अब प्रेम प्रकाश है, 'वक्तव्य' सुनाती है। वह तो बतिया रहा है अपनी सवारियों से, लेकिन जो वह बोल रहा है उसे कविता उसका 'वक्तव्य' कहती है। वक्तव्य जो कि औपचारिकता का आभास देता है। जैसा वक्तव्य सरकार देती है या राजनेता या अफ़सर देते हैं। यह हिंसा के शिकार एक मुसलमान का वक्तव्य है। यह वक्तव्य है या टिप्पणी है उस भारत पर जहाँ भूख से बचने का यही रास्ता बच गया है कल्लू या कलीमुद्दीन के पास?

यह कविता मुझे बार-बार याद आती रही है। चंडीगढ़ के मेरे मित्र ने अपनी एक टैक्सी यात्रा के बारे में जब बतलाया, यह कविता याद आई। टैक्सी ड्राइवर ने अपना नाम सोनू बतलाया था। सफ़र के अन्त में किराया लेने के लिए उसने अपना फ़ोन नम्बर दिया। मित्र ने जब उस नम्बर पर भुगतान कर दिया तो उसकी पावती, रसीद मिली। फ़िरोज़ को उनका दिया पैसा मिल गया था। मेरे मित्र ने फ़ोन की स्क्रीन देखी और ख़ामोशी से टैक्सी से उतर गए। उन्होंने नागार्जुन की यह कविता नहीं पढ़ी थी। रिक्शे पर ख़रामा-ख़रामा चलते हुए हमारे कवि ने परेम परकास से उसके रहने की जगह, उसके घर-ख़ानदान का हाल-चाल ले लिया था। हमारे मित्र को मालूम था कि इसके बारे में उनकी कोई भी जिज्ञासा सोनू उर्फ़ फ़िरोज़ को उनके इरादे के बारे में आशंकित कर सकती है।

यह कविता याद आई जब इन्दौर में हिन्दुओं की गली में चूड़ी बेचनेवाले तस्लीम अली को बुरी तरह पीटा गया। यह इल्ज़ाम लगाकर कि वह नाम बदलकर हिन्दू औरतों को धोखे से चूड़ी बेच रहा था। तस्लीम को गिरफ़्तार कर लिया गया और उसकी जमानत की अर्ज़ी ज़िला अदालत ने ख़ारिज कर दी। कोई चार महीने बाद उसे उच्च न्यायालय से ज़मानत मिल पाई।

तस्लीम के वकील ने ज़मानत देने की अदालत की इस मेहरबानी के लिए उसका और भारतीय जनतंत्र के संविधान का शुक्रिया अदा करते हुए वक्तव्य दिया : "उच्च न्यायालय के ज़मानत के आदेश ने साबित कर दिया है कि इस देश में संविधान सर्वोपरि है। यह संविधान की जीत है।"

कविता फिर याद आई जब पढ़ा कि कर्नाटक के धारवाड़ में नुग्गीकेरी मन्दिर के सामने तरबूज़ा बेचते हुए नबीसाब किल्लेदार का ठेला गुंडों ने उलट दिया। फिर याद आई जब जबलपुर में अमित शुक्ला ने जोमाटो के डिलिवरीमैन का नाम फ़ैयाज़ मालूम होने पर अपना ऑर्डर कैंसिल कर दिया। फ़ैयाज़ का वक्तव्य था,"हाँ, तकलीफ़ तो हुई। अब क्या बोलेंगे सर,...ग़रीब लोग हैं...सहना पड़ेगा।"

और तब भी जब पढ़ा कि लोग आधार कार्ड देखकर मुसलमान सब्ज़ीवालों को अपने मोहल्ले या कॉलोनी में घुसने से मना कर रहे हैं।

तब भी यह कविता याद आई जब असम के मुख्यमंत्री हेमंत बिस्वा सरमा का वक्तव्य पढ़ा कि गुआहाटी में मियाँ मुसलमानों को सब्ज़ी और मसाला नहीं बेचने दिया जाएगा।

अनुज लुगुन ने सम्मिलित नागरिकता की माँग की है, सम्मिलित नागरिकता जो श्रमशील नागरिकता भी है। अगर रोज़ी में, श्रम में शिरकत नहीं है तो नागरिकता में भी शिरकत कैसे होगी?

हर हिंसा के बाद शहर और क़स्बे बँटते हैं। चालीस साल पहले कलीमुद्दीन ने आख़िरकार प्रेम प्रकाश का भेस लिया जिससे वह जी सके :

यों तो वो
कल्लू था...
कल्लू रिक्शावाला
यानी कलीमुद्दीन...
मगर अब वो
'परेम परकास'
कहलाना पसन्द करेगा...

कलीमुद्दीन तो
भूख की भट्ठी में
ख़ाक हो गया था

नागार्जुन कल्लू को उसकी इस हिकमत के लिए जो शाबाशी देते हैं, वह वास्तव में अपने मुल्क को लानत है।

कवि यह जानने के बाद कल्लू के कुनबे में जाना चाहता है, वहाँ चाय पीना चाहता है। धारवाड़ में फल बेचने वाले किल्लेदार को वहाँ की साहित्य सभा के उद्घाटन का न्योता दिया गया। जबलपुर में जोमेटो ने अमित शुक्ला को जवाब दिया कि फ़ैयाज़ की जगह वह किसी हिन्दू को उनके पास खाना लेकर नहीं भेजेगा। वे नागरिकता की फाड़ दी गई चादर की सिलाई कर रहे हैं।

जो ऐसा करने की कोशिश करते हैं, उन्हें अन्दर से ग़ुस्सैल आवाज़ आती है—

अपना इलाज करवा!
तेरी खोपड़ी के अन्दर
गू भर गई है!

खूसट कहीं का!
कल्लू तेरा नाना लगता है न?

नागार्जुन की कविता ख़त्म इस आशंका पर होती है,

लगता है
वो ग़ुस्सैल आवाज़
आगे भी कभी-कभी
सुनाई देती रहेगी...

इस ग़ुस्सैल आवाज़ का जवाब कैसे दिया जाएगा, इसी से हिन्दुस्तान के जनतंत्र के सफ़र का वर्तमान और भविष्य तय होगा।

जिसने तुम्हारा ख़ून किया बापू, वह प्रहरी था स्थिर स्वार्थों का

जिस बर्बर ने
कल किया तुम्हारा ख़ून पिता
वह नहीं मराठा हिन्दू है
वह नहीं मूर्ख या पागल है
वह प्रहरी है स्थिर स्वार्थों का
वह जागरूक वह सावधान
वह मानवता का महाशत्रु
वह हिरणकशिपु
वह अहिरावण
वह दशकन्धर
वह सहस्त्रबाहु
वह मनुष्यत्व के पूर्ण चन्द्र का सर्वग्रासी महाराहु
हम समझ गए
चट से निकाल पिस्तौल
तुम्हारे ऊपर कल
वह दाग गया गोलियाँ कौन?
हे परमपिता हे महामौन
हे महाप्राण, किसने तेरी अन्तिम साँसें
बरबस छीनी भारत-माँ से
हम समझ गए!
जो कहते हैं उसको पागल

वह झोंक रहे हैं धूल हमारी आँखों में
वह नहीं चाहते परम क्षुब्ध जनता घर से बाहर निकले
हो जाएँ ध्वस्त
इन सम्प्रदायवादी दैत्यों के विकट खोह
वह नहीं चाहते; पिता तुम्हारा श्राद्ध ओह!
भूखे रहकर
गंगा में घुटने-भर धँसकर
हे वृद्ध पितामह
तिल-जल-से
तर्पण करके
हम तुम्हें नहीं ठग सकते हैं
वह अपने को ठगना होगा
शैतान आएगा रह-रह हमको भरमाने
अब खाल ओढ़कर तेरी सत्य-अहिंसा की
एकता और मानवता के
इन महाशत्रुओं की न दाल गलने देंगे
हम नहीं एक चलने देंगे
यह शक्ति (शान्ति?) और समता की तेरी दीपशिखा
बुझने न पाएगी छन-भर भी
परिणत होगी आलोक-स्तम्भ में कल-परसों
मैदानों के काँटे चुन-चुन
पथ के रोड़ों को हटा-हटा
तेरे उन अगणित स्वप्नों को
हम रूप और आकृति देंगे
हम कोटि-कोटि
तेरी औरस, सन्तान पिता!

[तर्पण]

'तर्पण' नागार्जुन की सबसे ताक़तवर कविताओं में एक है। इस कविता में पिता कौन है और किसने उन पर गोली दागी, स्पष्ट तौर पर नहीं बतलाया गया है। कवि अपने पाठक की सांस्कृतिक या सामाजिक स्मृति या जानकारी को आदर दे रहा है जिसके बिना दुनिया की श्रेष्ठ कविताएँ या कला-कृतियाँ नहीं समझी जा सकतीं या

उन्हें क़ायदे से सराहा नहीं जा सकता। 'राम की शक्तिपूजा' पाठक की सांस्कृतिक साक्षरता पर निर्भर कविता है। वह मानकर चलती है कि रामकाव्य-परम्परा से पाठक का परिचय होगा।

नागार्जुन जानते हैं कि उनके पाठक को यह समझने में कोई दुविधा नहीं होगी कि इस कविता के पिता गांधी हैं और जिसने उनका ख़ून किया, वह नाथूराम गोडसे है। वह यह भी अपेक्षा करती है कि पिता, पितामह जैसे सम्बोधन गांधी के लिए क्यों हैं?

कविता में ताज़े क्रोध का उबाल, आवेग है। छोटी-छोटी पंक्तियों में, वे तुकांत भी हैं, तीक्ष्ण भी हैं। कवि का संकल्प भी दृढ़ता से व्यक्त होता है।

यह कविता भारतीय जनतंत्र के सबसे महत्त्वपूर्ण क्षण के बारे में है। वह क्षण भारत की अंग्रेज़ी राज से मुक्ति के तुरत बाद ही आया। नहीं, लाया गया। 30 जनवरी, 1948। जिस तारीख़ की शाम प्रार्थना सभा में जाते हुए गांधी पर विनायक दामोदर सावरकर के शिष्य, हिन्दू महासभा और राष्ट्रीय स्वयंसेवक संघ से सम्बद्ध नाथूराम गोडसे ने एक-एक करके तीन गोलियाँ दागीं।

अभी भारत में जनतंत्र स्थिर न हुआ था। उसकी तैयारी चल रही थी। उसी समय भारतीय जनतंत्र के विचार के प्रणेता की हत्या कर दी गई। जनतंत्र के आरम्भ में ही संकटपूर्ण क्षण उत्पन्न हुआ।

पूरे देश में सनसनी फैल गई। लाखों घरों ने चूल्हा बन्द कर दिया। गांधी, बापू, महात्मा की हत्या! किसने यह पाप किया होगा? गांधी के शिष्य, सबसे प्रिय मित्र और उनके उत्तराधिकारी, भारत के पहले प्रधानमंत्री जवाहरलाल नेहरू के ज़िम्मे यह काम आया कि वे देश को बतलाएँ कि यह जघन्यतम अपराध किसने किया।

नेहरू ने उस रात रेडियो पर देश को सम्बोधित करते हुए कहा, "एक पागल ने उनके जीवन का अन्त कर दिया है..." यह वाक्य स्वतंत्र भारत के सबसे प्रसिद्ध वाक्यों में एक है हालाँकि जिन्होंने नेहरू का वह भावपूर्ण और ओजस्वी वक्तव्य सुना है और जो नेहरू की भाषा-शैली से भी परिचित हैं उन्हें मालूम है कि यह एक लम्बे वाक्य का शुरुआती हिस्सा-भर है।

लेकिन कवि नागार्जुन को पता है कि गांधी के हत्यारे का अगर ठीक तरीक़े से परिचय नहीं दिया गया तो भारतीय जनतंत्र का चरित्र हमेशा उलझा हुआ रहेगा। इसलिए वे नाराज़गी में नेहरू पर एतराज करते हैं,

जिस बर्बर ने
कल किया तुम्हारा ख़ून पिता
वह नहीं मराठा हिन्दू है
वह नहीं मूर्ख या पागल है

नेहरू ने सिर्फ़ इतना नहीं कहा था। पूरा वाक्य इस तरह है : "एक पागल ने उनके जीवन का अन्त कर दिया है, क्योंकि जिसने ऐसा किया उसे मैं पागल ही कह सकता हूँ, लेकिन पिछले कुछ बरसों और महीनों में इस देश में इतना ज़हर फैला दिया गया है और इस ज़हर ने लोगों के दिमाग़ पर असर किया है।"

लेकिन नागार्जुन इतना कहना भी काफ़ी नहीं मानते। क्या नाथूराम ने सिर्फ़ इस ज़हर के असर में होश खोकर गांधी की हत्या कर दी? और कौन वह ज़हर फैला रहा था? नाथूराम गोडसे अकेला न था। हत्या किन्हीं ताक़तों की तरफ़ से की गई थी :

वह प्रहरी है स्थिर स्वार्थों का
वह जागरूक वह सावधान
वह मानवता का महाशत्रु

गांधी की हत्या की वजह थी अंग्रेज़ों के जाने के बाद के भारत की शक्ल को लेकर दो विचारों में टकराहट। गांधी भारत को धर्मनिरपेक्ष जनतंत्र के रूप में विकसित होते देखना चाहते थे। लेकिन एक दूसरा विचार था जो धर्मनिरपेक्षता और जनतंत्र, दोनों के ख़िलाफ़ था। इसे वे हिन्दू राष्ट्र का नाम दे रहे थे। लेकिन साफ़ था कि यह हिन्दू राष्ट्र न सिर्फ़ मुसलमानों से मुक्त या मुसलमानों और ईसाइयों की दोयम दर्जे की शहरियत वाला होता, बल्कि यह गणराज्य भी न होता।

ढेर सारे राजे-रजवाड़े और नवाब भी सपना पाले बैठे थे कि अंग्रेज़ों के जाने के बाद उनकी रियासतें उनके हाथ आ जाएँगी। भारत के वे लोग जिन्होंने गांधी के नेतृत्व में अंग्रेज़ी हुकूमत को बाध्य किया कि वह देश छोड़े, वापस उनकी प्रजा में बदल जाएँगे। सम्प्रभुता उनकी होगी। यह इन राजे-रजवाड़ों का विचार था। लेकिन इस विचार को बहुसंख्यक जनता के लिए ग्राह्य बनाने का एक ही तरीक़ा था कि उन्हें यह समझाया जा सके कि यह हिन्दू राष्ट्र होगा।

लेकिन गांधी के नेतृत्व में भारतीय लोग सिर्फ़ अंग्रेज़ी निज़ाम से नहीं लड़ रहे थे, वे सामाजिक और राजनैतिक संगठन के पुराने विचार से भी संघर्ष कर रहे थे। उन्होंने राजा को ईश्वर द्वारा अपने ऊपर शासन करने के लिए नियुक्त किये जाने के विचार को ठुकरा दिया था और अपनी, यानी जनता की सम्प्रभुता के विचार को, यानी जनतंत्र को अपना लिया था। इस उपनिवेशवादी संघर्ष का एक महत्त्वपूर्ण हिस्सा था जाति-आधारित असमानता का अस्वीकार। अंबेडकर इसके प्रवक्ता थे लेकिन इस विचार को सवर्ण समाज के लिए स्वीकार्य बनाने के लिए गांधी का अभियान कम महत्त्वपूर्ण न था। आश्चर्य नहीं कि गांधी की हत्या का एक प्रयास

उनकी हत्या के तक़रीबन डेढ़ दशक पहले पुणे में ब्राह्मणवादियों ने किया था जब वे अपने अस्पृश्यता विरोधी अभियान में जुटे हुए थे।

बहस इस बात पर थी कि अंग्रेज़ों के क़ब्ज़े से आज़ाद भारत क्या ब्राह्मणीय श्रेष्ठता पर आधारित हिन्दू राष्ट्र होगा या धर्मनिरपेक्षता और समानता पर आधारित जनतांत्रिक गणराज्य होगा। बहस सावरकर और गांधी के बीच थी। जिन्ना, इक़बाल और गांधी के बीच भी। गांधी सांस्कृतिक या धार्मिक राष्ट्र के विरुद्ध थे और वे राजशाही के ख़िलाफ़ भी थे।

स्वाधीनता आन्दोलन के दौरान जनतांत्रिक गणराज्य के विचार का व्यावहारिक अभ्यास भी चल रहा था। सावरकर या आरएसएस के विचार में आकर्षण था, लेकिन भारतीय जनता को भारतीय जनता का रूप देने में गांधी और उनके सहयोगियों के नागरिक राष्ट्रवाद के विचार की भूमिका थी।

धर्मों के अन्तर के साथ और उसके बावजूद जनता एक हो सकती है। भारत-भूमि पर किसी का पहला अधिकार न होगा और कोई दूसरे से श्रेष्ठ न होगा, यह गांधी का विचार था।

ख़तरा यह था कि आज़ादी के बाद राज्य इसी विचार को स्वीकार करे। ध्यान रहे आज़ाद भारत के क़ायदे या दस्तूर को तय करने के लिए संविधान-सभा की बैठक चल रही थी। गांधी उस बैठक में न थे, लेकिन उन्होंने नेहरू को नोआखाली से लिखा था कि उन्हें अपने 'ऑब्जेक्टिव रिज़ोल्यूशन' पर कोई समझौता नहीं करना चाहिए।

नेहरू द्वारा पेश किये गए इस प्रस्ताव में गांधी के सपनों के भारत का ख़ाका था : भारत को ऐसा गणराज्य बनना था जिसमें हर प्रकार की स्वतंत्रता और हर प्रकार के न्याय के लिए संविधान को उपाय करने थे। साथ ही उसे अल्पसंख्यकों, पिछड़े और आदिवासी इलाक़ों और दलित और अन्य पिछड़े वर्गों के लिए विशेष सुरक्षा की गारंटी करनी थी।

यह जितना गांधी का उतना ही नेहरू का और अब संविधान-सभा का आधिकारिक विचार होने जा रहा था। इससे ठीक उलट विचार आरएसएस, हिन्दू महासभा का था। उनके साथ थे सत्ता के लिए लार टपकाते हुए राजे-रजवाड़े। गांधी उन्हें सख़्ती से कह रहे थे कि वे जनता की सम्प्रभुता मान लें।

इस प्रकार गांधी और जैसा आरएसएस का मानना था गांधी के शिष्यों की सरकार के कारण दो प्रकार के स्वार्थ ख़तरे में थे। एक ब्राह्मणवादी वर्चस्व का स्वार्थ और दूसरा पुरानी राजशाही का स्वार्थ। ये दोनों मिलकर हिन्दू राष्ट्र का निर्माण करनेवाले थे। नाथूराम ने अदालत में जो बयान दिया हो, नागार्जुन के तीक्ष्ण कवि-नेत्रों ने पहचान लिया था कि वह इन स्थिर स्वार्थों का जागरूक और सावधान प्रहरी था।

इस हत्या के बाद मात्र बापू नाम जाप से काम न चलेगा :

गंगा में घुटने-भर धँसकर
हे वृद्ध पितामह
तिल-जल से
तर्पण करके
हम तुम्हें नहीं ठग सकते हैं
वह अपने को ठगना होगा

कवि जानता है कि आगे क्या हो सकता है :

शैतान आएगा रह-रह हमको भरमाने
अब खाल ओढ़कर तेरी सत्य-अहिंसा की

कवियों को यों ही पैग़म्बर नहीं कहते। गांधी की हत्या ने जिन शैतानी शक्तियों को तब स्तम्भित कर दिया था, वे आज भारत पर क़ाबिज़ हैं। आज प्राचीन हिन्दू राजाओं को आदर्श बनाकर पेश किया जा रहा है। हिन्दू जनता को समझाने की कोशिश हो रही है कि यह उनके राजा थे, उनका राज उसका राज था। यह भी ठीक ही है कि आरएसएस का स्वयंसेवक प्रधानमंत्री सनातन धर्म की रक्षा के नाम पर वोट माँग रहा है मानो वह राष्ट्रीय धर्म हो। ऐसे राष्ट्र की कल्पना की जा रही है जिसमें गाय और ब्राह्मण की रक्षा की जाएगी। यह ताज़्ज़ुब की बात नहीं कि दिल्ली विश्वविद्यालय में अब खुलेआम ब्राह्मण सम्मेलन के आयोजन की कल्पना की जा सकती है।

अब रजवाड़े नहीं रहे। आज के सावरकर और संघ का गठजोड़ इसलिए आज के राजाओं यानी कॉरपोरेट पूँजीपतियों के साथ है। आज ये वे स्थिर स्वार्थ हैं जिनके सजग प्रतिनिधि सत्ता में बैठे हैं। गांधी की हत्या के समय जो सपना पूरा नहीं हुआ, वह अब पूरा करने की साज़िश है और उसमें हिन्दुओं को पैदल सेना के तौर पर भर्ती किया जा रहा है। फिर नागार्जुन का 75 साल पहले किया गया संकल्प आज दुहराने की ज़रूरत है :

एकता और मानवता के
इन महाशत्रुओं की न दाल गलने देंगे
हम नहीं एक चलने देंगे
यह शक्ति (शान्ति?) और समता की तेरी दीपशिखा

बुझने न पाएगी छन-भर भी
परिणत होगी आलोकस्तम्भ में कल-परसों

यह कड़ी मेहनत का काम है। लेकिन कवि गांधी को आश्वासन देता है—भारत के करोड़ों लोगों की तरफ़ से जो बापू की असली सन्तानें हैं :

मैदानों के काँटे चुन-चुन
पथ के रोड़ों को हटा-हटा
तेरे उन अगणित स्वप्नों को
हम रूप और आकृति देंगे।

आमीन!

बाज़ार के हाथों में छोड़ दिया गया है दिमाग़

आज़ादी के गोल्डन जुबली साल में
आज़ादी का मतलब है
बाज़ार से अपनी पसन्द की चीज़ चुनने की आज़ादी

और आपकी पसन्द
वे तय करते हैं
जिनके पास उपकरणों का कायाबल
विज्ञापनों का मायाबल

आपकी आज़ादी पसन्द है उन्हें
चीज़ों का ग़ुलाम बनने की आज़ादी

यांत्रिक सभ्यता के शीर्ष पर
उन्होंने केवल कंप्यूटर ही नहीं बनाए हैं
आपके दिमाग़ को भी कंप्यूटर में बदल दिया है
जिसका सॉफ़्टवेयर वे सप्लाई करते हैं
घर बैठे होम डिलीवरी
मुफ़्त, बिल्कुल मुफ़्त

आप भी सोचते हैं, मुस्कुराकर थैंक यू कहना ही अच्छा है
एक बाग़ी दिमाग़ का बोझ आख़िरकार समाज को भी बर्दाश्त नहीं

किसी एक दिन आप कूद नहीं पड़ते बाज़ार में
विश्व-बाज़ार के इन दिनों में
धीरे-धीरे बाज़ार ही आपका विश्व बनता है

और अब बाज़ार के हाथों में ही छोड़ दिया गया है दिमाग़
मुलायम दिमाग़
जिसे कंडे की तरह गोल करता है बाज़ार अपने अंगुलिचिह्न देता
कंडे जो भस्म होने को प्रस्तुत
समुद्रशायी बाडवाग्नि और पेट-जायी जठराग्नि की तरह

बाज़ार गर्भ में अहर्निश जलनेवाली आग को
अमन्द रखने के लिए

विश्व-बाज़ार जिनका जठर है
हमेशा उठा हुआ उनका शटर है

ज्ञानेन्द्रपति की यह कविता जनतंत्र और पूँजीवाद के उस दौर की है जिसमें पूँजीवाद को वैश्वीकरण के गौरवशाली नाम से पुकारा जाने लगा है। जो इस वैश्वीकरण में शामिल होने से इनकार करता है, उसे पिछड़ा हुआ और संकीर्ण घोषित किया जा सकता है। वह वैश्वीकरण क्या है, वह इनसान का क्या करता है, उसकी आज़ादी का क्या होता है इस दौर में?

आज़ादी जनतंत्र की धुरी है। आज़ादी यानी हर तरह की आज़ादी। जिसका मतलब है ख़ुदमुख़्तारी। हर शख़्स अपने दिल-दिमाग़ का मालिक है। वह महसूस करने को आज़ाद है, सोचने को आज़ाद है और उसके मुताबिक़ फ़ैसला करने और उस फ़ैसले पर अमल करने को भी आज़ाद है।

इसके साथ ही जनतंत्र की पूर्वमान्यता है कि हर व्यक्ति के पास अपना कंठ है, और हरेक के पास अपना गान भी है। वह मात्र दूसरे का गीत दूसरे की ही आवाज़ में नहीं गाता। लताकंठी या रफ़ीकंठी होने में कौशल तो है, लेकिन मौलिकता का गौरव नहीं।

लेकिन यह होता नहीं दीखता। जनतंत्र की तीन सदियों के सफ़र के इस पड़ाव पर मालूम होता है कि इनसान पहले से अधिक असहाय हो गया है। और मज़ा यह है कि वह इस बात से ग़ाफ़िल भी है। असल बात यह है कि

आज़ादी का मतलब है
बाज़ार से अपनी पसन्द की चीज़ चुनने की आज़ादी

लेकिन क्या आप सचमुच तय कर सकते हैं कि आपकी पसन्द क्या है?

आपकी पसन्द
वे तय करते हैं
जिनके पास उपकरणों का कायाबल
विज्ञापनों का मायाबल

इनसान की पसन्द, उसका चुनाव उसका भ्रम मात्र है, वह कहीं और तय हो रहा है। और यह उस व्यवस्था में जो ख़ुद को सबसे आज़ाद और आज़ादी देनेवाली बतलाती है। इस व्यवस्था को पूँजीवाद कहते हैं और माना जाता है कि यह जनतांत्रिकता के लिए सबसे उपयुक्त व्यवस्था है। आख़िर कार्ल मार्क्स ने भी कहा था कि पूँजीवाद अपने पहले की सारी व्यवस्थाओं से अधिक जनतांत्रिक इसलिए है कि यह मनुष्य की आंतरिकता को पहचानकर उसका उद्‌घाटन करती है। पूँजीवाद मनुष्य को कर्तृत्व भी प्रदान करता है।

मनुष्य की स्वतंत्रता की दिशा में यह बड़ा क़दम है। अर्थशास्त्री प्रभात पटनायक अपने एक व्याख्यान में कहते हैं कि ऐसा कहने के लिए कम से कम दो कारण होंगे : पहला, पूँजीवाद, यह मनुष्य को मात्र प्रकृति द्वारा संचालित वस्तु की निष्क्रियता से ऊपर मानता है। मनुष्य नियंता है या वह बाहरी शक्तियों के अधीन है? पूँजीवाद मनुष्य को सक्रिय सत्ता प्रदान करता है। दूसरे, यह समानता के सिद्धान्त को इस तरह स्वीकार करता है कि इसके लिए जाति, धर्म या पहले माने जानेवाले हैसियत के पैमाने आख़िरी नहीं हैं। हालाँकि, पूँजीवाद का अध्ययन करनेवालों ने दिखलाया है कि जेंडर, जाति और धार्मिक अवस्था भी पूँजीवादी कार्य व्यापार में भाग लेने की क्षमता तय करती है।

वस्तुओं के उत्पादन, क्रय-विक्रय या विनिमय में भी समानता का सिद्धान्त लागू होता है। सैद्धांतिक तौर पर मैं बाज़ार में अपना श्रम बेचने को आज़ाद हूँ, उसी तरह सामान ख़रीदने और बेचने के मामले में भी आज़ादी और समानता है। व्यक्ति का कर्तृत्व या उसकी आंतरिकता का स्वीकार जनतंत्र की बुनियाद है। वास्तविक तौर पर यह कितना हासिल किया जा सकता है, यह अलग सवाल है लेकिन इस सिद्धान्त के कारण ही जनतंत्र को पूँजीवाद के लिए अनुकूल व्यवस्था माना जाता है।

जनतंत्र में, जैसे पूँजीवाद में व्यक्ति बुनियादी इकाई है। वह अपने बारे में निर्णय कर सकता है और इस मामले में वह बाक़ी सबके बराबर है।

कार्ल मार्क्स ने ही कहा कि पूँजीवाद अपने इस वादे को नहीं निभाता। श्रमिक सम्प्रभु नहीं है। न उसके श्रम पर उसका अधिकार है, न उन वस्तुओं पर जो उस श्रम का परिणाम हैं। मार्क्स पूँजीवाद के आलोचक इसलिए हैं कि वह मनुष्य से उसकी सत्ता का अपहरण कर लेता है।

जब हम ऐसे आर्थिक व्यवहार के अंग हैं जिसमें अपनी भूमिका हम ख़ुद तय नहीं कर सकते, तो हम जनतंत्र को भी वास्तविक तौर पर कैसे उपलब्ध कर सकते हैं?

प्रकृति की अधीनता से मुक्त करके पूँजीवाद व्यक्ति को पूँजी और वस्तु का ग़ुलाम बना देता है। बल्कि मनुष्य को वह वस्तु में तब्दील कर देता है :

आपकी आज़ादी पसन्द है उन्हें
चीज़ों का ग़ुलाम बनने की आज़ादी

मनुष्य की स्वतंत्रता के क्रमिक अपहरण की कहानी ही पूँजीवाद के विकास की कहानी है। पूँजी जितनी ही विशाल होती जाती है, मनुष्य उतना ही क्षुद्र होता जाता है। आप वह हैं, जो आप ख़रीद सकते हैं, और चीज़ों की दुनिया ही आपकी दुनिया है।

पूँजीवाद के आगे इनसान की हैसियत या तो ख़रीदार की है या बेचनेवाले की। वह कितना ख़रीद सकता है, इससे उसकी सामाजिक स्थिति तय होती है। यहाँ तक कि कला पारखी भी आप हैं, यह इससे तय होता है कि आपने कितनी कलाकृतियाँ ख़रीद रखी हैं। लेकिन जो कृति आप ख़रीदते हैं, क्या उसे आप चुनते हैं?

यह सब कुछ धीरे-धीरे होता है। धीरे धीरे हम इस विश्व-बाज़ार के नागरिक बनते जाते हैं, धीरे-धीरे वह हमें निगलता जाता है,

किसी एक दिन आप कूद नहीं पड़ते बाज़ार में
विश्व-बाज़ार के इन दिनों में
धीरे-धीरे बाज़ार ही आपका विश्व बनता है

फिर धीरे-धीरे हम सोचने, तय करने और चुनने की आज़ादी खोते जाते हैं :

और अब बाज़ार के हाथों में ही छोड़ दिया गया है दिमाग़
मुलायम दिमाग़

जिसे कंडे की तरह गोल करता है बाज़ार अपने अंगुलि-चिह्न देता
कंडे जो भस्म होने को प्रस्तुत
समुद्रशायी बाडवाग्नि और पेट-जायी जठराग्नि की तरह

बाज़ार गर्भ में अहर्निश जलनेवाली आग को
अमन्द रखने के लिए

हम इस विश्व-बाज़ार को चलाते रहने के लिए ईंधन में बदल जाते हैं। लेकिन इसका अहसास हमें नहीं होता। यहाँ तक कि एक प्रोडक्ट की तरह तैयार करके नेता भी हमें पेश किया जाता है जिससे बेहतर किसी का ज़ायक़ा नहीं। हमें बतलाया जाता है कि इस प्रोडक्ट का कोई विकल्प नहीं।

जनतंत्र का संघर्ष इनसान के दिमाग़ को आज़ाद रखने का संघर्ष है। और वह पूँजीवाद से संघर्ष के बिना हो नहीं सकता। पूँजीवाद स्वाभाविक और प्राकृतिक जान पड़ता है, और निर्विकल्प। लेकिन मनुष्य निर्विकल्पता को स्वीकार कर ले तो फिर मनुष्य कैसे रहे?

तुम्हारी घृणा सही...तुम्हारा चुनाव सही

जो हुआ, वो सही था
तुमने जो किया, सही था
तुम जो करोगे, वो सही ही होगा
जैसे बँटवारा सही था
भोगी-लोभी भी सही हैं
बाबरी मस्जिद विध्वंस सही था
गोधरा में जो हुआ सही था
तुम्हारी घृणा सही ही है
तुम्हारा चुनाव सही है
तुम्हारी ज़ुबान सच्ची है
तुम्हारा हिन्दूवाद सही है

तुम इतने नफ़ीस दुश्मन हो कि
अब तो सब सही है
न्यायालय
लोकतंत्र
भाँड
मसखरे
चुनाव

तुम्हारी नफ़रत सही है
क्योंकि उसपे तुमने कोई मुखौटा नहीं ओढ़ा
आज एक दोस्त से मुसाफ़ा करते वक़्त

उसकी आस्तीन में छुपा
छुरे का सिरा चमक उठा
इसके पहले कि
पुराने वक़्तों की याद के बाबत
दोस्त शर्मिंदा होता
मैं ख़ुद शर्मिंदा हो लिया
और मुस्कुरा दिया
हमें भी यक़ीन आ ही गया अब
आना ही था एक दिन
कि कोई भाईचारा नहीं था कभी यहाँ
न कोई गंगा जमुनी तहज़ीब थी
ये सब तो बुज़ुर्गों की क़ब्रों से उठती धूल थी
जो बैठ गई
तुम्हारी फ़िल्मों, नाटकों और कथाओं के दृश्य
इस बात की गवाही देते हैं
कि सब सही है यहाँ
इसलिए अब किसी तमहीद की ज़रूरत नहीं रही...

ग़नीमत है
तुमने पचहत्तर सालों का भ्रम
दूर कर ही दिया हमारा
इसलिए अब तो सब सही है!
और मैं ये सोचकर कितना आश्वस्त हूँ
कि इस गर्मी की दुपहर
कच्चे प्याज़ और कुछ रोटियाँ खाकर
मुझे आख़िरकार
नींद आ ही जाएगी।

[अब तो सब सही है]

अदनान कफ़ील दरवेश की कविता 'अब तो सब सही है' में कौन किससे बात कर रहा है, यह स्पष्ट है। एक हिन्दुस्तानी मुसलमान एक हिन्दुस्तानी हिन्दू को सम्बोधित कर रहा है। 'अब तो सब सही है' की अलग-अलग तरीक़े से आवृत्ति

भारत के जनतांत्रिक गणतंत्र के रूप में स्थापना के 75 साल बाद इस मुल्क के बाशिंदे मुसलमान की अपनी नियति के अहसास की अभिव्यक्ति है। यह नहीं कि दुख इसमें नहीं, लेकिन दुख को वह भावुकता में नहीं बदलने देता, जिसकी वजह से वह पैदा हुआ है उसे उस दुख का फ़ायदा नहीं उठाने देता। दुख ज़ाहिर करनेवाले के सामने उसे सुननेवाला ताक़तवर मालूम होने लगता है।

दरवेश उस वक्रता की परवाह नहीं करते जिसके बारे में कहा जाता रहा है कि वह भाषा के एक संयोजन को कविता में बदल देती है। यह कविता एक सपाट बयान है। और एक टिप्पणी भी है।

कविता भारतीय जनतंत्र के 75 साल बाद भारत में मुसलमान के बराबर के शहरी या बराबर के लोग होने के भ्रम के ख़त्म होने के यथार्थ को स्वीकार करती है। लेकिन वह भ्रम कोई है जो तोड़ रहा है या जिसने तोड़ा है :

ग़नीमत है
तुमने पचहत्तर सालों का भ्रम
दूर कर ही दिया हमारा

यह तुम हिन्दू है। जो कुछ भी हुआ है वह कोई अपने आप होनेवाली प्रक्रिया नहीं। वह हिन्दुओं का फ़ैसला है :

तुमने जो किया, सही था
तुम जो करोगे, वो सही ही होगा
...
बाबरी मस्जिद विध्वंस सही था
गोधरा में जो हुआ सही था
तुम्हारी घृणा सही ही है
तुम्हारा चुनाव सही है
तुम्हारी ज़ुबान सच्ची है
तुम्हारा हिन्दूवाद सही है

बाबरी मस्जिद विध्वंस, गोधरा और उसके बाद गुजरात में मुसलमानों के ख़िलाफ़ हिंसा स्वतः हुई घटनाएँ नहीं। वे हुईं एक घृणा के कारण, एक चुनाव के कारण। उनके पीछे है एक हिन्दूवाद।

यह कहना ज़रूरी है कि अदनान उस पीढ़ी के कवि हैं जो बाबरी मस्जिद विध्वंस के बाद पैदा हुई, लेकिन जिसके फेफड़ों में उसके ढहने से उठी धूल भरी हुई है।

बाबरी मस्जिद का ध्वंस घटना भर न था। वह एक सिलसिला है जो जारी है। 1992 के बाद 2002 में अहमदाबाद में वली दकनी के मज़ार को बुलडोज़र से नेस्तनाबूद कर देना भर नहीं। उसे वापस बनाए जाने से पूरा इनकार और उस इनकार में हिन्दुओं की सहमति। वह वहाँ भी ख़त्म न हुआ। अहमदाबाद से बहुत दूर दिल्ली में ख़ामोशी से मंडी हाउस में सूफ़ी नन्हे मियाँ चिश्ती के मज़ार को ध्वस्त कर दिया गया। कवि अपने पुरखे से बात करता है :

दरअसल
दिन में एक जबड़े में थी
आपके मज़ार की एक-एक ईंट
आसमान था हर वक़्त आपका निगहबाँ
रात ने तो बस सबकुछ बराबर कर दिया
चुपचाप...

इस तलातुम में आप ख़ुदा से लौ लगाए
सोते हैं चैन की नींद!
बहुत दिन जी लिये की तरह ही
बहुत दिन मर लिये आप ऐ बुज़ुर्ग!
क़यामत का दूर-दूर तक कोई निशान नहीं
रोज़े-हश्र में अभी काफ़ी वक़्त है
उससे पहले उठें
अपने मुसलमान होने की सज़ा भुगत लें।

फिर एक दिन सुनहरी बागवाली सड़क के कोने के मज़ार को भी ज़मींदोज़ कर दिया गया। और फिर हमने सुना कि उत्तराखंड में एक-एक करके मज़ारों को तोड़ा जा रहा है। उसमें कोई पोशीदगी भी नहीं। गर्व से, ऐलानिया, क़ब्रों, मज़ारों को तोड़ा जा रहा है। उत्तराखंड जो हिन्दुओं की देवभूमि है, उसे इन क़ब्रों और मज़ारों ने प्रदूषित कर दिया है। इन्हें तोड़ना एक तरह से प्रदूषण दूर करना है। यह राष्ट्रीय स्वयंसेवक संघ के विचार से प्रेरित लोग कर रहे हैं, लेकिन हिन्दुओं की बड़ी आबादी ख़ामोशी से इसे देख रही है। उसे यह बुरा लग रहा है, इसका कोई सबूत नहीं। किसी राजनीतिक दल ने इस पर कोई एतराज किया हो, कोई अदालत गया हो, इसकी ख़बर नहीं। मुर्दों को भी मुसलमान होने की सज़ा दी जा रही है :

बहुत दिन जी लिये की तरह ही
बहुत दिन मर लिये आप ऐ बुज़ुर्ग!
क़यामत का दूर-दूर तक कोई निशान नहीं
रोज़े-हश्र में अभी काफ़ी वक़्त है
उससे पहले उठें
अपने मुसलमान होने की सज़ा भुगत लें।

बाबरी मस्जिद का ध्वंस हिन्दुओं की बड़ी आबादी के द्वारा उस हिन्दूवाद को स्वीकार किये बिना सम्भव नहीं था जो राष्ट्रीय स्वयंसेवक संघ ने उन्हें दिया। और जब वह स्वीकार कर लिया गया और सर्वोच्च न्यायालय ने बाबरी मस्जिद की ज़मीन को सुपुर्द कर दिया राम मन्दिर निर्माण के लिए तो एक न्याय सिद्धान्त स्थापित हुआ जिसे हिन्दूवादी न्याय सिद्धान्त कहा जा सकता है। वह सिद्धान्त अमल में लाया गया जब ज्ञानवापी मस्जिद के सर्वेक्षण के हिन्दुओं के आग्रह को सर्वोच्च न्यायालय ने यह कहकर उचित ठहराया कि मस्जिद में क्या है, इसका कौतूहल हिन्दुओं को हो सकता है और वह शान्त किया ही जाना चाहिए। वह सर्वेक्षण वहीं नहीं रुका। अब मस्जिद के तहख़ाने में पूजा की इजाज़त भी अदालत ने दे दी है।

मुसलमान जीवन को लेकर यह हिन्दू कौतूहल कितना घातक हो सकता है, यह दिल्ली के क़रीब दादरी में मोहम्मद इखलाक़ की हत्या ने ज़ाहिर किया। हिन्दुओं की भीड़ उनके घर घुस गई, उसने उनका फ्रिज खोलकर उसमें पड़े गोश्त को गोमांस घोषित करके इखलाक़ को मार डाला। इखलाक़ पर इल्ज़ाम था कि उसने घर में गोमांस रखा था।

हर किसी का कौतूहल था कि जो मांस मिला, वह क्या था। कहा गया कि इखलाक़ की हत्या ग़लत थी क्योंकि वह गोमांस नहीं था। किसी ने नहीं कहा कि इखलाक़ के घर में क्या है, यह जानने का अधिकार हिन्दुओं का नहीं था, उसके घर में घुसना और उसका फ्रिज खोलना जुर्म था। यह किसी ने नहीं कहा। उस भीड़ पर 'ट्रेसपास' का कोई मुक़दमा दर्ज न हुआ!

यह सब कुछ क्या कुछ अपराधी गिरोह कर रहे हैं? अदनान को कोई ग़लतफ़हमी नहीं रह गई है। एक-एक करके मुसलमान अब यह देख पा रहे हैं कि जिनके साथ वे खेले-कूदे थे, वे उनसे नफ़रत करनेवाले निकल रहे हैं। नौकरशाह, पुलिस अधिकारी, अध्यापक, डॉक्टर, यहाँ तक कि फ़ौजी भी : सब अपने पुराने दोस्तों, हमपेशा लोगों की मुसलमानों से नफ़रत अब छिपती नहीं :

आज एक दोस्त से मुसाफ़ा करते वक़्त
उसकी आस्तीन में छुपा
छुरे का सिरा चमक उठा
इसके पहले कि
पुराने वक़्तों की याद के बाबत
दोस्त शर्मिंदा होता
मैं ख़ुद शर्मिंदा हो लिया
और मुस्कुरा दिया

यह भी दिलचस्प विडम्बना है कि अपने ख़िलाफ़ इस नफ़रत को देख, पहचानकर मुसलमान ही झेंप जाते हैं मानो वे ही इसके लिए ज़िम्मेदार हों।

मुझे एक मुसलमान डॉक्टर मित्र ने बतलाया कि उनके बैच के लोगों के व्हाट्सएप ग्रुप में उनकी एक डॉक्टर मित्र ने बतलाया कि उनके अपार्टमेंट में उसका एक फ़्लैट है जिसे वे बेचना चाहती हैं। मेरे मित्र अपने भाई के लिए मकान खोज रहे थे। उन्होंने अपनी बैचमेट को यह बतलाया और पूछा कि क्या वे अपना फ़्लैट उन्हें बेचना चाहेंगी। दूसरी तरफ़ से ख़ामोशी। मेरे डॉक्टर मित्र को जवाब मिल गया : वे अपने मुसलमान मित्र को मकान नहीं बेचना चाहती थीं हालाँकि वे उनके साथ 6 साल पढ़ी थीं : दोस्त की आस्तीन में छिपा छुरा चमक चमक उठता है।

भारतीय जनतंत्र एक वादा था और एक यक़ीन। हिन्दू-मुसलमान दोस्ती या भाईचारा उसकी बुनियाद थी। लेकिन 75 सालों बाद

हमें भी यक़ीन आ ही गया अब
आना ही था एक दिन
कि कोई भाईचारा नहीं था कभी यहाँ
न कोई गंगा जमुनी तहज़ीब थी
ये सब तो बुज़ुर्गों की क़ब्रों से उठती धूल थी
जो बैठ गई

यह कविता मुसलमानों की निराशा की जितनी नहीं, उतनी यथार्थ की पहचान की कठोरता की है। यह यथार्थ क्या है, मुझे एक दूसरे मुसलमान दोस्त से बात करते हुए जान पड़ा। उन्होंने कहा कि ऐसे मुल्क हैं इस दुनिया में जहाँ पहले दर्जे के और दूसरे दर्जे के शहरी हुआ करते हैं। वे भी वहाँ ज़िन्दगी गुज़ार ही लेते हैं। हमें सिर्फ़ यह जान लेना है कि हिन्दुस्तान में हम अब दूसरे दर्जे के लोग हैं :

मैं ये सोचकर कितना आश्वस्त हूँ
कि इस गर्मी की दुपहर
कच्चे प्याज़ और कुछ रोटियाँ खाकर
मुझे आख़िरकार
नींद आ ही जाएगी।

भारतीय जनतंत्र अगर 75 साल में अपनी आबादी के 15% लोगों को, जो मुसलमान हैं, यह नींद दे रहा है तो यह उसके सफ़र के बारे में कैसी ख़बर है?

न फ़सल अपनी हो सकी और न पेड़ ही

पसीना मिश्रित जल से
उगाईं फ़सलें
लगाए पेड़
पल-भर ठिठककर
जानना चाहा धूप का रंग

न फ़सल अपनी हो सकी
न पेड़ ही

तपती दुपहर में
रजबाहे की गलियों में
बहते गंगाजल से
बुझाई प्यास अनेक बार
बिना हिसाब किये—
कितनी रेत समाई पेट में
कितना पानी बदला लहू में
फिर भी
न गंगा ही अपनी हो सकी
न रजबाहे की रेत ही

शिवालय के दरवाज़े से दूर
खड़े होकर माँगी मन्नतें
सही दुत्कार बामन की

यह सोचकर—
कभी तो खुलेगा दरवाज़ा
अपने लिए भी
भीतर सोया देवता
जागेगा किसी रोज़
पी जाएगा समूचा विष
बाहर आकर
न दरवाज़ा ही खुला कभी
न देवता ही अपना हो सका

बालिग़ होते ही
नाम लिखाया मत-सूची में
काग़ज़ का मोहर लगा टुकड़ा
हर बार डाला मत-पेटी में
इस उम्मीद में—
कोई और नहीं
लोकतंत्र तो अपना होगा

गोपनीयता की शपथ में
रची गईं साज़िशें
ख़ाकी वर्दी की मंत्रणा में
मरी-दबी इच्छाओं के सायरन-सी
गूँजती आवाज़ें
लूट-खसोट
मारा-मारी
पालों की अदला-बदली
संसद के गलियारों का
अधमरा लोकतंत्र भी
न अपना हो सका
न जगा सका
विश्वास ही!

[लेखा-जोखा]

ओमप्रकाश वाल्मीकि की कविता का शीर्षक है 'लेखा-जोखा'। यह भारतीय जनतंत्र का लेखा-जोखा तो है ही, भारतीय सामाजिक जीवन का भी है। आख़िरकार दोनों एक दूसरे से जुड़े हुए हैं। जनतंत्र का संचालन संविधान करता है। लेकिन संविधान की शपथ उस सामाजिक अभ्यास से मुक्ति नहीं दिलाती जो पारम्परिक रूप से श्रेष्ठता, ऊँच-नीच, अलगाव, पवित्रता और प्रदूषण पर टिका हुआ है। इन सारी चीज़ों को संस्कृति मानकर छुआ नहीं जाता। डॉक्टर भीमराव अंबेडकर ने संविधान स्वीकार करने के क्षण में ही चेतावनी दे थी जब उन्होंने कहा था जनतंत्र का बिरवा ऐसी भारतीय ज़मीन में लगाया जा रहा है जो स्वभावतः ग़ैरजनतांत्रिक है।

जनतंत्र का सबसे पहला मूल्य है बराबरी। जाति-विभाजित समाज का बुनियादी मूल्य है : ग़ैरबराबरी। बराबरी औपचारिक नहीं, मात्र रूपगत नहीं, बल्कि वास्तविक। इसका मतलब है प्राकृतिक और सार्वजनिक संसाधनों के स्वामित्व और उनके उपयोग में समानता। उन तक सबकी समान पहुँच हो सके, संविधान यह लक्ष्य निर्धारित करता है और उम्मीद की जाती है कि जनतांत्रिक प्रक्रियाएँ इस लक्ष्य की यात्रा को सुगम बनाएँगी। लेकिन यह हुआ नहीं या होने नहीं दिया गया।

मैं हर कक्षा से यह प्रश्न ज़रूर पूछता हूँ जो पी साईनाथ से प्रेरित है। ज़्यादातर विद्यार्थियों का अभी भी गाँव से नाता है। और गाँव टोलों में बँटे हुए हैं। उनके बीच जो रिश्ता है, वह उपयोगिता पर आधारित लेन-देन का है। प्रश्न यह है कि गाँव में पेयजल का स्रोत किस जगह है। स्कूल और पंचायत घर भी किन टोलों के बीच है। और उपजाऊ ज़मीन। जब विद्यार्थी अपने गाँव के नक़्शों को दिमाग़ में खींचते हैं तो वे एक तथ्य समान पाते हैं : यह सब कुछ दलितों के टोलों से दूर है। दलित गाँव के सीमान्त पर रहते हैं। दलितों को इन सारे संसाधनों के इस्तेमाल के लिए ख़ासी मशक़्क़त करनी होती है। और ग़ैरदलित या 'उच्च जातियों' के इलाक़े में, वह भौगोलिक, राजनीतिक और भावनात्मक इलाक़े हैं, प्रवेश की क़ीमत बहुत महँगी है। वह जान से चुकानी होती है।

दलित ख़ुद संसाधन मात्र रहे हैं। सूर्यकांत त्रिपाठी निराला की कविता 'तुलसीदास' के इस अंश को देखिए :

वे शेष-श्वास, पशु, मूक-भाष,
पाते प्रहार अब हताश्वास;
सोचते कभी, आजन्म ग्रास द्विजगण के
होना ही उनका धर्म परम,
वे वर्णाधम, रे द्विज उत्तम,
वे चरण-चरण बस, वर्णाश्रम-रक्षण के!

गाँव के नक़्शे का भारतीय जनतंत्र के नक़्शे से गहरा रिश्ता है। अंबेडकर ने गाँवों को हिन्दू सामाजिक क्रम का कारख़ाना बतलाया था जहाँ वह रोज़ाना पैदा किया जाता है। निराला ने लिखा था कि उनका उपयोग मात्र वर्णाश्रम-रक्षण के लिए है। उनका परम धर्म ब्राह्मणों का आजन्म ग्रास बने रहने में ही है। इसीलिए अंबेडकर गांधी द्वारा गाँवों को गौरवान्वित करने और उन्हें आत्मशासी इकाई के बनाए जाने के सख़्त ख़िलाफ़ थे। संविधान-सभा ने इस विचार को अस्वीकार कर दिया। अंबेडकर ने कहा कि गाँवों को आत्मशासी बनाने से ज़्यादा बड़ी विपदा अस्पृश्यों के लिए कुछ और हो नहीं सकती।

दलित संसाधन हैं हिन्दू सामाजिक क्रम को चलाए रखने के लिए और सारे आर्थिक व्यापार के लिए भी। दलितों के श्रम का उनकी स्वीकृति से शोषण करते हुए उसे ही स्वाभाविक बतलाना और कभी भी सांस्कृतिक, प्राकृतिक और राजनीतिक संसाधनों पर उनके प्रभुत्व या स्वामित्व के प्रश्न पर विचार न करना। लेकिन यह कविता वह सवाल करती है कि अपने श्रम से दलित जो पैदा करते हैं, उस पर उनका हक़ कितना है :

पसीना मिश्रित जल से
उगाईं फ़सलें
लगाए पेड़
पल-भर ठिठककर
जानना चाहा धूप का रंग

न फ़सल अपनी हो सकी
न पेड़ ही

प्यास?
तपती दुपहर में
रजबाहे की गलियों में
बहते गंगाजल से
बुझाई प्यास अनेक बार
बिना हिसाब किये—
कितनी रेत समाई पेट में
कितना पानी बदला लहू में

फिर भी
न गंगा ही अपनी हो सकी
न रजबाहे की रेत ही

और संस्कृति?

शिवालय के दरवाज़े से दूर
खड़े होकर माँगी मन्नतें
सही दुत्कार बामन की
यह सोचकर—
कभी तो खुलेगा दरवाज़ा
अपने लिए भी
भीतर सोया देवता
जागेगा किसी रोज़
पी जाएगा समूचा विष
बाहर आकर
न दरवाज़ा ही खुला कभी
न देवता ही अपना हो सका

जनतंत्र से उम्मीद थी। मतदान का जो समान अधिकार दलितों को मिला या उन्होंने लिया, वह भी ऐसे जनतंत्र का संसाधन बन गया जो पारम्परिक वर्चस्व को और मज़बूत करे। दलितों का वोट है लेकिन राज उनका नहीं है :

लूट-खसोट
मारा-मारी
पालों की अदला-बदली
संसद के गलियारों का
अधमरा लोकतंत्र भी
न अपना हो सका
न जगा सका
विश्वास ही!

जनतंत्र में दलितों की भागीदारी क्या मात्र संख्या के तौर पर है? या वे इस जनतंत्र की शक्ल भी तय कर सकते हैं? क्या वे भी राज चला सकते हैं?

जनतंत्र का अर्थ है जन की सुरक्षा, उसकी प्रतिष्ठा, उसका प्रभुत्व। सुरक्षा न्यूनतम आकांक्षा है। जनतंत्र में किसी समुदाय की स्थिति का पता इस बात से चलता है कि इस प्रश्न की उसकी प्राथमिकताओं की सूची में कहाँ जगह है? क्या वह सबसे ऊपर है या उसे लेकर आश्वस्ति है? भारत में ब्राह्मण या क्षत्रिय या भूमिहार या आम तौर पर हिन्दुओं के लिए यह प्रश्न प्रमुख नहीं है। हालाँकि ज़रूर उन्हें समझाने की कोशिश हो रही है और वे इसे मानना भी चाहते हैं कि उन्हें चारों तरफ़ से ख़तरा है। मुसलमानों के अलावा दलित उनके लिए ख़तरा हैं क्योंकि वे उनकी आजीविका आरक्षण से छीन लेना चाहते हैं। लेकिन सुरक्षा का जो न्यूनतम स्तर है जिसमें एक व्यक्ति या समुदाय शारीरिक तौर पर सुरक्षित रह सके, वह भी दलितों को मयस्सर नहीं।

हिन्दुओं के प्रभुत्ववाले राज्य उत्तर प्रदेश में दलित उत्पीड़न के रोज़ाना औसतन 40 मामले दर्ज किये गए हैं। यह राज्य जो ख़ुद को रामराज्य कहलाना चाहता है, दलितों के उत्पीड़न में देश में सबसे आगे है। लेकिन बाक़ी मामलों में ख़ुद को प्रगतिशील माननेवाले दक्षिण भारत के राज्यों में हालात दलितों के लिए सुखदायी नहीं हैं। सिर्फ़ तमिलनाडु में 2022 के आँकड़ों के मुताबिक़ 2000 दलित उत्पीड़न के मामले दर्ज किये गए। दलितों को हर क़िस्म की हिंसा का सामना करना पड़ता है। हत्या, बलात्कार, जो भी सम्पत्ति है, उसकी या तो तबाही या उसे छीन लिया जाना, दलितों के आम अनुभव हैं।

अगर जनतंत्र सुरक्षा की यह न्यूनतम माँग पूरी नहीं कर सकता तो वह अपना कैसे हो?

आरक्षण के कारण संसद और विधानसभाओं में दलित प्रतिनिधियों की संख्या अच्छी-ख़ासी है। इतनी कि वे दलित-प्रश्न को जनतंत्र का सबसे बड़ा सवाल मानने को अपने दलों और विधायिकाओं को बाध्य कर सकें। लेकिन 2018 में जब पूरे देश में दलितों ने दलित-उत्पीड़न के ख़िलाफ़ क़ानून को शिथिल किये जाने के विरोध में आन्दोलन किया और 2 अप्रैल को भारत बन्द का आह्वान किया, उस बन्द में उन पर भयंकर हिंसा की गई, कई जगह पुलिस और सवर्णों के द्वारा मिलकर। आपराधिक मामला दलितों के ख़िलाफ़ ही दर्ज हुआ। दलित जन-प्रतिनिधियों ने न सिर्फ़ इस आन्दोलन में भाग नहीं लिया, उन्होंने आन्दोलन के दमन पर भी मुँह नहीं खोला। फिर ये दलित प्रतिनिधि कौन-सा जनतंत्र बना रहे हैं?

ज़मीन तोड़ी, कोड़ी, फ़सल उगाई, वह अपनी नहीं, पानी के लिए रास्ता बनाया, लेकिन पानी अपना नहीं, मन्दिर खड़े किये, लेकिन भगवान अपना नहीं, वोट देकर जनतंत्र बनाया, वह भी अपना नहीं! फिर?

वे पसन्द नहीं करते जाति पर बात करना

वे पसन्द नहीं करते
'जाति' पर बात करना
क्योंकि वे नहीं हैं
पासी-चमार
भंगी-महार
जबकि वे हर रोज़ करते हैं
इस्तेमाल
इन जातियों को गाली की तरह

कड़ी मशक़्क़त और तू-तू, मैं-मैं के बाद
मैंने जुटाया है एक आईना

जिसमें उभरता है बिम्ब
जो उन्हें लगता है बीभत्स
प्रतिशोध से भरा हुआ

जितनी बार भी देखते हैं वे
उतनी ही बार हो जाता है
उनका चेहरा विद्रूप
अमानुषिक दर्प से भरा हुआ

वे फुसफुसाते हैं—
दार्शनिक मुद्रा में

क्रान्ति बोध
और जनतंत्र बोध
खो देते हैं अपना अर्थ

लहूलुहान हैं स्मृतियाँ
जंग लगी बाद की खरोंचों से

अंबेडकर की आदमक़द मूर्ति के पास
बैठा मोची चीख़ता है ऊँची आवाज़ में
'किस हरामज़ादे की देन है यह जाति'
आईना धुँधलाने लगा है
जिसे क़मीज़ से पोंछकर
खड़ा हूँ चौराहे पर
जहाँ से गुज़रा है अभी-अभी
एक जुलूस
जिसमें शामिल थे
बिन चेहरों के लोग
जिनके हाथों में चमक रही थीं
तलवारें, त्रिशूल और तमंचे

उनके पीछे चल रहा था एक ट्रक
जिस पर लिखा था—
'इसमें आर डी एक्स भरा है'

इस ख़ूँखार समय में
आर डी एक्स की जगह
हो सकती हैं मूर्तियाँ
जो आस्था के प्रश्न पर
कर दी जाएँगी फ़िट
अवैध जगहों पर
ख़ून-ख़राबे के लिए किसी तर्क की
आवश्यकता नहीं होती है

मेरी रक्त-शिराओं में
हर रोज़ घुल रही है दहशत
फिर भी,
मैं बार-बार जोड़ता हूँ
विखंडित शब्दों को
चिंदी-चिंदी उस चदरिया की तरह
जिसे ओढ़कर
कभी निकला था कबीर
बनारस की गलियों में!

[आईना]

ओमप्रकाश वाल्मीकि की कविता 'आईना' पढ़ते हुए दिल्ली के आल इंडिया इंस्टीट्यूट ऑफ़ मेडिकल साइंसेज़ की एक घटना याद हो आई। हमें संस्थान के एक छात्र के साथ जाति के आधार पर किये जा रहे उत्पीड़न की ख़बर मिली थी। उसकी जाँच करने जब हम उसके हॉस्टल पहुँचे तो उसके कमरे के दरवाज़े और उसके आसपास की दीवारों पर लिखी गालियों को देखकर स्तब्ध रह गए। लेकिन जब उन गालियों को ध्यान से पढ़ा तो उनके पीछे की अश्लील क्रूरता के अलावा एक भयानक चालाकी भी साफ़ दिखलाई पड़ी। इन ग़लियों में कहीं भी जातिसूचक गाली नहीं थी। वे गालियाँ थीं, लेकिन उन्हें देखकर अदालत कह देती कि गालियाँ जाति के कारण नहीं दी गईं। वे ज़रूर अपमानजनक हैं, लेकिन वे तो कोई भी किसी को भी दे सकता है।

समझ में आया कि यह चतुराई अनुसूचित जाति उत्पीड़न सम्बन्धी क़ानून से बचने के लिए की गई थी। हाल में सर्वोच्च न्यायालय ने एक मामले में यह सिद्धान्त स्थिर किया कि जाति-आधारित अपमान अगर सार्वजनिक तौर पर न किया गया हो तो उसे अपराध मानना कठिन है। जाति को अदृश्य करके भी किस भाषाई क्रूरता और चालाकी के साथ जाति-आधारित उत्पीड़न किया जा सकता है, यह बांग्ला के दलित लेखक मनोहर मौली बिस्वास ने अपनी कविता 'समझ' में बतलाया है। बिस्वास को उच्चवर्णीय भद्रलोक 'सोनार चाँद' कहकर बुलाते थे। सोनार चाँद दुलार का सम्बोधन है। लेकिन बिस्वास को मालूम था कि यह उन्हें अपमानित करने के लिए इस्तेमाल किया जा रहा है। सोनार चाँद के पहले दो अक्षर हैं एस और सी जो शेड्यूल्ड कास्ट्स के पहले दो अक्षर भी हैं। इसके पीछे के उपहास को मात्र बोलनेवाला और सुननेवाला ही समझ सकता है। अदालत के कान नहीं।

जाति उन गालियों में नहीं थी जो हमने एम्स के हॉस्टल की दीवार पर देखीं। उसके बाद संस्थान के प्रमुख ने अपने अध्यापकों के साथ हमारी मीटिंग कराई। प्रमुख और अध्यापकों ने इस घटना पर हैरानी जतलाई : जाति और जाति के आधार पर भेदभाव? जाति के बारे में तो उन्होंने तब सुना जब सरकार उच्च शिक्षा में आरक्षण ले लाई। उसी से सारा टंटा शुरू हुआ।

यह 2006 था। भारत को जनतंत्र बने 60 साल होने जा रहे थे। लेकिन हमारा शिक्षित वर्ग कह रहा था कि उसे जाति का पता सरकार की आरक्षण की नीति की घोषणा के साथ चला। ऐसे लोग बहुत हैं जो मानते हैं कि उन्होंने जीवन-भर जाति पर कभी ध्यान नहीं दिया।

समाजशास्त्री मित्र सतीश देशपांडे अपने लेखों में जाति की इस दृश्यता और अदृश्यता पर व्यंग्यपूर्वक मुस्कुराते हैं। किसे इसकी सुविधा है कि वह अपनी जाति की पहचान की मुखरता के बिना भी जीवन के हर मरहले पार करता जाए? किसे इसकी इजाज़त नहीं है?

सतीश देशपांडे कहते हैं कि भारत में एक बड़ा तबक़ा विकसित हो गया है जो 'जातिविहीनता' का दावा कर सकता है। यह तबक़ा शिक्षा और सम्पत्ति-संग्रह के बल पर इस स्थिति में पहुँचा है कि वह अपनी जातीय स्थिति के प्रति बेपरवाह है, उसे कभी इसका ज़िक्र भी नहीं करना होता। किसी भी सार्वजनिक चर्चा में जाति के उल्लेख से लोगों का रवैया बदल जाता है। यह किसी एक व्यक्ति की हिचक नहीं, बल्कि एक अधिक व्यापक परिघटना का सूचक है जिसमें जाति की चर्चा से ही असुविधा होने लगती है क्योंकि यह आधुनिकता और प्रगतिशीलता के दावों की पोल खोलती है। इसलिए जाति का कोई भी ज़िक्र गवारा नहीं।

दिल्ली विश्वविद्यालय में समाजशास्त्र, राजनीतिशास्त्र और नृतत्त्वशास्त्र या और विषयों में जाति के उल्लेख पर अधिकारियों ने एतराज़ किया। उनके मुताबिक़ जाति का उल्लेख समाज में विभाजन पैदा करता है और नकारात्मक है। अर्थशास्त्र में एक पर्चा भेदभाव के अर्थशास्त्र पर था। उसे हटा दिया गया। पूछने पर अधिकारियों ने कहा कि 'भेदभाव'(डिस्क्रिमिनेशन) सुनने में भी कितना बुरा लगता है! इसी वजह से 2020 की राष्ट्रीय शिक्षा नीति भी जाति का उल्लेख करने में संकोच करती है। जाति का यथार्थ इस राष्ट्र की विभाजनहीनता, समरसता के स्वप्न को तोड़ डालता है।

जाति के ज़िक्र से कौन बिदकता है? कविता साफ़ कहती है :

वे पसन्द नहीं करते
'जाति' पर बात करना

क्योंकि वे नहीं हैं
पासी-चमार
भंगी-महार

ऐसा नहीं कि जाति उनके शब्दकोश में है ही नहीं। जो 'पासी-चमार, भंगी-महार' नहीं हैं।

वे हर रोज़ करते हैं
इस्तेमाल
इन जातियों को गाली की तरह

इसके साथ सवाल यह भी है कि कब जाति पर बात करना जातिवाद होता है और कब वह सांस्कृतिक गौरव होता है? क्यों परशुराम जयंती मनाना सांस्कृतिक उत्सव है जबकि अंबेडकर जयंती जातिवाद? क्यों लालू यादव या कांशीराम की राजनीति जातिवादी है और क्यों भारतीय जनता पार्टी या औरों की जातिवादी नहीं है?

तब आज़ादी के पन्द्रह साल भी नहीं हुए थे। मेरे अध्यापक पिता को याद है कि बिहार के 18 ज़िलों में से 17 में शिक्षा अधिकारी भूमिहार जाति के ही नियुक्त हुए। प्रश्न करने पर मंत्री ने सीना तानकर कहा कि इसमें कुछ ग़लत नहीं अगर एक और मिल जाता तो 18 के 18 भूमिहार हो सकते थे। उनकी नियुक्ति जाति के कारण नहीं, योग्यता के कारण की गई थी। यह अलग बात है कि मंत्री ख़ुद भूमिहार थे। लेकिन लालू यादव के समय यह गिना जाता था कि कितने यादव कहाँ-कहाँ मुख्य पदों पर हैं? वह स्वाभाविक तौर पर जातिवाद मान लिया गया था।

जाति एक दूसरी निगाह से भी मुश्किल पैदा करती है। जाति के उल्लेख को हिन्दू राष्ट्र की कल्पना में दरार पैदा करने की साज़िश माना जाता है। एक हिन्दू चेतना जाति की दरारों पर क़ालीन की तरह बिछा दी जाती है :

आईना धुँधलाने लगा है
जिसे क़मीज़ से पोंछकर
खड़ा हूँ चौराहे पर
जहाँ से गुज़रा है अभी-अभी
एक जुलूस
जिसमें शामिल थे
बिन चेहरों के लोग
जिनके हाथों में चमक रही थीं
तलवारें, त्रिशूल और तमंचे

यह वह आईना है जो अंबेडकर ने दिया था या सबने कड़ी मशक़्क़त के बाद हासिल किया था। इस आईने में हर किसी का चेहरा जैसा वह है, वैसा ही दीखता है :

कड़ी मशक़्क़त और तू-तू, मैं-मैं के बाद
मैंने जुटाया है एक आईना

जिसमें उभरता है बिम्ब
जो उन्हें लगता है बीभत्स
प्रतिशोध से भरा हुआ

जितनी बार भी देखते हैं वे
उतनी ही बार हो जाता है
उनका चेहरा विद्रूप
अमानुषिक दर्प से भरा हुआ

इस आईने को तोड़ देने की, छिपा देने की बहुत कोशिश की गई है। और अब राष्ट्रवाद की भाप से यह धुँधलाने लगा है। कौन इसे मिटाएगा कि जो जैसा है वैसा ही दीखे? इसलिए नहीं कि जो जैसा है, वैसा ही रहे!

विश्वविद्यालय में साथ पढ़तीं-लड़तीं स्त्रियाँ

वह समाज जहाँ
पुरुष के भीतर के स्त्रीत्व की हत्या
बचपन से धीरे-धीरे की जाती है
उसके भीतर की स्त्री भी
एक दिन भागकर
किसी विश्वविद्यालय में ही बच पाती है

विश्वविद्यालय में ही युवा
इतिहास, भूगोल, गणित पढ़ते हुए
सीखते हैं समाज बदलना
और अपने लिए नहीं
दूसरों के हक़ के लिए भी घर से निकलना
वे धीरे-धीरे पुरुष से मनुष्य होना सीखते हैं
और साथ संघर्ष करती स्त्रियों को भी
देह से ज़्यादा जानने, समझने लगते हैं

विश्वविद्यालय के युवा
आदमी के हक़ की आवाज़ उठाते हैं
व्यवस्था के लिए किसी आदमी को
मशीन-भर हो जाने से बचाते हैं
लाश बनकर घर से दफ़्तर
और दफ़्तर से घर लौटते आदमी को
ज़िन्दा होने की वजह बताते हैं

एक आत्मा-विहीन समाज
जो पुरुषों को स्त्रियों से
सामूहिक दुष्कर्म करना सिखाता है
और उसकी हर हत्या पर
चुप्पी साधे रहता है
जहाँ सदियों से यही रीति चलती है
उसी समाज के किसी विश्वविद्यालय में
साथ पढ़ती, लड़ती स्त्रियाँ
घेरकर एक पुरुष को
पुलिस के निर्मम डंडों से बचाती हैं

विश्वविद्यालय ही ऐसा कर सकता है
किसी समाज को बेहतर बनाने की नज़ीर
विश्वविद्यालय से ही निकल सकती है
इस धरती को सुन्दर बनानेवाली
समय की सबसे सुन्दर तस्वीर

जसिंता केरकेट्टा की कविता 'समय की सबसे सुन्दर तस्वीर' हिन्दी की दुर्लभ कविताओं में गिनी जाएगी। अपने विषय के कारण और उस विषय को जिस तरह उठाया गया है, उस वजह से भी। विश्वविद्यालय या उसके जीवन पर कितना लिखा गया है! आधुनिक संवेदना के निर्माण में विश्वविद्यालय की महत्त्वपूर्ण भूमिका है। वैयक्तिक और सामूहिक। फिर भी वह कविता का विषय कितना बन पाता है!

जसिंता की कविता बतलाती है कि विश्वविद्यालय ज़िन्दगी और दुनिया के प्रति हमारे पारम्परिक नज़रिए को बदलने का काम करते हैं। उसका मतलब यह भी है कि वे सोचने और महसूस करने की बनी-बनाई परिपाटी को तोड़ते हैं। इनमें सबसे बुनियादी है जेंडर। वह वैयक्तिक और सामूहिक सम्बन्धों में हमारी भूमिका तय करता है।

पुरुष के बदलने और मनुष्य के रूप में बचने की राह विश्वविद्यालय में मिलती और खुलती है। रामधारी सिंह दिनकर ने अपनी एक कविता में आदर्श मनुष्य की कल्पना अर्धनारीश्वर के रूप में की है। उसके लिए पुरुष के भीतर के स्त्रीत्व को जीवित करना आवश्यक है। समाज उसे बचपन से मार-मारकर पुरुष को पुरुष बनाता है। विश्वविद्यालय उसे बचाए रखने की जगह देता है :

उसके भीतर की स्त्री भी
एक दिन भागकर
किसी विश्वविद्यालय में ही बच पाती है

वर्चस्व के पुराने समीकरण का अस्वीकार विश्वविद्यालय-जीवन की पहली सीख है। वह चले आ रहे सामाजिक जीवन में दीक्षा नहीं है, उसके विरुद्ध एक नई सीख का आरम्भ है :

वे धीरे-धीरे पुरुष से मनुष्य होना सीखते हैं
और साथ संघर्ष करती स्त्रियों को भी
देह से ज़्यादा जानने, समझने लगते हैं

पुरुषों और औरतों के बीच एक नया रिश्ता भी हो सकता है जो भाई-बहन, प्रेमी-प्रेमिका से भिन्न हो।

हम अध्यापक होने के कारण जानते हैं कि विश्वविद्यालय लड़कियों या युवा स्त्रियों के लिए किस प्रकार एक मुक्त क्षेत्र हैं। क्यों वे अपने घरों से दूर परिसर में ज़्यादा से ज़्यादा समय बिताना चाहती हैं? यहाँ उन्हें नया संग-साथ ही नहीं मिलता, बल्कि उनके लिए घरों में दुर्लभ एकान्त भी यहाँ उन्हें मिलता है। एकाकीपन नहीं।

जसिंता की यह कविता इसके बारे में नहीं है। वह पुरुष की मुक्ति के बारे में है। पुरुष और स्त्री के बीच के रिश्ते के बदलने के बारे में।

कविता पढ़ रहा था और उसी वक़्त ख़बर देखी कि दिल्ली के जवाहरलाल नेहरू विश्वविद्यालय परिसर में एक सफ़ाई कर्मचारी ने फाँसी लगा ली। जेएनयू के छात्र-संघ ने उसके लिए शोकसभा की। याद आया कि कोरोना संक्रमण के समय जेएनयू के सफ़ाई कर्मचारियों की तनख़्वाह उन्हें पूरी और वक़्त से दिये जाने के लिए छात्र-संगठन कुलपति से माँग कर रहे थे। उसके भी कई बरस पहले के छात्र संघ के उस आन्दोलन की याद है जो परिसर में निर्माण कार्य में लगे हुए मज़दूरों को पर्याप्त मेहनताना दिये जाने के लिए छात्र कर रहे थे। दिल्ली विश्वविद्यालय में वे अस्थायी श्रमिकों के उनके ठेकेदारों से शोषण के ख़िलाफ़ रिपोर्ट तैयार कर रहे थे। इनमें से कोई भी फ़ीस कम करने, अपने लिए हॉस्टल में सुविधा को बढ़ाने की माँग जैसी छात्रहित की माँग नहीं थी। यही विश्वविद्यालय सिखलाते हैं :

विश्वविद्यालय में ही युवा
इतिहास, भूगोल, गणित पढ़ते हुए
सीखते हैं समाज बदलना

और अपने लिए नहीं
दूसरों के हक़ के लिए भी घर से निकलना

यह पूरी दुनिया के परिसर बतलाते हैं। पिछली सदी के 60 के दशक में यूरोप के परिसरों में छात्रों के विद्रोह ने यूरोप के समाज को बदल दिया। उसी तरह अमरीका के परिसर अपने ही देश के ख़िलाफ़ उठ खड़े हुए जब उसने वियतनाम पर हमला किया। विश्वविद्यालय परिसर वियतनाम युद्ध के विरोध के केन्द्र बन गए थे। उसी तरह जैसे आज इज़राइल द्वारा फ़िलिस्तीनियों के जनसंहार और उसे शह देने में अमरीका की भूमिका के ख़िलाफ़ अमरीका और यूरोप के परिसरों में छात्र और उनके शिक्षक उठ खड़े हुए हैं। छात्रों का यह विरोध सत्ता के लिए सबसे बड़ा सरदर्द बन गया है क्योंकि वह जनमत को तेज़ी से इज़राइली हिंसा के ख़िलाफ़ गोलबन्द कर रहा है।

युद्ध-विरोध का मतलब है पौरुष की पुरानी संवेदना की जकड़न को तोड़ना। हर युद्ध राष्ट्र के नाम पर लड़ा जाता है इसलिए युद्ध-विरोध एक तरह से राष्ट्रवाद का विरोध है जो पौरुष का ही दूसरा रूप है। यह आश्चर्य नहीं कि अमरीकी परिसरों में यहूदी छात्र इज़राइल के ख़िलाफ़ बड़ी तादाद में इस विरोध में शामिल हैं।

विश्वविद्यालय की सबसे बड़ी शिक्षा अगर कोई है तो वह है दूसरों से हमदर्दी। दूसरे यानी वे जिनसे मनुष्यत्व के अलावा हमारा और कुछ नहीं मिलता : न जेंडर, न धर्म, न भाषा, न राष्ट्रीयता।

ठीक ही था कि भारत में 2019 में जब संसद ने नागरिकता के क़ानून में संशोधनवाला क़ानून पारित कर दिया तो उसका सबसे प्रबल विरोध परिसरों से हुआ। जेएनयू, जामिया मिल्लिया इस्लामिया, अलीगढ़ मुस्लिम यूनिवर्सिटी के छात्रों ने इस साम्प्रदायिक क़ानून का विरोध यह ख़तरा उठाकर किया कि उन्हें राष्ट्रविरोधी कहा जाएगा। उस आन्दोलन का भयंकर दमन हुआ। उस आन्दोलन का हम सब कुछ भूल जाएँ, उस एक तस्वीर को नहीं भुला सकते जो छात्रों के इस आन्दोलन को परिभाषित करती है। दो छात्राएँ एक युवक को पुलिस के डंडों से बचा रही हैं। जसिंता की कविता उस तस्वीर को याद करती है :

...समाज के किसी विश्वविद्यालय में
साथ पढ़ती, लड़ती स्त्रियाँ
घेरकर एक पुरुष को
पुलिस के निर्मम डंडों से बचाती हैं

जब छात्रों के इस आन्दोलन को कुचल दिया गया तब दिल्ली के शाहीन बाग़ की औरतों ने अपना मशहूर धरना शुरू किया। वे मुसलमान औरतें थीं। धीरे-धीरे पूरी दिल्ली में जगह-जगह मुसलमान औरतों ने धरने शुरू किये। इन धरनों का साथ देने पहुँचीं विश्वविद्यालयों की औरतें। अपने लिए परिसर में आज़ादी माँगनेवाली 'पिंजरा तोड़' संगठन की युवा औरतें।

आज पूरा भारत नताशा नरवाल, देवांगना कालिता को जानता है। दो छात्राएँ, 'पिंजरा तोड़' की सदस्य जिन्हें दिल्ली पुलिस ने राज्य के ख़िलाफ़ साज़िश के इल्ज़ाम में गिरफ़्तार किया। वे मुसलमान नहीं हैं। लेकिन मुसलमान औरतों के साथ खड़ा होना उन्हें अपना फ़र्ज़ मालूम हुआ। वे उनके धरनों में शामिल हुईं। उसकी क़ीमत उन्होंने चुकाई। संकीर्ण राष्ट्रवादी संवेदना के दुर्ग को तोड़ने की उनकी हिमाक़त के लिए उन्हें सज़ा मिली। लेकिन यह उन्होंने सीखा विश्वविद्यालय परिसर में ही।

नताशा और देवांगना ने अपनी आवाज़ मिलाई मुसलमान औरतों की आवाज़ में। परिसर में हम अपनी आवाज़ तो हासिल करते ही हैं जो सामूहिक आवाज़ में अलग से पहचानी जा सकती हो, हम नई क़िस्म की सामुदायिकता के सदस्य भी बनते हैं। हम सहमति और असहमति के मूल्य को भी पहचानते हैं। इस बात को जानते हैं कि फ़ैसला करने के पहले सबसे अधिक ज़रूरी है समझना। वह बोलना तो सिखलाता है, लेकिन उससे अधिक ज़रूरी चीज़, यानी सुनना भी सिखलाता है। हमारी आदत को जब परिसर में चुनौती मिलती है, तब उसका सामना करने का धीरज हम अपनी कक्षाओं और उनके बाहर सीखते हैं।

सहमति से अधिक मूल्यवान असहमति है, यह भी परिसर की ही सीख है। वाद और विवाद का लक्ष्य संवाद है, यह परिसर हमें बतलाते हैं। जब हम अपने से असहमत से संवाद को आगे बढ़ते हैं तो उसकी मनुष्यता को सबसे पहले स्वीकार करते हैं। यही जनतांत्रिक स्वभाव है। हम सिर्फ़ ख़ुद से भिन्न लोगों के समुदाय का हिस्सा नहीं बनते, जिन विचारों में रहने का सुविधापूर्ण अभ्यास हमें रहा है, उनसे भिन्न वैचारिक सामुदायिकता में प्रवेश का साहस परिसर हमें देता है। वह हमें बदलता है।

जाने कितने ऐसे युवकों से हमारी मुलाक़ात होती रही है जिनकी आरम्भिक शिक्षा राष्ट्रवाद की थी या अपने धार्मिक समुदायों के सदस्य होने की ट्रेनिंग लेकर जो परिसर में आए थे। परिसर उन्हें मुक्त करता है, खुलापन देता है, अपनी सरहदों से पार जाने के लिए उन्हें आमंत्रित करता है। विचारों के एडवेंचर के बिना जनतंत्र की कल्पना कैसे करें? परिसर इस एडवेंचर की जगह हैं। इसलिए परिसरों के युवकों का अपने परिवारों और समुदायों से टकराव स्वाभाविक है। 'ढेर पढ़ गए हो!' की भर्त्सना आज की नहीं है। उसका जवाब चुप्पी नहीं है, बल्कि यह है कि ढेर पढ़ने ही तो वहाँ गए थे!

यह सब जब नेहरू मरे...

मकान अपनी पीठ गरमा रहे थे
जब शहर ज़र्द हो उठा और फिर अंजीरी बैंजनी
आख़िर में : अँधेरे ने निगल लिया माणिक।
कारख़ानों ने पत्थरी लबादे पहन लिये
उन्होंने बीड़ी जलाई, और फिर गीली क़मीज़ों को कन्धों पर डाले,
वे लौटे दड़बों की ओर।
'क्या हुआ, रे सुँद्रे?,
'आज अगरबत्ती न जलाना। तूने नहीं सुना? नेहरू चले गए।'
'अच्छा? फिर तो छुट्टी है आज।'
थकान से चूर, दुनिया ढेर हो गई बिस्तरे पर।

अकेला, मैं चलता रहा।
सड़कें डरावनी थीं।
मैं मिला एक हथठेलेवाले से, जो कंदील लिये जा रहा था।

'कहाँ ले जा रहे हो इस रोशनी को?'
'आप देख नहीं रहे जनाब!
वहाँ ऊपर अँधेरा अपने दाँत दिखा रहा है!'
यह सब जब नेहरू मरे।

[जब नेहरू मरे]

नारायण सुर्वे की कविता 'जब नेहरू मरे' को जेरी पिंटो की अंग्रेज़ी में पढ़ना और उससे हिन्दी में उसका तर्जुमा करना ज़रा अटपटा है, लेकिन इस प्रक्रिया से हमारी

अपनी आज की स्थिति पर रोशनी पड़ती है। हम ख़ुद अपने तक किसी और के रास्ते पहुँचते हैं। ख़ुद को किसी और की रोशनी में देखना और किसी और की ज़ुबान में समझना एक प्रकार की जनतांत्रिक प्रक्रिया है।

इस कविता का आख़िरी हिस्सा मानीख़ेज़ है। नेहरू की मौत हुई है। एक हाथ ठेलनेवाला काग़ज़ की कंदील में आग, या रोशनी लिये जा रहा है। वह इसलिए कि 'वहाँ ऊपर अँधेरा अपने दाँत दिखा रहा है!' इस अँधेरे का रिश्ता नेहरू की मौत से है। क्या वह अब सबको डुबा देगा? अब जबकि नेहरू नहीं रहे, कौन उस लौ को बचाकर रखेगा जो जनतंत्र की लौ है? नेहरू के रहते जिसे लेकर एक तरह की निश्चिन्तता थी।

नेहरू के बाद क्या होगा? यह सवाल नेहरू के रहते इतनी बार उठाया गया था कि एक बार नेहरू को कहना पड़ा था कि वे अभी हैं। दूसरे कि उन्हें इसकी परवाह नहीं है क्योंकि इस सवाल का जवाब करोड़ों हिन्दुस्तानी लोग खोज लेंगे, उनके लिए नेहरू को इसका जवाब देने की ज़रूरत नहीं। इस सवाल से उन्हें झुँझलाहट होती थी क्योंकि इसका मतलब यह है कि एक व्यक्ति पूरे राष्ट्र के लिए इतना अहम हो उठा है कि लोग उनके जाने के बाद उनका विकल्प नहीं खोज पाएँगे।

नेहरू के बाद भारत में जनतंत्र सुरक्षित रहेगा या नहीं, यह सवाल हिन्दी कवि गजानन माधव मुक्तिबोध का भी था। अपनी बीमारी में और नीमबेहोशी में मुक्तिबोध की चिन्ता थी कि नेहरू न रहे तो क्या होगा? नारायण सुर्वे की कविता को पढ़ते हुए मुझे मुक्तिबोध की कविता 'अँधेरे में' का अँधेरा एकदम अलग नज़र आया।

फिर धूमिल की कविता 'जवाहरलाल नेहरू की मृत्यु पर' का अँधेरा याद आया :

...दिन
जो सुबह-सुबह शुरू हुआ
दोपहर में
ख़त्म हो गया
मेरा सूरज खो गया

शेष बचा जो कुछ, उसकी
काली छाया में
यह कोई बीमार रोशनी
अंधकार की ओर दौड़ती
धरती पर फिर फिसल गई है।

युग-युग से विकास-पथ
जिससे आलोकित था
आह! वही मोती की आभा
मेरी मुट्ठी खोल अचानक निकल गई है।

नारायण सुर्वे की कविता में अँधेरा माणिक निगल जाता है और धूमिल की कविता में मोती की आभा मुट्ठी से निकल जाती है।

यह आशंका जो इन कविताओं में है, वह एक दूसरे तरीक़े से नागार्जुन की कविता 'विकल है गुलाब' में व्यक्त होती है :

विकल है गुलाब
करेगा प्यार कौन
कंटकित वृंत को?

विकल है गुलाब
समझेगा कौन
अन्तर्भेदी मुकुलित सौरभ?

विकल है गुलाब
मिटाएगा कौन, कैसा
जन्मजात अभिशाप?

विकल है गुलाब
सुनेगा अब कौन
गमलों का अरण्यरोदन?

जनतंत्र क्या है? उसका काम या मक़सद क्या है? 'कंटकित वृंत को प्यार' कर पाना, 'अन्तर्भेदी मुकुलित सौरभ' को समझना, किसी का 'जन्मजात अभिशाप' मिटाना, 'गमलों का अरण्यरोदन' सुन पाना। नेहरू के बाद यह कौन करेगा? अगर कवि जनता की आवाज़ हैं तो यही समझा जा सकता है कि लोगों को भरोसा नहीं था कि नेहरू के बाद कोई उनकी तरह जनता के प्रति लगाव और जतन के साथ यह करेगा। नेहरू को लेकिन इसे लेकर फ़िक्र नहीं थी। इसलिए उन्होंने किसी

उत्तराधिकारी का नाम देना भारत के लोगों का अपमान समझा। नेहरू को एक तरफ़ यक़ीन था कि भारत में जनतंत्र की जड़ें इतनी मज़बूत हो चुकी हैं कि वह अपना रास्ता और रहबर, दोनों ही खोज लेगा। हालाँकि वे उन प्रवृत्तियों की ताक़त से भी परिचित थे जो इस जनतंत्र के भीतर सक्रिय थीं और ताक़तवर भी थीं। एक बार उन्होंने ख़ुद भी आशंका ज़ाहिर की थी कि उनके न रहने पर भारत में कहीं सैनिक शासन न लग जाए।

ऐसा हुआ नहीं। नेहरू की मौत तक भारत में लोकसभा के लिए 3 आम चुनाव हो चुके थे। नेहरू की मौत के पहले कई उपचुनावों में उनकी कांग्रेस पार्टी की पराजय हुई थी। नेहरू ने ख़ुद कभी नहीं कहा था कि वे अपराजेय हैं। पहले आम चुनाव में ही उन्होंने कहा था कि वे चुनाव हारना पसन्द करेंगे लेकिन वे किसी भी क़ीमत पर उन मूल्यों को गँवाना नहीं चाहेंगे जिन्हें स्वाधीनता आन्दोलन में हासिल किया गया था।

1951 में नेहरू ने मुख्यमंत्रियों को लिखा कि चुनाव घोषित होते ही साम्प्रदायिक शक्तियाँ सक्रिय हो गई हैं। आम तौर पर ये लोग मुसलमानों के तुष्टीकरण का इल्ज़ाम हम पर लगाते हैं और गाली-गलौज भरी भद्दी भाषा का इस्तेमाल करते हैं। नेहरू ने अफ़सोस ज़ाहिर किया कि प्राय: भीड़ को यह सब कुछ पसन्द आता है। फिर भी उन्होंने ज़ोर देकर कहा कि वे हारना पसन्द करेंगे, लेकिन इस जगह समझौता नहीं करेंगे। अपनी जनसभाओं में उन्होंने साम्प्रदायिकता को मुद्दा बनाया और उस पर जमकर प्रहार किया।

तब नेहरू को लोगों ने सुना। जनतंत्र की शिक्षा के लिए चुनाव नेहरू को मुफ़ीद मौक़े मालूम पड़ते थे। वे इन्हें जनतंत्र के विश्वविद्यालय कहते थे और ख़ुद को जनतंत्र का प्रोफ़ेसर। प्रोफ़ेसर माधवन पलात ने लिखा है कि प्रोफ़ेसर की जगह उन्हें जनतंत्र के विश्वविद्यालय का कुलपति कहना अधिक ठीक होता। प्राय: नेहरू लम्बी तक़रीरें लगाते थे और दुनिया में जो कुछ हो रहा है, उसके बारे में भी वे लोगों से बात करते थे।

हालाँकि चुनाव से एक स्तर पर उन्हें उलझन और चिढ़ होती थी क्योंकि चुनाव में लोगों की क्षुद्रताएँ उभर आती थीं और समाज के मन के भीतर छिपी अश्लीलता बाहर आ जाती थी। चुनाव-प्रचार के केन्द्र में ख़ुद को देखकर भी उन्हें उलझन होती थी।

नेहरू का कहना यह था कि यह अच्छी बात है कि भारत की जनता को यक़ीन है कि वह सरकार बदल सकती है। उन पर सवाल किया जा सकता है और किया जाना चाहिए, यह उन्होंने 1963 में अपनी सरकार के ख़िलाफ़ लाए गए अविश्वास प्रस्ताव का जवाब देते हुए कहा। 4 रोज़ तक इस प्रस्ताव पर चली बहस को

नेहरू ने ध्यान से सुना और आदरपूर्वक उसका उत्तर दिया। उन्होंने कहा कि यह प्रस्ताव कुछ अवास्तविक लगता है क्योंकि आम तौर पर अविश्वास प्रस्ताव का लक्ष्य सरकार को अपदस्थ करना होना चाहिए, लेकिन यहाँ तो मालूम है कि ऐसा कुछ होनेवाला नहीं। फिर भी उन्होंने कहा कि वक़्त-वक़्त पर इस तरह की जाँच होते रहना अच्छा ही है। हालाँकि उन्होंने राममनोहर लोहिया पर अफ़सोस ज़ाहिर किया कि उन्होंने अपने भाषण में नीतियों की जगह नेहरू को केन्द्र में रखा और अपना वक़्त बर्बाद किया।

आज़ादी के आनदोलन के दौरान नेहरू अपने साथियों के साथ मिलकर जनतंत्र का सिद्धान्त विकसित कर रहे थे, और वह भी अंग्रेज़ों के साथ बहस में जिनकी समझ थी कि भारत के लोग अपना ख़याल नहीं रख सकते। अंग्रेज़ कहते हैं कि जब हम इस लायक़ हो जाएँगे कि जनतंत्र का अभ्यास कर सकें तब हमें आज़ादी मिलनी चाहिए। नेहरू ने उन्हें ईसप की नीति कथाएँ और भेड़िए और भेड़ की कहानी दुबारा पढ़ने का मशविरा दिया।

जनतंत्र को मजबूर करने का मतलब है सरकार को लोगों के सामने जवाबदेह बनाना। लोगों का स्तर, हर स्तर पर उन्नत करना। सामाजिक और आर्थिक प्रतिक्रिया की शक्तियों से लड़ना। लोग यह भी भूल जाते हैं कि नेहरू ने हिन्दू कोड बिल पारित कराने के चलते हिन्दुत्ववादियों के कितने हमले झेले। यह कोई 1947 के बाद नेहरू की नीति नहीं थी। उसके पहले 25 साल से वे कहते आ रहे थे कि समाज की उत्पादक शक्तियों का संगठन इस प्रकार किया जाना चाहिए कि मुनाफ़े की प्रवृत्ति पर लगाम लगाई जा सके और समाज के संसाधनों का वितरण समाज में बराबरी लाने के मक़सद से किया जाए। समाजवाद के बुनियादी उसूल को बार-बार दुहराने के बाद भी उन्होंने कहा कि वे रूस के रास्ते का बिना सोचे अनुकरण नहीं करना चाहते।

आज़ादी के पहले वे जो कहते हों, बाद में नेहरू ज़ोर देकर कहते रहे कि उनका रास्ता गांधी का सुझाया हुआ है। भारत की जटिल विविधता को समेटने के लिए व्यापक दृष्टि की आवश्यकता थी। ऐसा तरीक़ा जिसमें सभी ख़ुद को शामिल महसूस कर सकें। युवा शोधार्थी सर्वेश ने एक शाम मुझे कहा कि नेहरू कुशाग्रबुद्धि ज़रूर थे, लेकिन गांधी का दिमाग़ बड़ा था। लेकिन गांधी की हत्या के बाद नेहरू ने गांधी की वह व्यापकता ले ली। नेहरू के लिए सबसे बड़ा काम था भारत के लोगों को एक रखना, और वह बिना गांधीवाली सर्वव्यापी दृष्टि के सम्भव न था। सर्वेश की यह बात मार्के की है। जनतंत्र का एक काम लोगों में एकता की भावना पैदा करना है। इसलिए उसमें किसी श्रेष्ठता के दावे की कोई जगह नहीं।

श्रेष्ठता और अपनी महानता के दावे की जनतंत्र में कोई जगह नहीं। यह मानना कि इतिहास बनाने या बदलने का नुस्ख़ा मेरे पास है, मुझे तानाशाह बनाने के लिए काफ़ी है। कवि-लेखक ऑक्टोवियो पॉज़ ने नेहरू की मौत के दो साल बाद लिखा :

> इस सदी के ज़्यादातर नेताओं से उलट नेहरू नहीं मानते थे कि उनके हाथों में इतिहास की चाभी है। इस वजह से उन्होंने न तो अपने देश को और न दुनिया को ख़ून से दाग़दार किया।

नेहरू की मौत के बाद अँधेरे की आशंका थी नारायण सुर्वे को, धूमिल को, नागार्जुन को। वह अँधेरा अब भारत पर छा गया है। नेहरू की मौत की 60वीं सालगिरह पर मुक्तिबोध की बेहोशी की बड़बड़ाहट सुनाई देती है, 'कहीं ऐसा वैसा न हो जाए।' यह सालगिरह फिर एक चुनाव के बीच है। जो रोशनी सुर्वे का ठेलेवाला कंदील में सँजोए जा रहा था, क्या उसमें इस चुनाव के बीच हम नेहरू का सभ्य, सौम्य मुख देख पाएँगे? क्या गमलों का अरण्यरोदन सुननेवाला कोई है?

उसकी बग़ल में हमेशा एक और कोई चेहरा

वक़्त-बेवक़्त
वह साइकिल दनदनाता हुआ चला आता है
कई बार मैं झुँझला उठता हूँ
उसके इस तरह चले आने पर
उसके सवालों और उसके तम्बाकू पर
तिलमिला उठता हूँ मैं
मैं बेहद परेशान हो जाता हूँ
उसकी ग़लत-सलत भाषा
उसके शब्दों से गिरती धूल
और उसके उन बालों पर
जो उसके माथे से पूरी तरह उड़ गए हैं

कई बार
उसकी भूकम्प-सी चुप्पी
मुझे अस्त-व्यस्त कर देती है

उसकी साइकिल में हवा
हमेशा कम होती है
हमेशा उसकी बग़ल में होता है
एक और कोई चेहरा
जिस थाने पर बुलाया गया है
मुझे थाने से चिढ़ है
मैं थाने की धज्जियाँ उड़ाता हूँ

मैं उस तरफ़ इशारा करता हूँ
जिधर थाना नहीं है
जिधर पुलिस कभी नहीं जाती
मैं उस तरफ़ इशारा करता हूँ

वह धीरे-से हँसता है
और मेरी मेज़ हिलने लगती है
मेरी मेज़ पर रखी किताबें
हिलने लगती हैं
मेरे सारे शब्द और अक्षर
हिलने लगते हैं

मैं उसे रोकता नहीं
न कहता हूँ कल परसों
दोपहर
शाम

वह उठता है
और दरवाज़ों को ठेलकर
चला जाता है बाहर

मेरी उम्मीद
उसका पीछा नहीं करती
सिर्फ़ कुछ देर तक
चील की तरह हवा में मँडराती है
और झपट्टा मारकर
ठीक उसी जगह बैठ जाती है
जहाँ से वह चला गया था

[एक ठेठ देहाती कार्यकर्ता के प्रति]

केदारनाथ सिंह की इस कविता में कोई भी राजनीतिक या सामाजिक कार्यकर्ता तुरत ख़ुद को पहचान लेगा। वह जो जनतांत्रिक प्रक्रिया की सबसे अहम और सबसे

उपेक्षित कड़ी है। वह सिर्फ़ देहाती कार्यकर्ता नहीं है। क़स्बों, शहरों में वह पाया जाता है। जनतंत्र और जनता के बीच सम्पर्क की पहली इकाई।

जनतंत्र के एक नेता के लिए जनता चेहराविहीन होती है। ऐसे नेताओं की कहानी कही जाती है जो अपने इलाक़े के लोगों के चेहरे और नाम के बीच रिश्ता बैठा सकते हैं। फिर भी वे दावा नहीं कर सकते कि वे उन्हें ठीक-ठीक जानते हैं। उनकी ज़िन्दगियों के बारे में भी उनके पास अस्पष्ट धारणा भर है। वे नहीं जानते कि उनके परिवार में कितने लोग हैं, किसे क्या बीमारी है, किस बच्चे का किस क्लास में आर्थिक रूप से कमज़ोर तबक़ों के बच्चों वाली श्रेणी में दाख़िला करवाना है। किसकी ज़मीन सरकार ने अधिगृहीत कर ली है और उसका मुआवज़ा उसे नहीं मिला है। मनरेगा में किसका जॉब कार्ड नहीं बन रहा या उसकी उजरत उसे नहीं मिली।

कविता जनतंत्र के रोज़ाना ज़िन्दगी के इस पहलू की तरफ़ भी इशारा करती है जो रूमानी नहीं है। जिसमें जनता और राज्य के बीच का रिश्ता उन संस्थाओं के ज़रिए तय और व्यक्त होता है जो उसे उपेक्षा और ज़्यादातर बार तिरस्कार की निगाह से देखती हैं। उनमें भी जो सबसे दिखलाई और दख़ल देनेवाली संस्था है, वह है पुलिस। ब्लॉक, सबडिवीज़न, ज़िला के सरकारी दफ़्तर जिनकी पीली ठंडी दीवारों में जनता के लिए आमंत्रण नहीं। या स्कूल भी। और अस्पताल।

इन संस्थाओं को चलानेवाले अधिकारी होते हैं और होती हैं प्रक्रियाएँ जो व्यक्ति-चेहरे को नहीं देखतीं या प्राय: उड़ती निगाह से देखती हैं। जनता के लिए या जन के लिए इन्हें अपना महत्त्व बतला पाना असम्भव है, यह कह पाना कि वही है जिससे यह तंत्र चलता है और वही इसका लक्ष्य भी है।

इस तंत्र को इस जन को पहचनवाना कार्यकर्ता का काम है। यह दुष्कर है, इसमें जनतंत्र की कोई 'काव्यात्मकता' नहीं। कार्यकर्ता जनतंत्र की इस ज़िन्दगी से दिन-रात जूझता है।

कार्यकर्ता, यह शब्द भी ज़रा कठिन जान पड़ता है। कारकुन बेहतर है, लेकिन हिन्दी ने शुद्ध या राष्ट्रीय हिन्दी होने के चक्कर में ऐसे शब्दों को इतनी दूर फेंक दिया है कि उन्हें पहचान पाना मुश्किल है। एक शब्द है एक्टिविस्ट। आर टी आई एक्टिविस्ट, आर टी ई एक्टिविस्ट, फारेस्ट राइट एक्टिविस्ट, मनरेगा एक्टिविस्ट! ये संज्ञाएँ भारतीय जनतंत्र के कोष में मान्य हैं।

शिक्षाविद् और लेखक कृष्ण कुमार ने एक बार पूछा कि इस एक्टिविस्ट का हिन्दी अनुवाद क्या करेंगे। कई दिनों की माथापच्ची के बाद भी हम कोई क़ायदे का शब्द नहीं खोज पाए। 'भागा-दौड़ी करनेवाला' कह सकते हैं? कृष्ण कुमार ने किंचित् विनोद भाव से पूछा।

कार्यकर्ता ज़रूर काफी भागा-दौड़ी करता है, करती है। जनतंत्र को जनता के क़रीब लाने के लिए। सांसदों और विधायकों के यहाँ भी उनके मतदाता इन्हीं कार्यकर्ताओं के साथ ही या उनके बल पर आ पाते हैं। जब वे उनके रूबरू होते हैं तब भी भीड़ में और उनके लिए वह प्राय: उपेक्षा और उपहास के पात्र होते हैं। नहीं भूल पाता कि हरियाणा के मुख्यमंत्री मनोहरलाल खट्टर ने किस तरह एक देहाती औरत का सरेआम मज़ाक़ उड़ाया। उसने रोज़गार के लिए अपने इलाक़े में फैक्टरी खुलवाने की विनती की। मुख्यमंत्री ने मख़ौल करते हुए कहा, "अगली बार जब यन्द्रयान जाएगा, उसमें बिठाकर तुझे चाँद भेज देंगे।"

क्या वह औरत अपने चुने हुए मुख्यमंत्री से चाँद माँग रही थी? उससे ज़्यादा ध्यान देने की बात है वह रिश्ता जो उस औरत और उसके जनतांत्रिक नेता के बीच है।

इन दोनों के बीच जो है, जो जन का चेहरा पहचानता है और उसकी रोज़ाना की जद्दोजहद को भी पहचानता है, वही केदारजी की इस कविता का कार्यकर्ता है। उसकी जो चिन्ता है, वह कवि की समझ में नहीं आती। उसके लिए जनतंत्र एक अवधारणा है इसलिए वह थाने की चर्चा नहीं सुनना चाहता :

मुझे थाने से चिढ़ है
मैं थाने की धज्जियाँ उड़ाता हूँ
मैं उस तरफ़ इशारा करता हूँ
जिधर थाना नहीं है
जिधर पुलिस कभी नहीं जाती

लेकिन कार्यकर्ता को ज़िन्दगी का कहीं अधिक पता है और वह कवि के यथार्थ से परिचय पर मुस्कुरा ही सकता है :

वह धीरे-से हँसता है
और मेरी मेज़ हिलने लगती है
मेरी मेज़ पर रखी किताबें
हिलने लगती हैं
मेरे सारे शब्द और अक्षर
हिलने लगते हैं

मुझे दिलचस्प लगा कि केदारजी की कविता में ज़िक्र जनता और पुलिस का है। क्या राज्य जनता के सामने सबसे पहले और सबसे अधिक दृश्य होता है पुलिस के रूप में? क्या थाना ही राज्य का प्रतिनिधि है?

किन लोगों की ज़िन्दगी में थाने का वह स्थान है जो इस कविता में है? और कौन उस दिशा की तरफ़ इशारा कर सकते हैं जिधर थाना नहीं है? कविता इस रिश्ते और इन दो तरह के लोगों के बीच की फाँक की बात भी करती है।

यह कार्यकर्ता जो करता है, उससे कवि जैसे लोगों को उलझन होती है और झुँझलाहट भी :

कई बार मैं झुँझला उठता हूँ
उसके इस तरह चले आने पर
उसके सवालों और उसके तम्बाकू पर
तिलमिला उठता हूँ मैं
मैं बेहद परेशान हो जाता हूँ
उसकी ग़लत-सलत भाषा
उसके शब्दों से गिरती धूल
और उसके उन बालों पर
जो उसके माथे से पूरी तरह उड़ गए हैं

कई बार
उसकी भूकम्प-सी चुप्पी
मुझे अस्त-व्यस्त कर देती है

कवि इस कार्यकर्ता की चुप्पी को नहीं समझ पाता। क्या वह जनतंत्र के यथार्थ के सामने साधारण जन की असमर्थता से पैदा हुई है? जनतंत्र के अपने वादे से पलट जाने से पैदा हुई है?

यह कार्यकर्ता जनतंत्र का पहला कार्यकर्ता है जो जनतंत्र को जन के लिए वास्तविक और सम्भव बनाता है। मैं वैसे कार्यकर्ताओं को जानता हूँ जो किसी दलित पर हिंसा के बाद एफ़ आई आर कराने, किसी को ग़लत तरीक़े से गिरफ़्तार कर लिये जाने पर उसके लिए वकील से लेकर ज़मानती जुटाने तक और उस बीच में उसके परिवार की देखभाल करने, उसके बच्चों के स्कूल में दाख़िले से लेकर उनकी फ़ीस इकट्ठा करने के काम में लगे रहते हैं। पैरवी, चन्दा, ज़मानती जैसे शब्द जनतंत्र के शब्दकोश के ही हैं!

यह कार्यकर्ता क्या करता है? वह जो करता है क्या उस पर जनतंत्र की उम्मीद टिकी है? जनतंत्र की उम्मीद है ही क्या? वह उम्मीद जो एक चील की तरह मँडराती है और उसी जगह बैठ जाती है जहाँ वह कार्यकर्ता बैठा था जिसकी भाषा कवि को समझ में नहीं आती।

जब चुनाव ख़त्म हो जाएगा और नई सरकार सत्ता में आ जाएगी, उसका क्या होगा जिसे थाने बुलाया गया है? क्या उसके और थाने के बीच फिर इस कार्यकर्ता की ज़रूरत रह जाएगी?

हमें कोशिश तो करनी थी

अब समय पास है
जब हमें सिर झुकाना पड़ेगा,
अभिवादन में नहीं, न प्रार्थना में—
शर्म से :
भले हमारे बोलने से शायद ही फ़र्क पड़ता,
पर हम चुप रहे यह चतुराई है।
हमें कोशिश तो करनी थी।
कि हमारे शोर से चैन की नींद न सो सके आततायी
और उसे गोलियाँ खानी पड़ें।
हमारे पास जो अन्तःकरण था
उसे किसी लोककथा की घटना की तरह
हम किसी पिछले मुक़ाम पर भूल आए हैं
और हमें अब उसकी कोई ज़रूरत नहीं लगती।
वह पास होता तो हम व्यर्थ ही असहज अनुभव करते।
हम कह भले न रहे हों,
मन ही मन मना रहे हैं
कि वह आततायी बहुत क्रूर न हो,
हमारी उपेक्षा करे और हमसे बदला लेने की बात भूल जाए,
हमारी उस तक पहुँच तो कभी नहीं हो पाएगी—
पर दूर से हमारे अभिवादन को वह अनदेखा न करे
अपने विरुद के लोकार्पण के समय,
ऐसी अभिलाषा बनी रहेगी।

तब शायद हमें याद आएगा कि हमारे पास
शब्दों का नहीं आत्मविश्वास का अभाव था,
साधनों की नहीं साहस की कमी थी,
हम ऐसे मुक़ाम पर पहुँचेंगे
जब कविता में पछतावे की जगह तक न बचेगी :
बची होगी सिर्फ़ शर्म,
जिसमें हम क़ैद होंगे पर जिसमें
कोई अर्थ या मर्म न होगा।
शर्मसार लोग अक्सर कविता नहीं लिख पाते।

[अब समय पास है]

कविताओं पर अपने वक़्त की छाप होती है, लेकिन वही उसका महत्त्व तय नहीं करती। फिर भी कुछ कविताओं में उनका समय इस कदर बिंधा होता है कि उसको समझे बिना कविता को समझना कठिन होता है। अशोक वाजपेयी की यह कविता 2014 में लिखी गई थी। यह साल भारतीय जनतंत्र के लिए सबसे महत्त्वपूर्ण वर्ष के रूप में देखा जाएगा। इस साल पहली बार भारत ने जानते-बूझते हुए एक ऐसे व्यक्ति को अपने नेता के रूप में चुना जिसकी तानाशाही प्रवृत्तियों के बारे में उन सबको पता था जिन्हें जाननेवाला माना जाता है। जनतंत्र बहुत कुछ इन जाननेवालों के सहारे चलता है। उनका काम ही है राजनीतिक प्रवृत्तियों, घटनाओं और व्यक्तियों के बारे में जानना।

जानना और फिर जनता को अपना जाना हुआ बतलाना। जाननेवाला यह समुदाय जब अपना काम बन्द कर देता है तो जनतंत्र का क्षरण शुरू हो जाता है। बोलना कई तरह से किया जा सकता है। 2014 में भारत की जनता ने जो फ़ैसला किया उसकी एक वजह यह भी थी कि भारत के लोगों को नरेन्द्र मोदी के बारे में वह सब कुछ नहीं बतलाया गया जो उसे जानना चाहिए था ताकि वह सुचिन्तित निर्णय कर सकती। ऐसे लोग भी थे जो अपने इस धर्म का निर्वाह कर रहे थे। जैसे सामाजिक मनोवैज्ञानिक आशिस नंदी ने 2002 में ही यह बतलाया था कि नरेन्द्र मोदी में एक फ़ासिस्ट नेता के सारे लक्षण पाए जाते हैं। यह निष्कर्ष उन्होंने 2002 से भी 10 साल पहले नरेन्द्र मोदी से एक लम्बे इंटरव्यू के बाद निकाला था। 2002 में मुख्यमंत्री नरेन्द्र मोदी की शह पर गुजरात में मुसलमानों का जो जनसंहार हुआ उसके बाद आशिस नंदी ने कोई 10 वर्ष पहले नरेन्द्र मोदी के बारे में उनकी जो धारणा बनी थी, उसे लोगों को बतलाया।

2014 में भारतीय जनता पार्टी के बहुमत में आने और नरेन्द्र मोदी के प्रधानमंत्री चुने जाने के बाद अख़बारवालों ने आशिस नंदी से पूछा कि क्या वे मोदी के बारे में अपनी राय बदलना चाहेंगे, अब जबकि लोगों ने उन्हें अपना नेता चुन लिया है। आशिस नंदी ने उत्तर दिया कि उनकी राय एक सामाजिक मनोवैज्ञानिक की पेशेवर राय थी कोई राजनीतिक राय नहीं थी।

आशिस नंदी ने 2008 में गुजरात के विधानसभा चुनाव के बाद, जिसमें नरेन्द्र मोदी की भाजपा को फिर से जीत हासिल हुई थी लिखा कि गुजराती मध्य वर्ग को ख़ून का स्वाद लग गया है। यह ख़ुद हिंसा नहीं करता, लेकिन उसकी योजना बनाता है, उसे आयोजित करने के लिए आर्थिक संसाधन देता है और हिंसा का संयोजन करता है। शिक्षा संस्थान हों या मीडिया, सब उसके पास हैं और वे नफ़रत पैदा करनेवाले कारख़ाने हैं।

आशिस नंदी को इसकी क़ीमत चुकानी पड़ी। उन्होंने बोलना बन्द नहीं किया जैसा 2014 के उनके बयान से ज़ाहिर है लेकिन जो वे कर रहे थे वह अपवाद बन गया।

2002 के बाद गुजरात में और 2014 के बाद पूरे भारत में जाने हुए को बतलाना ख़तरनाक काम हो गया। बोलना साहस का काम बन गया। और जैसा दिखलाई पड़ा, साहस की समाज में सख़्त कमी थी। लोग जानते थे, लेकिन चुप थे।

साहस का मतलब है पहले इसका पूरा बोध कि किये हुए या बोले हुए की क़ीमत हो सकती है। यह निजी, पारिवारिक या दूसरे प्रसंग में नुक़सानदेह हो सकता है। भारत में ही क्यों, अभी अमरीका में बोलने के साहस की क़ीमत विश्वविद्यालयों के वे छात्र और अध्यापक चुका रहे हैं जो फ़िलिस्तीनियों के जनसंहार पर चुप नहीं हैं।

साहस के बिना जनतंत्र का बने रहना असम्भव है। क्या यह अपवाद है या नियम, इससे तय होगा कि किस जनतंत्र में कितनी जीवनी शक्ति है। अमरीका हो या रूस, ईरान हो या इज़राइल, हर जगह जनतंत्र के लिए साहस ऑक्सीजन है। जनता का साहस दीखता है जब वह सड़कों पर होती है। वही उसका बोलना है। जैसा वियतनाम युद्ध या इराक़ पर हमले के वक़्त अमरीका की जनता का युद्ध विरोधी आन्दोलन।

जनतंत्र में हमेशा इसका ध्यान रखना होता है कि जनता के द्वारा चुनी हुई सरकार उसी पर हुकूमत न करने लगे। यह प्रवृत्ति हर समय, हर देश में देखी गई है, देखी जा सकती है। वह ऐसे क़ानून बनाती है जिससे जनता की शक्ति कम हो और उसकी ताक़त बढ़े। अमरीका में 'पेट्रियट एक्ट', भारत में 'यूएपीए'

जैसे क़ानून जनतांत्रिक सरकारें बनाती हैं। वे ऐसे क़दम उठा सकती हैं जिनसे जन के संसाधन लेकर पूँजीपतियों के हवाले कर दिये जाएँ। चुनी हुई सरकारें छत्तीसगढ़ में आदिवासियों की ज़मीन या वहाँ की खदानें पूँजीपतियों के हवाले कर रही हैं।

इसलिए यह नियम ही है कि जनतंत्र की प्रक्रियाएँ जनता के विरुद्ध ही इस्तेमाल की जाती हैं। फिर जनहित की रक्षा कैसे हो? वह जनता को सजग करके, उसे उसके अधिकार और उस अधिकार की रक्षा के कर्तव्य की याद दिलाते रहकर ही की जा सकती है। हर जनतांत्रिक सरकार में राजशाही के रुझान मिलते हैं और हर जनता के प्रजा बन जाने की सम्भावना बनी रहती है। जिस वक़्त यह प्रवृत्ति गहरी होती दिखलाई दे, उस वक़्त बोलना आवश्यक होता है, उसी वक़्त बोलने के मायने हैं।

जनतंत्र में तंत्र पर क़ब्ज़ा करने का सबसे कारगर तरीक़ा जनता को अलग-अलग हितों के समुदायों में विभाजित करके किया जाता है। सरकार ख़ुद को उनमें से एक समूह के हितों की संरक्षक की तरह पेश करती है ताकि उसके क़ब्ज़े के लिए वह समूह उसकी तरफ़ से लड़े। इस वक़्त बोलनेवाले का फ़र्ज़ बोलने का है। इस वक़्त जो चुप्पी साध लेता है, वह अपने पेशे और अपने कर्तव्य के साथ घात करता है।

इसी वक़्त साहस की जाँच होती है। लेकिन साहस है क्या? डेविड व्हाइट की काव्य-पंक्तियाँ देखें :

> साहस ज़िन्दगी में, दूसरे के जीवन में, एक समुदाय के साथ, एक कार्य में, भविष्य में हमारी हार्दिक भागीदारी का पैमाना है। साहसी होने के लिए कहीं और जाने, कुछ और करने की ज़रूरत नहीं, बल्कि जिन चीज़ों को हम गहराई से महसूस करते हैं उन्हें सिर्फ़ ज़ाहिर करना है और फिर उनके नतीजों की अन्तहीन असुरक्षा के साथ जीना है।

प्राय: हम देखते हैं कि साधारण लोग सहज रूप से साहसी होते हैं। मज़दूर अपने हक़ के लिए उठ खड़े होते हैं, किसान मोर्चे निकालते हैं, आदिवासी निहत्थे ही हथियारबन्द राज्य के सामने खड़े हो जाते हैं, लेकिन जो भाषा का सजग अभ्यास करने का दावा करते हैं, उनका गला रुँध जाता है। तो वह क्या है जो किसानों, मज़दूरों, आदिवासियों, छात्रों के पास है और भाषा के अभ्यासियों के पास जिसकी कमी है? वह है साहस! कविता कहती है,

हमारे पास
शब्दों का नहीं आत्मविश्वास का अभाव था,
साधनों की नहीं साहस की कमी थी,

शब्द होते हैं लेकिन उनसे जान निकल जाती है क्योंकि उन्हें प्राण देनेवाले साहस की कमी है। अशोक वाजपेयी के लगभग समकालीन कवि केदारनाथ सिंह की कविता एक दूसरे ढंग से यही बात कहती है :

ठंड से नहीं मरते शब्द
वे मर जाते हैं साहस की कमी से

यह साहस व्यक्तिगत और सामूहिक है। इसका अभ्यास भी रोज़ाना करना पड़ता है। और जब वह एकदम ज़रूरी हो तभी उसका प्रयोग करना पड़ता है। वैसा न करने पर 'ठंड से नहीं मरते शब्द वे मर जाते हैं साहस की कमी से।'

हम ऐसे मुक़ाम पर पहुँचेंगे
जब कविता में पछतावे की जगह तक न बचेगी :
बची होगी सिर्फ़ शर्म,
जिसमें हम क़ैद होंगे पर जिसमें
कोई अर्थ या मर्म न होगा।

जिस भाषा में साहस नहीं है उसमें कोई अर्थ नहीं और न कोई मर्म है।

तोड़ती नहीं हैं लोकतांत्रिक पद्धतियाँ केवल झुका देती हैं

सुरक्षा के मोह में ही सबसे पहले मरता है आदमी अपने शरीर के इर्द-गिर्द
दीवारें ऊपर उठाता हुआ
मिट्टी के भिक्षापात्र आगे और आगे बढ़ाता हुआ गेहूँ
और हथियारबन्द हवाईजहाज़ के लिए
केवल मोहविहीन होकर ही जब कि नंगा भूखा बीमार
आदमी सुरक्षित होता है
...
अपनी देह सीमाओं के विषय में ईश्वर के प्रति
एक ही प्रार्थना हो सकती है आधुनिक मनुष्य की व्यक्तिगत प्रार्थना
अपनी मुक्ति के लिए—
संगठन और संस्थाओं के विरुद्ध हो जाना अर्थात् शासन-तंत्र और सेनाओं के
विरुद्ध हो जाना अपनी इकाई बचाने के लिए एक ही प्रार्थना
वास्तविक जीवन में और कविता में
...
आदमी को तोड़ती नहीं हैं लोकतांत्रिक पद्धतियाँ केवल पेट के बल
उसे झुका देती हैं धीरे-धीरे अपाहिज
धीरे-धीरे नपुंसक बना लेने के लिए उसे शिष्ट राजभक्त देशप्रेमी नागरिक बना लेती हैं
आदमी को इस लोकतंत्री संसार से अलग हो जाना चाहिए
चले जाना चाहिए कस्साबों गांजाख़ोर साधुओं
भिखमंगों अफ़ीमची रंडियों की काली और अंधी दुनिया में मसानों में

अधजली लाशें नोचकर
खाते रहना श्रेयस्कर है जीवित पड़ोसियों को खा जाने से
हम लोगों को अब शामिल नहीं रहना है
इस धरती से आदमी को हमेशा के लिए ख़त्म कर देने की
साज़िश में

[मुक्ति प्रसंग]

राजकमल चौधरी की लम्बी कविता 'मुक्ति प्रसंग' 60 साल पहले लिखी गई थी। भारत के जनतंत्र का रूमानी दौर जवाहरलाल नेहरू की मौत के साथ ही ख़त्म हो चला था। स्वाधीनता आन्दोलन में जिस स्वतंत्रता की कल्पना की गई थी, वास्तविकता में वह कहीं नज़र नहीं आती थी। स्वाधीनता का अर्थ देश के दूसरे देश की ग़ुलामी से आज़ाद होना तो था, लेकिन असल सवाल यह था कि यह देश क्या है या इसे क्या होना है। स्वाधीन होने का क्या अर्थ है? स्व क्या है, किसका है और इसका गुण क्या है?

नेहरू से पूछा गया कि देश के बारे में उनकी चिन्ता क्या है। उन्होंने कहा कि उनके दिमाग़ में 35 करोड़ चिन्ताएँ है। 35 करोड़ अलग-अलग दिल और दिमाग़, अलग-अलग व्यक्ति। उन सबको देशवासी, भारतीय आदि कहकर एक अमूर्त सत्ता में तब्दील नहीं कर दिया जा सकता। जनतंत्र के साथ परेशानी यह है कि वह टिका तो हुआ है 'एक व्यक्ति एक मत' के सिद्धान्त और उसके व्यवहार पर, लेकिन क्या यह व्यक्ति प्रामाणिक व्यक्ति है? क्या वह मतदान देने के पहले, उस समय और उसके बाद स्वत: सम्पूर्ण, आत्म-निर्णय के अधिकार के प्रति आश्वस्त व्यक्ति है? या जनतंत्र की यह पूरी प्रक्रिया राज्य और जनतांत्रिक संस्थाओं के द्वारा हमेशा उससे उसकी अद्वितीयता छीनने की प्रक्रिया है?

जो सवाल राजकमल चौधरी कर रहे हैं, वह तक़रीबन इसी समय भारत से बहुत दूर यूरोप के विचारक हरबर्ट मार्क्यूज़ 'मुक्ति पर एक निबन्ध' में कर रहे थे :

अभी आवश्यकताओं, ज़रूरतों का सवाल ही सबसे बड़ा सवाल है। इस वक़्त प्रश्न यह नहीं है कि बिना दूसरों को नुक़सान पहुँचाए एक व्यक्ति अपनी ज़रूरतें पूरी कैसे करेगा, बल्कि यह है कि वह ख़ुद अपने को नुक़सान पहुँचाए बिना अपनी ज़रूरतें कैसे पूरी करेगा? अपनी इच्छाओं और सन्तोष को पूरा करने के लिए वह जिस शोषणकारी तंत्र पर अपनी निर्भरता को पुनरुत्पादित करता जाता है और इस तरह अपनी ग़ुलामी को और गहरा करता जाता है (उससे वह मुक्त कैसे हो सकता है?)।

जनतंत्र को जन परिभाषित करता है, लेकिन कवि और दार्शनिक निराशा के साथ इस जन में व्यक्ति का लोप होते हुए देखते हैं। जनतंत्र बिना राज्य के मूर्त नहीं होता। वह राज्य का गठन करता है, और राज्य फिर उस जन को अपने अधीन कर लेता है। सबसे पहले उसे सुरक्षित करने के नाम पर। सुरक्षा के इस मोह में व्यक्ति ख़ुद को हवाले कर देता है तंत्र के जो राज्य है। इतना ही नहीं वह अकेला भी कर दिया जाता है। बिना ख़ुद को चहारदीवारी में घेरे वह सुरक्षित कैसे हो सकता है? अपने पड़ोसियों से उसे ख़ुद को सुरक्षित करना है और उन पर नज़र भी रखनी है :

सुरक्षा के मोह में ही सबसे पहले मरता है आदमी अपने शरीर के इर्द-गिर्द
दीवारें ऊपर उठाता हुआ

यह शरीर जो घेरा जा रहा है एक व्यक्ति का है और राष्ट्र का भी है। 1960 के दशक के भारत और विश्व को जाननेवाले इन पंक्तियों की मार्मिकता को महसूस कर सकते हैं। एक साथ मिट्टी के भिक्षापात्र और हथियारबन्द जहाज़ जिसकी प्राथमिक आवश्यकता हो, वह क्या स्वाधीन व्यक्ति है?

20वीं सदी के 60 के दशक में मुक्ति का यह प्रश्न मात्र भारत के इस कवि का नहीं था। मार्क्यूज़ अपने निबन्ध में कहते हैं कि युवा विद्रोहियों को मालूम है कि उनकी पूरी ज़िन्दगी ही दाँव पर लगी हुई है, इनसानों की ज़िन्दगी जो राजनेताओं, मैनेजरों और जनरलों का खिलौना बन गई है। विद्रोही इस जीवन को इनके हाथों से ले लेना चाहते हैं और उसे जीने लायक़ बनाना चाहते हैं। उन्हें अहसास है कि यह अभी भी मुमकिन है और इस लक्ष्य को हासिल करने के लिए एक संघर्ष ज़रूरी होगा जो एक आज़ाद ऑर्वेलियाई दुनिया में छद्म जनतंत्र के क़ायदों और रस्मों में बँधकर नहीं किया जा सकता। हमें जॉर्ज ऑर्वेल का उपन्यास '1984' बार-बार याद आता है। हर जनतंत्र में '1984' की आशंका है।

जनतंत्र के शुरू होते ही अहसास होने लगता है कि इसमें कुछ है जो नक़ली है। आदमी ख़ुद को ख़ुद से आज़ाद ताक़तों से पाबन्द पाता है जो उसे यक़ीन दिलाती हैं कि वे जो क़ायदा बना रहे हैं, वह उसकी भलाई के लिए ही है, उसे सुरक्षित रखने के लिए है। मनुष्य को मात्र आर्थिक इकाई में शेष कर देना जनतंत्र की सबसे बड़ी विफलता है :

केवल वर्तमान में जीते हैं अब समस्त प्रजाजन
मर जाते हैं अतीत में और भविष्य में मर जाते हैं
भीड़ जुलूस लाठी चार्ज जन आन्दोलन आम सभाओं के श्रोता वक्ता भोक्ता

गेहूँ के सिवा कोई बात नहीं करते
आदमी चन्द्रमा को बना ही डाले अपना उपनिवेश
आदमी ईश्वर शैतान धर्म नीति से स्वाधीन हो जाए क्या होता है
...
आदमी ख़ुद बिके अथवा बेच ही डाले अपनी स्त्री अपनी आँखें
अपना देश
मगर भीड़ अब खाने के लिए गेहूँ
और सो जाने के लिए गंदे बिस्तरे के सिवा कोई बात नहीं
कहती है
प्रजाजनों के शब्दकोश में नहीं रह गए हैं दूसरे शब्द दूसरे वाक्य
दूसरी चिन्ताएँ नहीं रह गई हैं

किन दूसरी चिन्ताओं की बात कविता कर रही है? और कवि की चिन्ता क्या है :

...अभी मैं चुप हूँ और अभी मैं चिन्ताग्रस्त हूँ
केवल यह तमाशा देखता हूँ मैं अभी लोग किस तरह
ऊँची दीवारों पर सीढ़ियाँ-दर-सीढ़ियाँ लगाकर
उस पार कूद जाते नहीं आँखें बन्द किये पेट और पिंडलियों पर रखे हुए
दोनों हाथ
और हाथों में अपना ही कटा हुआ सिर आत्मरति और
परपीड़ा के लिए...

इस इनसान का सपना तो नहीं था! अपने इर्द-गिर्द दीवार उठाकर व्यक्ति सुरक्षित होता है या अकेला होता है? वह ख़ुद को दूसरों से इनसानी रिश्ते में जोड़ता है या उनके प्रति सन्देह की दूरी बना लेता है? क्या वह जनतंत्र के नाम पर ऐसा जाल तो नहीं बन रहा जिससे निकलना उसके बस में नहीं रह जाएगा, वह जाल एक ऐसा समाज है जिसमें हर पड़ोसी दूसरे पर निगाह रखता है? आत्मरति और परपीड़ा, एक दूसरे के बिना नहीं। लेकिन क्या यही है वह इनसान जिसका वादा था?

जनतंत्र का पहला वादा था मुक्ति का। आत्म की मुक्ति। लेकिन हुआ क्या? क्या वह होना अवश्यंभावी था? और क्या जो हुआ उससे मुक्त नहीं हुआ जा सकता? यह बेचैन सवाल भारत में राजकमल चौधरी, अमरीका में एलेन गिंसबर्ग पूछ रहे थे। जिस रास्ते चल पड़े हैं, उससे वापस कहाँ जाएँ और कैसे :

क्यों नहीं है मेरे लिए कोई नाम कोई नदी कोई चिड़िया कोई फूल
कोई सिद्धान्त
कोई दरख़्त कोई राजनीतिक दल कोई जंगल
...
वापस लौट जाऊँ मैं जहाँ एक बार फिर से अपनी यात्रा
शुरू करने के लिए
क्यों नहीं है मेरे लिए जीने में अथवा मर जाने में कोई कारण
कोई सत्य कोई न्याय कोई आकर्षण

लौटने की शुरुआत हो सकती है अगर व्यक्ति ख़ुद को संगठन से मुक्त करे। वह प्रार्थना है उससे मुक्ति की :

संगठन और संस्थाओं के विरुद्ध हो जाना अर्थात् शासन-तंत्र और सेनाओं के
विरुद्ध हो जाना अपनी इकाई बचाने के लिए एक ही प्रार्थना

मार्क्यूज़ जिसे छद्म जनतंत्र कहते हैं या ऑर्वेलियाई आज़ादी कहते हैं उससे मुक्त होना पहली ज़रूरत है क्योंकि उसे भ्रम होता है कि वह जीवित है लेकिन

आदमी को तोड़ती नहीं हैं लोकतांत्रिक पद्धतियाँ केवल पेट के बल
उसे झुका देती हैं धीरे-धीरे अपाहिज
धीरे-धीरे नपुंसक बना लेने के लिए उसे शिष्ट राजभक्त देशप्रेमी नागरिक बना लेती हैं

ख़ुद को शिष्ट राजभक्त देशप्रेमी नागरिक के रूप में शेष होने से कैसे बचाएँ? राजकमल चौधरी के इस संसार से विदा लेने के 60 साल बाद क्या उनका यह सुझाव सुना नहीं जाना चाहिए?

आदमी को इस लोकतंत्री संसार से अलग हो जाना चाहिए
चले जाना चाहिए कस्साबों गांजाख़ोर साधुओं
भिखमंगों अफ़ीमची रंडियों की काली और अंधी दुनिया में मसानों में अधजली लाशें नोचकर
खाते रहना श्रेयस्कर है जीवित पड़ोसियों को खा जाने से
हम लोगों को अब शामिल नहीं रहना है
इस धरती से आदमी को हमेशा के लिए ख़त्म कर देने की साज़िश में

60 के दशक के कविता में इस्तेमाल किये जाने वाले शब्दों में जो स्त्री-विरोध है या दूसरे दुराग्रह हैं उनमें विद्रोही तेवर तो है, लेकिन वह जनतांत्रिक नहीं है। यह इन पंक्तियों में इस्तेमाल शब्दों या धूमिल की प्रसिद्ध पंक्ति "जिसकी पूँछ उठाई मादा पाया है" में देखा जा सकता है। इसके बारे में उसी वक़्त अशोक वाजपेयी ने सावधान किया था। भाषा में गुँथे हुए पूर्वग्रहों के साथ जनतंत्र के लिए संघर्ष कैसे किया जा सकता है?

कविता लेकिन नियमबद्धता को तोड़ने का आह्वान करती है। एक ऐसी दुनिया में रहने से इनकार जिसमें जीवित पड़ोसियों को खाने का रिवाज़ है।

इज़राइल अभी जो ग़ाज़ा में कर रहा है वह इस लोकतंत्र की आड़ में ही। पूरी जनतांत्रिक दुनिया इस धरती से आदमी को हमेशा के लिए ख़त्म कर देने की साज़िश में शामिल है। उससे अलग हुए बिना उसका सामना कैसे किया जाए? लेकिन अलग होने का मतलब क्या जनतंत्र को ही ठुकरा देना होगा? या वास्तविक जनतंत्र हासिल करना?

पूर्ण क्रान्ति पूर्ण भ्रान्ति

खिचड़ी विप्लव देखा हमने
भोगा हमने क्रान्ति विलास
अब भी ख़त्म नहीं होगा क्या
पूर्ण क्रान्ति का भ्रांति विलास
प्रवचन की बहती धारा का
रुद्ध हो गया शान्ति विलास
खिचड़ी विप्लव देखा हमने
भोगा हमने क्रान्ति विलास
मिला क्रान्ति में भ्रांति विलास

मिला भ्रान्ति में शान्ति विलास
मिला शान्ति में क्रान्ति विलास
मिला क्रान्ति में भ्रान्ति विलास

पूर्ण क्रान्ति का चक्कर था
पूर्ण भ्रान्ति का चक्कर था
पूर्ण शान्ति का चक्कर था
पूर्ण क्रान्ति का चक्कर था

टूटे सींगोंवाले साँडों का यह कैसा टक्कर था!
उधर दुधारू गाय अड़ी थी
इधर सरकसी बक्कर था!
समझ न पाओगे वर्षों तक

जाने कैसा चक्कर था!
तुम जनकवि हो, तुम्हीं बता दो
खेल नहीं था, टक्कर था!

[खिचड़ी विप्लव देखा हमने]

'खिचड़ी विप्लव देखा हमने' शीर्षक नागार्जुन की यह कविता 1975 में लिखी गई। लेकिन इसका प्रसंग 1974 का बिहार का वह आन्दोलन है जिसे 'जे.पी. एजीटेशन' के नाम से जाना जाता है। जे.पी. यानी जयप्रकाश नारायण। भारतीय स्वाधीनता आन्दोलन के लोकप्रिय नेता। आरम्भ में मार्क्सवादी और फिर समाजवादी। जवाहरलाल नेहरू के गहरे मित्रों में से एक। उनकी पत्नी प्रभावतीजी नेहरू की पत्नी कमला नेहरू की गहरी मित्र थीं। माना जाता है कि नेहरू बहुत चाहते थे कि जे.पी. उनके मंत्रिमंडल में शामिल हों। वे सम्भवतः उनमें भारत का भावी प्रधानमंत्री भी देख रहे थे। लेकिन जे.पी. ने नेहरू का आग्रह नहीं माना। अनेक दूसरे समाजवादी सहयोगी अब नेहरू के विरोधी थे। जे.पी. इनके साथ भी न रहे और उन्होंने राजनीति से ख़ुद को अलग कर लिया।

नेहरू की मृत्यु के ठीक 10 साल बाद जयप्रकाश नारायण ने राजनीति में फिर से प्रवेश किया। बिहार में छात्रों के आन्दोलन का नेतृत्व सँभालने के नानाजी देशमुख के आग्रह को वे ठुकरा न सके। नानाजी राष्ट्रीय स्वयंसेवक संघ के बड़े नेता थे। एक समय जयप्रकाश आरएसएस के कठोर, समझौताविहीन आलोचक थे। लेकिन 1974 में उन्हें जनतंत्र ख़तरे में जान पड़ा और उसे बचाने के लिए उन्होंने आरएसएस के साथ जाना अपना कर्तव्य माना। यह उनके पूर्व मित्र लोहिया की उस नीति का ही अनुसरण था जिसके अनुसार कांग्रेस को सत्ता से हटाने के लिए शैतान से भी हाथ मिलाया जा सकता था।

1974 का बिहार छात्र आन्दोलन आज़ादी के बाद हुआ कोई पहला आन्दोलन न था। उसके ठीक पहले गुजरात में छात्रों ने भ्रष्टाचार के ख़िलाफ़ आन्दोलन शुरू किया था जो बाद में नवनिर्माण आन्दोलन में बदल गया। उसके कारण और फिर मोरारजी देसाई के आमरण अनशन के दबाव में तत्कालीन प्रधानमंत्री इन्दिरा गांधी ने गुजरात की चिमनभाई पटेल की पूर्ण बहुमतवाली सरकार को बर्ख़ास्त कर दिया। इस आन्दोलन के पीछे भी आरएसएस की भूमिका की चर्चा हुई है।

यह एक बड़ा और ख़तरनाक क़दम था। गुजरात आन्दोलन की पीठ पर बिहार में छात्रों का आन्दोलन शुरू हुआ। इस आन्दोलन का क़ायदे से अब तक कोई अध्ययन नहीं हुआ है। लेकिन इसे व्यापक जन आन्दोलन में बदलने के लिए आरएसएस

द्वारा जयप्रकाश के इस्तेमाल से इनकार करना कठिन है। आरएसएस इसका श्रेय नहीं लेता। लेकिन जयप्रकाश नारायण इसी आश्वासन के साथ इस आन्दोलन का नेतृत्व सँभालने को तैयार हुए थे कि आरएसएस के स्वयंसेवक इसके सिपाही हों। उन्होंने आरएसएस को इस आन्दोलन की माँसपेशी कहा था।

आन्दोलन का तर्क जनतांत्रिक था। लेकिन जे.पी. ने इसकी महत्त्वाकांक्षा का दायरा बढ़ाते हुए इसे आज़ादी का दूसरा आन्दोलन घोषित किया। इस दूसरी आज़ादी के घोषणा पत्र या उसके तर्क के रूप में उन्होंने सम्पूर्ण क्रान्ति का प्रस्ताव पेश किया। यानी यह साधारण जन-आन्दोलन न था, भारत को एक ग़ुलामी से आज़ाद करने और पुरानी व्यवस्था को समूल नष्ट करने के मक़सद से की गई क्रान्ति थी। जे.पी. उसके सिद्धान्तकार और नेता थे।

जिस आन्दोलन की शुरुआत बिहार में भ्रष्टाचार हटाने के नाम पर हुई थी, वह जल्दी ही गुजरात की तरह सरकार की बर्ख़ास्तगी के लिए होनेवाले आन्दोलन में बदल गया। उस वक़्त बिहार के मुख्यमंत्री अब्दुल गफ़ूर थे। उनके इस्तीफ़े की माँग पर जे.पी. अड़ गए।

आन्दोलन का लोकप्रिय नारा था, 'गाय हमारी माता है, गफ़ूर उसको खाता है।' इस नारे से अब्दुल गफ़ूर के इस्तीफ़े की माँग की राजनीति को समझा जा सकता है। लेकिन जे.पी., जो एक समय आरएसएस को बर्दाश्त नहीं कर सकते थे और जिनके सम्प्रदायवाद-विरोध पर कोई सवाल नहीं कर सकता था, इस नारे को सुनते रहे। जे.पी. ने ख़ुद अब्दुल गफ़ूर की तारीफ़ की, उन्हें स्वाधीनता सेनानी बतलाया, लेकिन उनके ख़िलाफ़ अपने आन्दोलन में लग रहे इस घृणापूर्ण नारे को उन्होंने नहीं रोका।

यह मुसलमान-विरोधी नारा जे.पी. आन्दोलन लगा रहा था। लेकिन इसे यह कहकर नज़रअन्दाज़ कर दिया गया कि एक बड़ा उद्‌देश्य सामने है और वह जनतंत्र की रक्षा है। वह जनतंत्र क्या है, जिसकी रक्षा के लिए मुसलमानविरोधी घृणा का इस्तेमाल किया जाना उचित है, जे.पी. ने स्पष्ट नहीं किया। साफ़ है कि वे आरएसएस को नाराज़ नहीं करना चाहते थे। आख़िर उनकी एक सभा में उन्होंने कहा भी था कि अगर आप फ़ासिस्ट हैं तो मैं भी फ़ासिस्ट हूँ।

बाद में जे.पी. ने अपनी माँग बढ़ाकर प्रधानमंत्री के इस्तीफ़े को अपना लक्ष्य बना लिया। उन्होंने छात्रों से शिक्षा-संस्थानों के बहिष्कार का आह्वान किया और लोगों को कर न देने के लिए कहा। सेना और पुलिस को भी सरकार का हुक्म न मानने का आह्वान जे.पी. ने किया। भारत के मुख्य न्यायाधीश से भी असहयोग की अपील की।

एक तरह से यह भारत में जनतंत्र को उलट देने का आह्वान था। जे.पी. के शब्दों में क्रान्ति, सम्पूर्ण क्रान्ति। इसके आसपास इलाहाबाद उच्च न्यायालय का फ़ैसला आया जिसमें प्रधानमंत्री इन्दिरा गांधी के चुनाव को इस आधार पर रद्द कर दिया गया कि उनके चुनाव-प्रबन्धन में एक सरकारी अधिकारी शामिल थे।

देश के सामने असाधारण स्थिति उत्पन्न हो गई थी। 26 जून, 1975 को तत्कालीन प्रधानमंत्री इन्दिरा गांधी ने आपातकाल घोषित कर दिया। आम तौर पर आपातकाल को भारतीय जनतंत्र के इतिहास में बड़ा व्यवधान या दुर्घटना माना जाता है। लेकिन उसके पहले हुए उस आन्दोलन के बारे में इस दृष्टि से चर्चा नहीं होती है कि क्या वह जनतांत्रिक आन्दोलन था या वह ख़ुद भारतीय जनतंत्र को जनतांत्रिक तरीक़े से व्यर्थ कर देने का एक उपक्रम था।

नागार्जुन फणीश्वरनाथ रेणु समेत उन साहित्यकारों में थे जो इस आन्दोलन में शामिल हुए और जेल भी गए। लेकिन उन्होंने कुछ दिन बाद ख़ुद को इस आन्दोलन से अलग कर लिया। पचरूखी जेल में उनके साथ आरएसएस के लोग भी थे। नागार्जुन ने आरएसएस के साथ के इस अनुभव के बारे में लिखा,

रहा उनके बीच मैं!
था पतित मैं, नीच मैं

दूर जाकर गिरा, बेबस उड़ा पतझड़ में
धँस गया आकंठ कीचड़ में
सड़ी लाशें मिलीं,
उनके मध्य लेता रहा आँखें मींच, मैं...

यह सिर्फ़ नागार्जुन नहीं थे जो फँस गए थे। जयप्रकाश क्या स्वयं एक फंदे में जा फँसे थे? स्वेच्छा से? या क्या मामला कुछ और था? उनके मन के भीतर की कोई कुंठा? 1977 में आपातकाल रहते ही में इन्दिरा गांधी ने अचानक चुनाव का ऐलान किया। सारे विपक्षी नेताओं को रिहा कर दिया गया। जयप्रकाश जिन्होंने सम्पूर्ण क्रान्ति का आन्दोलन शुरू किया था और दलविहीन लोकतंत्र का प्रस्ताव किया था, अब एक नए गठजोड़ के नेता थे जो समाजवादियों, रूढ़िवादी कांग्रेसियों और जनसंघियों ने मिलकर बना था। क्या जे.पी. सम्पूर्ण क्रान्ति को भूल गए थे? क्या वह सिर्फ़ एक मोहक नारा था जिसका कोई वास्तविक अर्थ न था? जे.पी. के नेतृत्व में चुनाव जीतकर जनता पार्टी की जो सरकार बनी, वह किसी मायने में पिछली सरकार से बेहतर न थी। फिर जे.पी. चुप क्यों थे?

नागार्जुन ने पूछा :

पूर्ण हुए तो सभी मनोरथ
बोलो जे.पी., बोलो जे.पी.
सधे हुए चौकस कानों में
आज ठूँस ली कैसे ठेपी?

ज़ोर जुल्म की मारी जनता
सुन लो, कैसी चीख़ रही है
तुमको क्या अब सारी दुनिया
ठीक-ठाक ही दीख रही है

'सम्पूर्ण क्रान्ति' के नाम पर नौजवानों को गोलबन्द करनेवाले जे.पी. अब ख़ामोश क्यों थे? चंडीगढ़ में उनकी निगरानी करने वाले अधिकारी देवसहायम ने लिखा है कि जब वे उनसे मिलने गए तो जे.पी. बहुत निराश थे। लेकिन क्रान्तिकारी जे.पी. ने उस धोखे के बारे में जनता को क्यों नहीं बतलाया जो वे कह रहे थे कि उनके साथ किया गया। और उसके ख़िलाफ़ क्यों न उठ खड़े हुए? क्या जे.पी. कुछ और हासिल करना चाहते थे?

नागार्जुन को जे.पी. पर अब गहरा सन्देह है :

तुमने क्या चाहा था जे.पी.
क्या कुछ जी में भरा पड़ा था
सच बतलाओ, दिल के अन्दर
कैसा काँटा कहाँ गड़ा था

क्रान्ति तुम्हारी पूर्ण हो चुकी
सुफल हो चुका अमृत-महोत्सव
बोलो जे.पी., बोलो जे.पी.
पूर्ण हुए तो सभी मनोरथ!

नागार्जुन का क्रोध जैसे इस कविता में उबल पड़ा है। कदम कुआँ में जे.पी. का घर था :

नित नए मिलन हैं पुराने यारों के
घिनौने इंगित हैं रँगे सियारों के
दिखावा है, छल है
मल ही मल है
हल्ला है, शोर है, हुआँ-हुआँ है
कुआँ है, कुआँ है, कदम कुआँ है
...
इधर नहीं बढ़ना—

दुखियारे ग़मगीनो, होशियार
क्रान्ति का कुहासा है इस ओर
क्रान्ति का धुआँ है इस ओर
कदम कुआँ है इस ओर...

इससे बड़ी विडम्बना और क्या हो सकती थी कि क्रान्ति के झंडे के नीचे तमाम प्रतिक्रियावादी शक्तियाँ इकट्ठा हो गई थीं। निर्बन्ध पूँजीवाद के पैरोकार पुराने दक्षिणपंथी कांग्रेसी, धर्मनिरपेक्षता के विरोधी आरएसएस के लोग, ज़मींदारी के समर्थक : सबके सब। क्रान्ति का वादा था, हुआ यह :

चन्दन का चर्खा निछावर है इस्पाती बुलेट पर
निछावर है अगरबत्ती चुरूट पर, सिग्रेट पर
नफ़ाख़ोर हँसता है सरकारी रेट पर
फ़्लाई करो दिन-रात, लात मारो पब्लिक के पेट पर!

पुलिस आगे बढ़ी
क्रान्ति को सम्पूर्ण बनाएगी
गुमसुम है फ़ौज—
वो भी क्या आज़ादी मनाएगी

यह भी अजीब बात है कि सम्पूर्ण क्रान्ति के नारे की अर्द्ध शताब्दी के बाद भी जे.पी. की 'सम्पूर्ण क्रान्ति' का विश्लेषण नहीं किया गया है। इस बात पर भी विचार नहीं किया गया कि क्यों जे.पी. ने ख़ुद इस पर आगे ज़ोर नहीं दिया। क्या मक़सद सिर्फ़ इन्दिरा को सबक़ सिखाना था या उनसे बदला लेना था?

सम्पूर्ण क्रान्ति के नाम पर जे.पी. ने जो आन्दोलन चलाया जिसका तरुणों ने भरपूर साथ दिया, उसको पर्दा बनाकर भारत की प्रतिक्रियावादी ताक़तों ने कैसे भारत पर क़ब्ज़ा किया, इस पर ठीक से विचार नहीं हुआ है। इसके परिणाम भारतीय जनतंत्र के लिए दूरगामी होनेवाले थे।

एक दूसरी कविता 'भारतपुत्री का मुखमंडल...' में नागार्जुन जैसे भविष्यवाणी करते हैं :

नाती-पोते ही समझेंगे नानाजी की लीला
भगवा ध्वज का वो बन्धन क्या कभी पड़ेगा ढीला

'सम्पूर्ण क्रान्ति' का इन्द्रजाल दिखलाकर भारतीय जनतंत्र के गले में आज से 50 साल पहले जो भगवा ध्वज का फंदा डाला गया, वह और कस गया है और उसका दम घुट रहा है। जे.पी. ने क्या यह नहीं समझा था?

बहता हुआ ख़ून क्या कह रहा है?

[द गन इज़
नॉट इन द हैंड्स ऑफ़
द पीपुल। — जे.पी.]

एक आदमी—
दूसरे आदमी की गरदन
धड़ से अलग कर देता है

जैसे एक मिस्त्री बल्टू से
नट अलग करता है।

तुम कहते हो—यह हत्या हो रही है
मैं कहता हूँ—मेकेनिज़्म टूट रहा है

नहीं...इस तरह चेहरा
मत सिकोड़ो और न कन्धे ही
उचकाओ
मुझे मालूम है—सबूत के लिए
तुम कह सकते हो कि ख़ून
बह रहा है।
लेकिन इतना ही काफ़ी नहीं है
और ख़ून का रंग लाल है
असली सवाल है यह जानना
कि बहता हुआ ख़ून क्या कह रहा है

यह हत्याकांड नहीं है सिर्फ़ लोहे को
एक नया नाम दिया जा रहा है

और सबूत के लिए यदि तुम
देखना चाहते ही चाहते हो
तो चलो मेरे साथ जंगल भाषा के जंगल में
कविता का वह वर्जित प्रदेश
जहाँ कायरता—
एक ख़ाली तमंचा फेंककर
भाग गई है और साहस
चन्द पके हुए बालों के साथ
आगे बढ़ गया है—
अँधेरे में।

[कविता—श्रीकाकुलम]

यह धूमिल की 'कविता—श्रीकाकुलम' का अंश है। श्रीकाकुलम नक्सल आन्दोलन को जाननेवालों के लिए परिचित नाम है। वैसे ही जैसे नक्सलबाड़ी। बंगाल के एक छोटे-से गाँव के नाम पर भारत में वास्तविक जनतंत्र स्थापित करने के मक़सद से जो सशस्त्र संघर्ष 1967 में छेड़ा गया, वह अभी भी छत्तीसगढ़, झारखंड, बिहार के जंगलों में एक सपने की तरह चल रहा है।

कविता की इन पंक्तियों को पढ़िए :

एक आदमी—
दूसरे आदमी की गरदन
धड़ से अलग कर देता है

जैसे एक मिस्त्री बल्टू से
नट अलग करता है।

तुम कहते हो—यह हत्या हो रही है
मैं कहता हूँ—मेकेनिज़्म टूट रहा है

कौन-सा मेकेनिज़्म टूट रहा था? क्या वह संसदीय जनतंत्र का मेकेनिज़्म था? जिसके बारे में 'जनतंत्र के सूर्योदय में' धूमिल ने लिखा :

सिर कटे मुर्ग़े की तरह फड़कते हुए
जनतंत्र में
सुबह—
सिर्फ़, चमकते रंगों की चालबाजी है

1947 की भारत की आज़ादी के बारे में सबका ख़याल एक-सा नहीं था। दो तरह के लोग थे जो उसे असली नहीं मानते थे : एक राष्ट्रीय स्वयंसेवक संघ के लोग और दूसरे, कम्युनिस्ट पार्टी से जुड़े लोग। आरएसएस धर्मनिरपेक्ष जनतांत्रिक गणतंत्र के रूप में भारत को स्वीकार नहीं कर सकता था। कम्युनिस्ट पार्टी की समझ थी कि असली आज़ादी वर्ग-संघर्ष के बाद सर्वहारा की तानाशाही क़ायम करके ही लाई जा सकती है। आरएसएस ने तिरंगे झंडे को अशुभ माना था और कहा था कि राष्ट्रध्वज पर मात्र एक रंग होना चाहिए। उसका वह सपना अभी भी ज़िन्दा है जैसा उसके एक नेता ने हाल में कर्नाटक में कहा : भले ही 200 साल लगें, भारत पर भगवा ही लहराएगा। कम्युनिस्टों का नारा भी था, 'लाल क़िले पर लाल निशान, माँग रहा है हिन्दुस्तान।' अभी भी वह नारा लगाया जाता है जैसा फ़ैज़ अहमद फ़ैज़ की एक नज़्म कहती है, 'हम हर इक देश के झंडे पर एक लाल सितारा माँगेंगे।' कहा जा सकता है कि फ़ैज़ पूरे झंडे को लाल करने की बात नहीं कर रहे, हर झंडे पर सिर्फ़ एक लाल सितारा माँग रहे हैं। मुल्क पर मज़दूरों के हक़ की तसलीम।

आरएसएस ने अपने मुख्यालय पर आज़ादी के 53 साल बाद पहली बार तिरंगा फहराया। मार्क्सवादी कम्युनिस्ट पार्टी ने जब भारत की आज़ादी के 75वें साल में भारत में पार्टी के दफ़्तरों पर तिरंगा फहराने का निर्णय लिया तो उसे सबने नोट किया। 'डेक्कन हेराल्ड' ने लिखा कि पार्टी की स्थापना के बाद पहली बार सी पी एम मुख्यालय पर 15 अगस्त को तिरंगा फहराया जा रहा है। तिरंगा लहराने पर रोक न थी, लेकिन आम तौर पर उसे लेकर उदासीनता थी।

भारत का जनतंत्र बिना वर्ग-संघर्ष के स्थापित हुआ जनतंत्र था। अगर इसे जनतंत्र मान लें तो भी यह अधूरा था। अधूरा इसे जवाहरलाल नेहरू भी कह रहे थे और भीमराव अंबेडकर भी। राजनीतिक जनतंत्र बिना आर्थिक जनतंत्र के पूरा नहीं, यह नेहरू का ख़याल था। अंबेडकर राजनीतिक आज़ादी को सामाजिक

आज़ादी या बराबरी के बिना अपूर्ण मानते थे। दोनों ही इसके लिए संवैधानिक तरीक़ों से संघर्ष की वकालत कर रहे थे। लेकिन कम्युनिस्ट इन दोनों से अलग थे। वे वर्ग-संघर्ष के, जो बिना सशस्त्र संघर्ष के हो ही नहीं सकता था, ज़रिए असली आज़ादी लाने के संघर्ष को 1947 के बाद भी जारी रखना चाहते थे। सच्चे जनतंत्र का नमूना सोवियत संघ में ही देखा जा सकता था। भारत को उसी रास्ते चलना था।

बी टी रणदिवे के नेतृत्व में नारा दिया गया : 'यह आज़ादी झूठी है।' दो साल बाद पार्टी ने अपनी समझ बदली और सशस्त्र संघर्ष का रास्ता त्याग दिया। इतिहासकार कहते हैं कि सोवियत संघ की कम्युनिस्ट पार्टी की तम्बीह के बाद यह निर्णय लिया गया। पार्टी ने संसदीय जनतंत्र में हिस्सा लेना शुरू किया। पहले आम चुनाव में वह संसद में ताक़तवर विपक्ष बनकर उभरी। 1964 में पार्टी का विभाजन हुआ। उसके पहले माओ के नेतृत्व में चीन में साम्यवादी शासन की स्थापना हुई। जनतंत्र के बरक्स एक दूसरा प्रभावशाली मॉडल उभरा। लेकिन सोवियत संघ हो या चीन, एक पार्टी के शासन का ही मॉडल दोनों जगह था और वर्ग-शत्रु के अन्तिम सफ़ाए तक वर्ग-संघर्ष दोनों जगह चलना था।

भारत का जनतंत्र बहुदलीय संसदीय जनतंत्र होना था। किसी एक पार्टी का स्थायी वर्चस्व इस मॉडल में सम्भव न था। आरएसएस को यह क़बूल नहीं जैसा कि अब उसकी राजनीतिक शाखा भारतीय जनता पार्टी कह रही है कि वह भारतीय जनतंत्र को विपक्ष-मुक्त करना चाहती है। कम्युनिस्टों के एक हिस्से का ख़याल यह है कि चूँकि उसके पास ऐतिहासिक भौतिकवाद और द्वंद्वात्मक भौतिकवाद का ज्ञान मौजूद है जो इतिहास की और मानव-समाज की सबसे अधिक वैज्ञानिक व्याख्या है, उसे ही भारत को सही रास्ते पर ले चलने का ऐतिहासिक अधिकार है। उसे ही पता है कि इतिहास का सही पथ कौन-सा है!

भारतीय जनतंत्र के अधूरेपन के अहसास के भीतर एक कुंठा भी है : वह शत्रु का रक्त बहाए बिना हासिल की गई। आरएसएस का गांधी पर एक बड़ा आरोप है कि उन्होंने हिन्दुओं को नामर्द बना दिया। कम्युनिस्टों का एक बड़ा हिस्सा गांधी के अहिंसा के सिद्धान्त को किंचित् उपहास के साथ ही देखता है। भारत की आज़ादी क्रान्ति न थी, यह विचार उसे कुछ छोटा बना देता है।

क्रान्ति के उस ख़याल को प्राय: स्थगित करके भारतीय कम्युनिस्ट पार्टी और मार्क्सवादी कम्युनिस्ट पार्टी ने संसदीय जनतंत्र में हिस्सेदारी करना क़बूल किया। लेकिन क्रान्ति का वह विचार, वर्ग-शत्रु के रक्त से अभिषिक्त और पवित्र क्रान्ति, जीवित रहा।

संसदीय जनतंत्र में क्रान्ति की उत्तेजना न थी। सी पी एम की स्थापना के 4 साल भी न गुज़रे थे कि उसके एक सदस्य चारु मजूमदार ने इस विचार को अमली जामा पहनाने के विचार से एक अलग पार्टी का निर्माण किया। वे माओ के लोकयुद्ध के सिद्धान्त से प्रेरित थे जो किसानों की सेना बनाने और गुरिल्ला हथियारबन्द संघर्ष के ज़रिए वर्ग-शत्रुओं का सफ़ाया करके जनता का असली जनतंत्र स्थापित करता।

1967 में नक्सलबाड़ी में भूपतियों के घेराव और उन पर आक्रमण के बाद ग्रामीणों पर पुलिस की गोली चली। नक्सलवादी आन्दोलन की शुरुआत हो चुकी थी। चीन की कम्युनिस्ट पार्टी ने इसे 'भारत पर वसन्त का वज्रनाद' कहकर इसका स्वागत किया। इसके लिए कृतज्ञता के तौर पर चारु मजुमदार के नेतृत्व में गठित नई कम्युनिस्ट पार्टी ने माओ को अपना चेयरमैन घोषित किया।

हत्या या हिंसा इस क्रान्ति के लिए अनिवार्य थी। दिलीप सीमियन ने चारु मजुमदार को उद्धृत किया है, 'एक समय आएगा जब युद्धनाद होगा : जिसने वर्ग-शत्रु के रक्त से अपना हाथ नहीं रँगा है, वह कम्युनिस्ट नहीं कहा जा सकता।'

वर्ग-शत्रु के सफ़ाये का सिद्धान्त बिहार में '6 इंच छोटा करो' के रूप में लोकप्रिय हुआ। किसकी हत्या की जाएगी इसका निर्णय पार्टी का था और उस पर कोई सवाल नहीं हो सकता था। जो कम्युनिस्ट इस लाइन पर विश्वास नहीं करते, वे संशोधनवादी थे, वर्ग-शत्रुओं के सहयोगी थे और उन्हें भी 6 इंच छोटा किया जा सकता था। इस तरह नक्सलवादियों ने सी पी आई और सी पी एम के भी कई सदस्यों की हत्या की।

नक्सलवादी आन्दोलन ने प्रतिभाशाली नौजवानों को आकर्षित किया और वे सैंकड़ों की तादाद में इसमें शामिल हुए। उनके बाद सबसे ज़्यादा उत्तेजित इसने लेखकों को किया। हर भाषा में धूमिल की तरह के कवि हुए जिन्होंने रक्तपात के सिद्धान्त को वैध ठहराया।

एक-एक करके कई नक्सलवादी समूहों ने यह रास्ता छोड़ा और संसदीय जनतंत्र को स्वीकार किया। लेकिन वह विचार जीवित है। अब उसके वारिस और झंडाबरदार माओवादी हैं। लेकिन उनका यह दावा कि यह आन्दोलन आदिवासियों का है, मिथ्या है। जैसा इतिहासकार दिलीप सीमियन लिखते हैं :

> नक्सलवादी आन्दोलन भूमिहीन किसानों और आदिवासियों का आन्दोलन नहीं है जो राज्य-सत्ता को उखाड़ फेंकना चाहते हैं। यह उन लोगों द्वारा परिभाषित एक परियोजना है जो न तो किसान हैं, न ही मज़दूर और न

ही आदिवासी; लेकिन जो उनके हितों का प्रतिनिधित्व करने का दावा करते हैं। यह दावा करने का अधिकार उस पर निर्भर था जिसे शुरुआती नक्सलवादी 'क्रान्तिकारी अधिकार' कहा करते थे। यह इसलिए वैध अधिकार था क्योंकि इसे अन्तर्राष्ट्रीय कम्युनिस्ट आन्दोलन ने वैध ठहराया था, जिसका नेतृत्व चेयरमैन माओ के नेतृत्व वाली चीनी कम्युनिस्ट पार्टी के पास था।

नक्सलवादी अपनी हिंसा को इस आधार पर उचित ठहराते हैं कि उनके पास ही वैज्ञानिक विचार है और इतिहास की चाभी है। उनका विचार ही पहला और अन्तिम विचार है और उसे जो चुनौती देगा, उसे जीवित रहने का अधिकार नहीं।

यह संसदीय जनतंत्र के विचार के ठीक उलट है। वह विचारों की बहुलता और समतुल्यता पर टिका है। वे एक दूसरे से प्रतियोगिता कर सकते हैं और उन्हें स्वीकार करने न करने का अधिकार जनता का है। जनता अपने विचार बदल भी सकती है। यह अधिकार उसे नक्सलवादी नहीं देते। सत्य उनके पास है और उस सत्य से इनकार करना धर्मद्रोह है।

अभी भी इस कविता के विचार को माननेवाले हैं जो रक्तपात को जायज़ मानते हैं :

नहीं...इस तरह चेहरा
मत सिकोड़ो और न कन्धे ही
उचकाओ
मुझे मालूम है—सबूत के लिए
तुम कह सकते हो कि ख़ून
बह रहा है।
लेकिन इतना ही काफ़ी नहीं है
और ख़ून का रंग लाल है
असली सवाल है यह जानना
कि बहता हुआ ख़ून क्या कह रहा है

यह हत्याकांड नहीं है सिर्फ़ लोहे को
एक नया नाम दिया जा रहा है

बहता हुआ ख़ून क्या कह रहा है, यह कौन तय करेगा? किस ख़ून पर कन्धा उचकाया जाएगा? क्या माओवादियों द्वारा सामान्य लोगों की हत्या 'मात्र ब्योरे का मामला' है? क्यों ख़ून का लाल होना भर काफ़ी नहीं?

जनतंत्र यह कहता है कि हरेक का ख़ून लाल है और सबका मान समान है। जनतंत्र इसलिए अपने विरोधी की हत्या के सिद्धान्त को स्वीकार नहीं कर सकता। लेकिन जो सिद्धान्त हत्याकांड को यह कहकर महिमामंडित करे कि वह लोहे को नया नाम दे रहा है, उसके साथ आप जीवन कैसे साझा करें?

देवरस-दानवरस पी लेगा मानव-रस

देवरस-दानवरस
पी लेगा मानव-रस
होंगे सब विकृत-विरस
क्या षट् रस, क्या नवरस
होंगे सब विजित-विवश
क्या तो तीव्र क्या तो ठस
देवरस-दानवरस
पी लेगा मानव-रस

सर्वग्रास-सर्वत्रास
होगा अब इतिहास
फैलाएगा उजास
पशु-विप्लव पशु-विलास
जन-लक्ष्मी अति उदास
छोड़ेगी ऐन उसाँस
चरेगी हरी घास

संस्कृति की गलित लाश
कूड़ों के आसपास
ढूँढ़ेंगे प्रात-राश
ग्रामदास-नगरदास
देखेगा जग विकास
अन्त्योदय-अन्त्यनाश

होगा अब इतिहास
सर्वत्रास-सर्वग्रास!

[देवरस-दानवरस]

नागार्जुन की कविता 'देवरस-दानवरस' 1978 में लिखी गई थी। कविता में नागार्जुन का क्रोध मुखर है। देवरस वास्तव में दानवरस है और वह मानवरस को पी जाएगा। इतना ही नहीं, सारे रस, चाहे षट् रस या नवरस, सब विजित और विवश हो जाएँगे। कूड़े के आसपास संस्कृति की सड़ी हुई लाश का दृश्य बीभत्स है।

यह सब देवरस के कारण है। लेकिन देवरस क्या है या कौन है?

इस कविता को समझने के लिहाज़ से इसका सन्दर्भ जानना ज़रूरी है। देवरस एक व्यक्तिवाचक संज्ञा है : मधुकर दत्तात्रेय देवरस का लोकप्रिय नाम था बालासाहब देवरस। देवरस की प्रसिद्धि का कारण है उनका राष्ट्रीय स्वयंसेवक संघ का सरसंघचालक होना। वे 1964 से 1994 तक आरएसएस के प्रमुख रहे। देवरस के नेतृत्व में आरएसएस भारत की राजनीति की मुख्यधारा में स्वीकृत हुआ, देवरस के नेतृत्व में ही विश्व हिन्दू परिषद का गठन और विस्तार हुआ, देवरस के नेतृत्व में ही रामजन्मभूमि अभियान चला और बाबरी मस्जिद का ध्वंस किया गया। यह कहा जा सकता है कि भारत या भारतीय जनतंत्र आज जिस अवस्था में है उसके लिए बहुत कुछ देवरस ज़िम्मेवार हैं।

कविता में भले ही व्यक्तिवाचक संज्ञा के रूप में देवरस का ज़िक्र है, कविता आरएसएस के बारे में है। देवरस मात्र उसके लिए प्रतीक है।

'देवरस-दानवरस' 1978 में लिखी गई थी। भारतीय जनतंत्र की यात्रा में यह वर्ष, या काल-खंड बहुत महत्त्वपूर्ण है। 1977 में पहली बार एक ग़ैरकांग्रेसी दल या गठबन्धन 'जनता पार्टी' ने संघीय सरकार बनाई थी। जनता पार्टी समाजवादियों, दक्षिणपंथी कांग्रेसियों और जनसंघ के विलय से बना दल था। इन सबमें जनसंघ की स्थिति विशेष थी। यह था तो भारत के संसदीय गणतांत्रिक सिद्धान्तों के तहत काम करनेवाला एक राजनीतिक दल, लेकिन यह दूसरे राजनीतिक दलों की तरह मात्र एक राजनीतिक दल नहीं था। यह आरएसएस की राजनीतिक शाखा था। पहली बार आरएसएस भारतीय जनतंत्र का लाभ उठाकर सत्ता में आ गया था। वही आरएसएस जो भारतीय जनतंत्र के उस स्वरूप के विरुद्ध था जो संविधान ने निर्धारित किया था। वह तिरंगे के ख़िलाफ़ था और संविधान के ख़िलाफ़ था। अब वह सत्ता में था।

आरएसएस का उद्देश्य भारत के धर्मनिरपेक्ष जनतांत्रिक गणतंत्र को हिन्दू राष्ट्र बनाना था और है। इस तरह यह भारत के बुनियादी उसूल के ही ख़िलाफ़ है। आरएसएस के अनुसार भारत पर पहला अधिकार हिन्दुओं का है, जैसा उन्हें वह परिभाषित करता है। हिन्दू संगठन भारत की भलाई के लिए आवश्यक है। लेकिन हिन्दू कौन हैं?

1974 में देवरस ने अपने एक भाषण में हिन्दू को परिभाषित किया। देवरस के मुताबिक़ हिन्दू कौन है, इसका उत्तर तभी मिल सकता है जब यह जान लिया जाए कि कौन-कौन हिन्दू नहीं है। इसके लिए देवरस ने एक दिलचस्प तरीक़ा खोजा। 1956 में भारत की संसद ने जो हिन्दू कोड बिल पारित किया था वह मुसलमानों, ईसाइयों और यहूदियों के निजी मामलों पर लागू नहीं होता। तो इन्हें छोड़कर सब हिन्दू हैं। नीलांजन मुखोपाध्याय ने आरएसएस पर अपनी किताब में देवरस को उद्धृत करते हुए लिखा है कि वे अपने और आरएसएस के मक़सद को लेकर बिल्कुल साफ़ थे :

> हम सारे हिन्दुओं को एकत्र और संगठित करना चाहते हैं। संगठन का मतलब भीड़, कोई मंच या सभा नहीं होता। संगठन का मतलब है लोगों को साथ लाना और उन्हें साथ रहने के उद्देश्य के बारे में जागरूक करना।

हिन्दुओं के संगठन का उद्देश्य क्या हो सकता था? 1947 में भारत से अंग्रेज़ों के जाने और बँटवारे के समय की खूँरेजी और आबादी की अदला-बदली के समय आरएसएस की भूमिका पर काफ़ी कुछ लिखा गया है। उस वक़्त आरएसएस ने नवनिर्मित पाकिस्तान से आनेवालों को दो हिस्सों में बाँटा था : घुसपैठिए और शरणार्थी। यह कोई ताज्जुब की बात नहीं कि आज 75 साल बाद भी आरएसएस और उसकी राजनीतिक शाखा भाजपा द्वारा घुसपैठिया सबसे अधिक इस्तेमाल किये जानेवाले शब्दों में एक है। दो शब्द आरएसएस के कोश के हैं : आक्रांता और घुसपैठिया। आरएसएस की कूटभाषा में ये शब्द मुसलमानों के लिए इस्तेमाल होते हैं। जैसे बाद में बाबर की औलाद या औरंगज़ेब की औलाद।

1947 में भारत को परिभाषित करने के लिए दो विचार एक दूसरे से प्रतियोगिता कर रहे थे। एक विचार था भारत का, ऐसे राष्ट्र का जो यहाँ रहनेवाले सारे लोगों का है और दूसरा विचार यह था कि भारत हिन्दू राष्ट्र है। भारतीय जनतंत्र क्या धार्मिक अथवा सांस्कृतिक राष्ट्रवाद को स्वीकार करेगा या सामाजिक राष्ट्रवाद को? गांधी, सुभाष बोस, सरोजिनी नायडू, मौलाना आज़ाद, नेहरू, पटेल जैसे नेता सामाजिक राष्ट्रवाद के समर्थक थे और आरएसएस या हिन्दू महासभा धार्मिक या सांस्कृतिक राष्ट्रवाद के।

पाकिस्तान के निर्माण और उसके पहले जिन्ना की सीधी कार्रवाई ने मुसलमानों के ख़िलाफ़ हिंसा के ज़रिए उन्हें भारत से खदेड़ने का मौक़ा पैदा कर दिया था। आरएसएस इस मौक़े का इस्तेमाल कर भारत को मुसलमानों से ख़ाली करके हिन्दू राष्ट्र बनाने की तैयारी कर रहा था। वह आबादी की अदला-बदली के सिद्धान्त के पक्ष में था। लेकिन इस रास्ते में गांधी और नेहरू बड़ी बाधा थे। गांधी मुसलमानों पर हिंसा और उन्हें भारत से बेदख़ल करने के ख़िलाफ़ अपनी मुहिम में दिल्ली में डेरा डाले बैठे थे।

आरएसएस के तत्कालीन प्रमुख गोलवलकर ने गांधी को चेतावनी देते हुए कहा था कि ज़रूरत पड़ने पर उन्हें ख़ामोश भी किया जा सकता है। इसके कुछ दिन बाद ही नाथूराम गोडसे ने गांधी की हत्या कर दी। आरएसएस ने ख़ुद को गोडसे से अलग कर लिया और गांधी की मृत्यु के बाद 13 दिन का शोक घोषित किया। लेकिन नागार्जुन इसे उसका छल बतला रहे थे :

कौन बताए कालनेमि की लीला अपरम्पार
काली टोपी जला-जला वह आज कर रहा
तेरी जय-जयकार?

रोकर धोकर ठोक ठठाकर
तेरह दिन तक शोक मनाकर
भले और कुछ नहीं हुआ हो
भस्मासुर की आयु तो बढ़ी!

[शपथ]

यह भस्मासुर या कालनेमि आरएसएस है।

गांधी, जिनसे आरएसएस की घृणा का नतीजा उनकी हत्या था, अब उसके लिए प्रातःस्मरणीय हो गए। इस कपट पर नागार्जुन का क्रोध बरस पड़ता है :

आहत बापू,
मृत्यु-समय की तेरी सौम्य मुखाकृति की ही
छवि उतारकर
रुद्ध कंठ हो, सजल नेत्र हो
जन-समूह से माँग रहा है भीख क्षमा की
गाँव-गाँव में

नगर-नगर में
सत्य अहिंसा शान्ति और करुणा, मानवता
तेरी बनी बनाई टिकिया बाँट रहा है
साँझ-सवेरे
यातुधान की अद्‌भुत माया मुझसे कही न जाए

[शपथ]

आरएसएस के किसी भी कार्यकर्ता से अगर ईमानदारी से पूछा जाए तो वह बतलाएगा कि वह गांधी से घृणा करता है। इसलिए कि उन्होंने बँटवारा नहीं रोका, भारत को हिन्दू राष्ट्र नहीं बनने दिया और हिन्दू मर्दों को अपनी अहिंसा से नपुंसक बना दिया। इसलिए भी कि उन्होंने जाति के आधार पर भेदभाव के ख़िलाफ़ संघर्ष किया। गांधी को हिन्दू धर्म को दूषित और दुर्बल करने का अपराधी मना जाता है। यह कोई नहीं पूछता कि ख़ुद आरएसएस ने बँटवारा रोकने के लिए क्या किया। बल्कि वह तो बँटवारे का लाभ उठाकर भारत को हिन्दू राष्ट्र बनाने का सपना देख रहा था।

गांधी की हत्या के बाद गृहमंत्री सरदार पटेल ने आरएसएस को प्रतिबन्धित किया। उनकी सहानुभूति आरएसएस के प्रति थी क्योंकि उन्होंने गोलवलकर को कहा कि आरएसएस के सदस्यों को कांग्रेस में शामिल हो जाना चाहिए। उन्होंने कहा कि यदि आरएसएस भारत के संविधान की शपथ ले और राजनीति से ख़ुद को अलग कर ले तो उस पर लगा प्रतिबन्ध हटाया जा सकता है। यह शर्त मान तो ली गई, लेकिन गोलवलकर ने बाद में हर जगह कहा कि उन्होंने कोई वचन भारत सरकार को नहीं दिया है। आरएसएस ख़ुद को सांस्कृतिक संगठन कहता रहा और आज भी कहता है। लेकिन उसकी गहरी दिलचस्पी भारत का स्वरूप बदलने में है जो बिना राजनीति के नहीं हो सकता। इसके लिए उसने पहले जनसंघ और बाद में भारतीय जनता पार्टी का सहारा लिया।

भारतीय जनतंत्र का बुनियादी सिद्धान्त धर्मनिरपेक्षता है। उसका एक महत्त्वपूर्ण पक्ष है अल्पसंख्यकों के अधिकारों की रक्षा। लेकिन आरएसएस का लक्ष्य इसके ठीक ख़िलाफ़ हिन्दू राष्ट्र की स्थापना है। वह कभी मुसलमानों और ईसाइयों को हिन्दू कहता है, कभी उन्हें घुसपैठिया, अवांछित बतलाता है। वह कभी कहता है कि उनका अधिकार बराबर है और कभी यह कहता है कि उनकी जनसंख्या हिन्दुओं के लिए ख़तरा है।

आरएसएस हिन्दुओं को लगातार यह समझाता है कि उनके हित और मुसलमानों के हित परस्पर विरोधी हैं। यह बात सबसे फूहड़ और हिंसक तरीक़े से 2024 के

चुनाव प्रचार में आरएसएस के पूर्व प्रचारक और अभी भारत के प्रधानमंत्री नरेन्द्र मोदी ने कही। वे हिन्दू मतदाता को यह कहकर डरा रहे हैं कि अगर कांग्रेस सत्ता में आ गई तो उनकी सम्पत्ति वह मुसलमानों को दे देगी।

जनतंत्र साझा हितों के निर्माण की परियोजना है। आरएसएस इस साझेपन के ख़िलाफ़ है। उसके मुताबिक़ मुसलमान अगर पढ़ रहे हैं, अगर ज़मीन ख़रीद रहे हैं, अगर सरकारी नौकरी हासिल कर रहे हैं तो यह सब उनकी एक सामूहिक साज़िश है भारत पर क़ब्ज़ा करने की।

आरएसएस इस तरह भारत में किसी साझा मानवता की सम्भावना से इनकार करता है। यह जनतंत्र के उसूल के ख़िलाफ़ है। जनतंत्र का अर्थ है बहुलता, विविधता, विभिन्नता, यहाँ तक कि परस्पर विरोधी मतों का सह-अस्तित्व। आरएसएस इसके ख़िलाफ़ है। नागार्जुन के मुताबिक़ आरएसएस का मुसलमान और ईसाई-विरोध वास्तव में मानवता-विरोध है :

देवरस-दानवरस
पी लेगा मानव-रस
होंगे सब विकृत-विरस
क्या षट् रस, क्या नवरस
होंगे सब विजित-विवश
क्या तो तीव्र क्या तो ठस
देवरस-दानवरस
पी लेगा मानव-रस

1974 में आरएसएस के आमंत्रण पर कांग्रेस विरोधी आन्दोलन का नेतृत्व करने को जयप्रकाश नारायण तैयार हुए। एक समय ख़ुद वे इसके सख़्त विरोधी थे। अभी उन्होंने भोली शर्त रखी कि वह अपना दरवाज़ा ग़ैरहिन्दुओं के लिए खोलेगा। आरएसएस ने इसका पालन भी वैसे ही किया जैसे उसने पटेल को दिये अपने वचन का पालन किया था।

नागार्जुन देख पा रहे थे कि आरएसएस भारत को पूरी तरह विकृत कर देगा :

होंगे सब विकृत-विरस
क्या षट् रस, क्या नवरस
होंगे सब विजित-विवश

दावा उसका सांस्कृतिक उन्नयन का है। लेकिन होगा यह :

संस्कृति की गलित लाश
कूड़ों के आसपास
ढूँढेंगे प्रात-राश
ग्रामदास-नगरदास
देखेगा जग विकास
अन्त्योदय-अन्त्यनाश
होगा अब इतिहास
सर्वत्रास-सर्वग्रास!

सर्वत्रास! नागार्जुन जो 1978 में देख रहे थे, उस सर्वग्रासी त्रास के ताप से भारतीय जनतंत्र आज जल रहा है। उससे उसकी मुक्ति कैसे होगी?

एक चौथाई सदी खड़ी है तीन सदियों के मलबे पर

ऐसा नहीं है कि सारे कुकर्म समाजवादियों ने ही किये हों
अर्धवाम तो वे थे ही राष्ट्रभक्त और सर्वधर्मसमभावक थे ही
उनकी कुछ गाढ़ी दोस्तियाँ मार्क्सवादियों से भी थीं मुसलमानों से भी
और मैकालेपरस्तों से भी कोई ज़ाती रंजिश तो न थी
उन्होंने हमेशा सिद्धान्त की लड़ाई को
सिद्धान्त तक रखा—मर्यादा न तोड़ी...
संघी राज अकेला उन्हीं का लाया हुआ तो नहीं भाई, मोदी सम्भावना क्या उन्हीं के चाहने से आई? पीछे की बात करें तो क्या करते लोहिया और जे.पी.
मामला पतन और गिरावट का नहीं युगीन नियति का है
समाजवाद की बातें हवा हुईं धर्मनिरपेक्षता बचाए नहीं बच रही...
सामाजिक न्याय की शक्तियों का हाल आपने देख ही लिया कि जहाँ
'ताक़त ही ताक़त है... चीख़ नहीं'—क्या तो नाम है कवि का जिसने यह कहा?
रही बात कम्युनिस्टों की तो कम्युनिस्टों में भी अब क्या बचा रहा है!
ऐसा नहीं है कि हिन्दुस्तान में हम आप ही को नज़र आती हो बदतरी
ऐसा भी नहीं है कि हिन्दुस्तान ही में निवास करती हो ये बदतरी।
यह एक चौथाई सदी खड़ी है तीन सदियों के मलबे पर
न मुक्ति की बात रही न मुक्ति-संग्राम की
औद्योगिक हड़ताल कैसी गर्वीले कामगार कहाँ
पूँजी पूँजी न रही, वित्त ही वित्त है अब
किस दुनिया में रहते हो साथी मज़दूर वर्ग अब एक मिथ है
वर्ग भी मिथ है मिथ हमेशा मिथ थी पर जब तक थी अच्छी थी
लाल लाल लहरा लिया जब तक लहरा लिया

कहते हैं सभी विज्ञजन—समाजविज्ञानी, इतिहासज्ञ, मीडिया-विशेषज्ञ
अभियंता, चिकित्सक, खिलाड़ी, और—सच तो यह है—ख़ुद आप...सिर्फ़
हमीं नहीं।
...
हमारे ज़माने में विमर्श है अमर्ष भी ख़ूब है किसी का लेकिन पक्ष पता नहीं
चलता
कौन कहाँ जाकर मिलता है किसी से, कितनी देर लगा रहता है फ़ोन पर नेट पर
किसकी कितनी ऊर्जा जाती है हिसाब-किताब में
चाल-चलन मापने के ये पैमाने व्यवस्था के काम आते हैं जीविका से इनका
क्या रिश्ता
सच्ची मेहनत सच्ची आग सच्चा अनाज सच्चे आँसू ऐसे नहीं आते
अचानक ख़ून के धब्बों की तरह उभरती हैं ख़ाली जगहें कभी यहाँ कभी वहाँ
जिन्हें भरने दौड़ते हैं वे जन जिनके कन्धे पर गमछा बग़ल में बच्चा नहीं
मेट्रो में मिला नए अर्थतंत्र में काम करता उन्नीस साला लड़का कहता है
क्या अन्याय सर,
आप ही बताओ व्यवस्थाएँ कहीं चला करती हैं
अन्याय के बिना!
क्या तुम किसी ग़रीब के बेटे नहीं? सुनकर वह आपा खो देता है
ग़रीब क्यों होने लगे हम अंकल जी, आपने मेरे को कमूनिस्ट समझा है क्या?
ऐसे मूड में है हमारा नौजवान, यही उसका प्रतिरोध है
यों मुकम्मल होती है सादर प्रणाम से शुरू हुई बात।
एक चौथाई सदी खड़ी है तीन सदियों के मलबे पर
प्रतिपक्ष है जहाँ स्त्री नहीं, स्त्री है जहाँ प्रतिपक्ष नहीं, और स्त्री मैं है स्त्री वह नहीं
स्त्री का शोर ही जहाँ स्त्री है ख़ामोशी स्त्री नहीं है संशय मनुष्यता नहीं
पितृसत्ता का विनाश भी अब एक ख़राब-सा जुमला होकर रह गया है
जो विरोध की लाचारी बताता है जिसे सबसे पहले संरक्षण चाहिए और
अन्त में संरक्षण
अदालत में पेश हो तो पुलिस के साथ, थाने जाना हो तो वकील के हमराह
पीछे ग़ैर भरोसेमन्द-सी एक ओ. बी. वैन।
जो लोग पर्दों पर निगाह गड़ाए रहते हैं यक़ीन मानिए पर्दा भी उन्हीं को देखता है
टेक्स्ट और ओरल तक न रह जाइए जानिए विज़ुअल डिजिटल वर्चुअल
ऐसा तादात्म्य इतिहास में कभी देखा नहीं गया कि यह दैनिक चमत्कार है

हिन्दुस्तान भी बस एक चमत्कार ही है दलालों ने हर चीज़ को खेल में बदल दिया है
विडियो गेम से उकताते हैं तो मुसलमानों को मारने के लिए निकल पड़ते हैं और जो रास्ते में आता है कहते हैं हम आपको देख लेंगे नम्बर आपका भी आएगा जी।
हम बार-बार बोल चुके हैं—ज़ोर से कहता है एक दलित विमर्शकार—
हिन्दू मुस्लिम मामला खुली धोखाधड़ी है, साफ़ मिली-भगत है दोनों पक्षों की ताकि दलितों का पक्ष सामने न आने पाए, थोड़ी बहुत मारकाट से क्या फ़र्क़ पड़ता है
असली लड़ाई दलितों की है, मियाँ लोगों की नहीं।
यह एक चौथाई सदी खड़ी है तीन सदियों के मलबे पर
खुला मैदान है कहीं भी मूत लो, किधर भी निपट आओ
असल सचाई तो ये है कि
जो उत्तरसत्य पर ईमान लाए, है वही इस ज़मीन का सच्चा नागरिक।

[ऐसा नहीं है]

असद ज़ैदी की कविता 'ऐसा नहीं है' में वह क्या है जो इसे कविता बना देता है, कहना कठिन है। आलोचना को ऐसे वक़्त यह कहने की विनम्रता और साहस होना चाहिए कि वह उस नियम को नहीं जानती। बस! अपने दीर्घ काव्यानुभव-अभ्यास के आधार पर यह कह सकती है कि यह कविता है। रघुवीर सहाय के शब्दों में कहें तो शायद यह इसलिए कविता है कि पाठक को मूड़ मटकाने नहीं देती। कविता निष्ठुरता से उस वैचारिक यथार्थ को व्यक्त करती है जो आज के भारत के जनतंत्र का यर्थाथ है।

21वीं सदी में भारतीय जनतंत्र एक वैचारिक दलदल में फँस गया है। यहाँ वह कैसे पहुँचा और क्यों अब कोई रास्ता नहीं दिखलाई देता? क्यों अब किसी भी विचार का सहारा नहीं, क्यों हर चीज़ व्यर्थ मालूम होती है? रघुवीर सहाय अपनी एक कविता में आज के सबसे महत्त्वपूर्ण प्रश्न को पहचानने को कहते हैं। यह कविता भी भारतीय जनतंत्र के सबसे महत्त्वपूर्ण प्रश्न को चिह्नित करने की कोशिश करती है।

असली सवाल है कि किसका पक्ष कौन-सा है :

हमारे ज़माने में विमर्श है अमर्ष भी ख़ूब है किसी का लेकिन पक्ष पता नहीं चलता

पक्ष जनतंत्र में बदले जा सकते हैं, लेकिन क्या उस तरह जैसे समाजवादियों ने या सामाजिक न्यायवादियों ने बदले हैं? कविता समाजवादियों पर व्यंग्य के साथ शुरू होती है। समाजवादी सब कुछ थे : अर्धवाम, राष्ट्रभक्त, सर्वधर्मसमभावक, और सबके मित्र भी थे : चाहे वे मार्क्सवादी हों, या मुसलमान या मैकालेपरस्त।

समाजवादियों का दावा था कि वे जनतंत्र में जड़ता के विरुद्ध हैं। इसलिए उनकी राजनीतिक मित्रता किसी से भी स्थिर नहीं हो सकती। सिद्धान्त चूँकि जनतंत्र के निरन्तर नवीकरण का है इसलिए वे किसी से भी मित्रता छोड़ सकते हैं और किसी तरह की मित्रता कर सकते हैं। इसका सिद्धान्तीकरण राममनोहर लोहिया ने किया था। और उसका सबसे प्रतिनिधि नमूना लोहियावादी नीतीश कुमार हैं। लेकिन असल बात है सिद्धान्त को सिर्फ़ सिद्धान्त ही मानना, उसे व्यवहार में न बदलना। जे.पी. हों या लोहिया या उनके शिष्य, सबने जनतांत्रिक तर्क के सहारे जनसंघ और भारतीय जनता पार्टी से गठजोड़ किया। यह जनतांत्रिक तर्क धर्मनिरपेक्षता के ख़िलाफ़ जाता हो तो वे कर ही क्या सकते थे? अगर इस जनतांत्रिक रास्ते से फ़ासीवाद आ जाए तो वे क्या करें? उनका धर्म तो जनतंत्र है :

संघी राज अकेला उन्हीं का लाया हुआ तो नहीं भाई, मोदी सम्भावना
क्या उन्हीं के चाहने से आई? पीछे की बात करें तो क्या करते लोहिया
और जे.पी.
मामला पतन और गिरावट का नहीं युगीन नियति का है

जनतांत्रिक प्रक्रिया से नरेन्द्र मोदी के उदय को भी 'युगीन नियति' ही मान लें! इसके लिए तर्क यह भी दिया जाता है कि यह मात्र भारत की नहीं पूरी दुनिया की परिघटना है :

ऐसा नहीं है कि हिन्दुस्तान में हम आप ही को नज़र आती हो बदतरी
ऐसा भी नहीं है कि हिन्दुस्तान ही में निवास करती हो ये बदतरी।
यह एक चौथाई सदी खड़ी है तीन सदियों के मलबे पर

जब भारत में फ़ासीवादी उभार पर अफ़सोस जताया जाता है तो तर्क दिया जाता है कि दुनिया में हर तरफ़ ताकतवर नेता, राष्ट्रवाद का उभार हो रहा है, भारत इससे कैसे बच सकता है। क्या यह एक स्वतः चलित प्रक्रिया है या इसके पीछे कुछ लोगों के कुछ निर्णय हैं? भारत में फ़ासीवाद का रास्ता हमवार करनेवाले क्या अपने पक्ष में यही तर्क देकर सन्तुष्ट हो रहेंगे?

लोहिया और जे.पी. ने राष्ट्रीय स्वयंसेवक संघ के साथ जाने के अपने निर्णय को इस तर्क के सहारे उचित ठहराया कि इसी रास्ते बदलाव आ सकता था और जनतंत्र बचाया जा सकता था। उसी तरह 2014 में नरेन्द्र मोदी को चुनने के लिए तर्क दिया गया कि आख़िर यह जनतांत्रिक अधिकार है और मोदी को न चुनने के लिए कहना इस अधिकार का हनन है! इस तर्क के अनुसार जनतंत्र और धर्मनिरपेक्षता में एक को ही चुना जा सकता था या धर्मनिरपेक्षता को स्थगित किया जा सकता था।

जनतंत्र के नाम पर अब कोई भी पक्ष लिया जा सकता है। इसका एक कारण यह भी है कि अब किसी चीज़ के कोई मायने नहीं : न मुक्ति, न समानता, न धर्मनिरपेक्षता, न पूँजी, न मज़दूर : सारे शब्द और अवधारणाएँ व्यर्थ हो चुकी हैं :

यह एक चौथाई सदी खड़ी है तीन सदियों के मलबे पर
न मुक्ति की बात रही न मुक्ति-संग्राम की
औद्योगिक हड़ताल कैसी गर्वीले कामगार कहाँ
पूँजी पूँजी न रही, वित्त ही वित्त है अब
किस दुनिया में रहते हो साथी मज़दूर वर्ग अब एक मिथ है
वर्ग भी मिथ है मिथ हमेशा मिथ थी पर जब तक थी अच्छी थी

चूँकि हर बात ही मिथ है इसलिए अब किसी का मूल्य किसी से अधिक नहीं और किसी मूल्य के लिए संघर्ष का भी कोई अर्थ नहीं। जब यह सब बेकार है तो किसी भी तरह का समझौता स्वीकार्य होना चाहिए।

कविता एक असुविधाजनक सवाल उठाती है कि क्यों अस्मिता के सारे संघर्ष एक स्तर पर सतही और अर्थहीन हो गए? जो सबसे मुक्ति का सबसे बड़ा संघर्ष था, दलित मुक्ति का, क्यों उसने भी साम्प्रदायिकता से समझौता कर लिया?

क्यों भारत की राजनीति, मुक्तिकारी राजनीति भी, मुसलमानों के ख़िलाफ़ की जा रही हिंसा को कम करके दिखलाना चाहती है? क्यों वह कहती है कि यह हिंसा वास्तविक नहीं है। मुसलमानों के ख़िलाफ़ हिंसा सिर्फ़ ध्यान बँटाने के लिए की जाती है :

ज़ोर से कहता है एक दलित विमर्शकार—
हिन्दू मुस्लिम मामला खुली धोखाधड़ी है, साफ़ मिली-भगत है दोनों पक्षों की ताकि दलितों का पक्ष सामने न आने पाए, थोड़ी बहुत मारकाट से क्या फ़र्क़ पड़ता है
असली लड़ाई दलितों की है, मियाँ लोगों की नहीं।

तो समाजवादी से लेकर दलित-मुक्ति के योद्धा भी जिस प्रश्न को नक़ली मानते हैं, वह है अल्पसंख्यक या मुसलमानों के अधिकार का प्रश्न। समाजवादी मानते हैं कि यह असली मुद्दे यानी जनतंत्र से ध्यान बँटाने की साज़िश है। दलित मुक्ति के सिद्धान्तकार कहते हैं कि असली मसला यह है ही नहीं, यह दलितों के अधिकार के संघर्ष को पीछे करने की साज़िश भर है। जैसे समाजवादी सत्ता में जाने के लिए आरएसएस का साथ लेना जायज़ मानते हैं, वैसे ही दलित पार्टियाँ भी कहती हैं कि उनके लिए अभी सत्ता में जाना ज़रूरी है क्योंकि उनका असल सवाल सत्ता में भागीदारी का है। धर्मनिरपेक्षता उनकी प्राथमिकता नहीं है और न उसे बचाना उनकी ज़िम्मेदारी है।

एक बेपरवाह, उत्तरदायित्वहीन इकाई पैदा हो रही है जिसे जनतंत्र का वोटर कहते हैं। यह मात्र देखने वाला है :

जो लोग पर्दों पर निगाह गड़ाए रहते हैं यक़ीन मानिए पर्दा भी उन्हीं को देखता है
टेक्स्ट और ओरल तक न रह जाइए जानिए विज़ुअल डिजिटल वर्चुअल
ऐसा तादात्म्य इतिहास में कभी देखा नहीं गया कि यह दैनिक चमत्कार है

इसका नतीजा यह है :

हिन्दुस्तान भी बस एक चमत्कार ही है दलालों ने हर चीज़ को खेल में बदल दिया है
विडियो गेम से उकताते हैं तो मुसलमानों को मारने के लिए निकल पड़ते हैं
और जो रास्ते में आता है कहते हैं हम आपको देख लेंगे नम्बर आपका भी आएगा जी।

मुसलमानों की मनचाहे वक़्त और जगह पर हत्या या उन पर हिंसा आज के भारत की पहली सच्चाई है। लेकिन बहुत सारे लोग मानते हैं कि वह हिंसा असल बात नहीं, वह तो मात्र असल बात से ध्यान भटकाने की जुगत है। वह असली बात क्या है?

असल बात अब वही बता सकता है जो किसी एक साझा सत्य की सत्ता से इनकार करता है। कोई सत्य नहीं है। सब कुछ व्याख्या है। हर किसी को व्याख्या का अधिकार है :

यह एक चौथाई सदी खड़ी है तीन सदियों के मलबे पर
खुला मैदान है कहीं भी मूत लो, किधर भी निपट आओ

फिर यह देश किसका है? कौन इसका नागरिक है?
असल सचाई तो ये है कि
जो उत्तरसत्य पर ईमान लाए, है वही इस ज़मीन का सच्चा नागरिक।

21वीं सदी की पहली चौथाई के हिन्दुस्तान के सफ़र की कहानी है यह कविता। तल्ख़ी है इसमें, लेकिन है गहरा दर्द अपने हिन्दुस्तान के खो जाने का। अर्थ के खो जाने का। सत्य के खो जाने का। उसके बिना आदमी कहाँ और कहाँ है जनतंत्र?

मेरी मूर्ति अधबनी-अधबनी अभी तक...

...और, जब
मेरा सिर दुखने लगता है,
धुँधले-धुँधले अकेले में, आलोचनाशील
अपने में से उठे धुएँ की ही चक्करदार
सीढ़ियों पर चढ़ने लगता हूँ।

और हर सीढ़ी पर लुढ़की पड़ी एक-एक देह,
आलोचन हत मेरे पुराने व्यक्तित्व,
भूतपूर्व, भुगते हुए, अनगिनत 'मैं'।

अनेक शवों, अर्ध-शवों पर ही रखकर
निज सर्व-स्पृश पैर,
मेरे साथ चलने लगता भावी-कर-बद्ध
मेरा वर्तमान!

किंतु, पुनः-पुनः
उन्हीं सीढ़ियों पर नए-नए आलोचक-नेत्र
(तेज़ नाकवाले तमतमाए-से मित्र)
खूब काट-छाँट और गहरी छील-छाल,
रंदों और बसूलों से मेरी देखभाल,
मेरा अभिनव संशोधन अविरत
क्रमागत।
अभी तक

सिर में जो तड़फड़ाता रहा ब्रह्मांड,
लड़खड़ाती दुनिया का भूरा मानचित्र
चमकता है दर्द-भरे अँधेरे में वह क्रमागत कांड।
उसमें नए नए सवालों की झखमार ;
थके हुए, गिरते-पड़ते, बढ़ने का दौर;
मार-काट करती हुई सदियों की चीख़;
मुठभेड़ करते हुए स्वार्थों के बीच
भोलेभाले लोगों के माथों पर घाव।
...
अँधियाली गलियों में घूमता है,
तड़के ही, रोज़ कोई मौत का पठान
माँगता है ज़िन्दगी जीने का ब्याज;
अनजाना क़र्ज़ माँगता है चुकारे में, प्राणों का मांस।
हताहत स्वयं को ही दर्दीली रात—
जोड़-तोड़ करती हुई गहरी काट-छाँट;
रोज़ नई आफ़त, कोई नई वारदात।
पूरे नहीं हो सके हैं मानवीय योग,
हर-एक के पास अपने-अपने व गुप्त रोग।
(परेशान चिन्तकों की दार्शनिक झींख)
उजली-उजली सफ़ेदी में
कोख़ों की शर्म;
(अधबने समाधानों)
भ्रूणों का, अँधेरे में, क्रमागत जन्म;
सृजन-मात्र उद्गार-धर्म
सत्ताधारी, अर्थाकांक्षी
शक्ति के कृत्य,
और मेरे प्राणों में
सत्यों के भयानक
केवल व्यंग्य-नृत्य,
व्यंग्य-नृत्य!!
उसी विश्व यात्रा में, चट्टानों बीच,
किसी झुकी सँवलायी साँझ

मुझे मिला (हृदय-प्रकाश-सा) अकेले में
बिजली से जगमगाता घर
जिसके इर्द-गिर्द
कुछ अँधियाले पेड़
मानो सधे हुए, घने
बहुत घने, बड़े-बड़े दर्द।
अचानक घर में निकल आया एक
चौड़े माथेवाला, भोला, प्रतिभा का पुत्र
पहचाना मुझे, और हँस चुपचाप
मेरे ख़ाली हाथों में रख गया दीप्तिमान रत्न—
भयानक वीरानों में घूमकर
खोजा था जो सार-सत्य
आत्म-धन
छटपटाती किरणों का पारदर्शी क्वाट्र्ज़,
किरनें कि आलोचनाशील, धारदार
उपादान
जिनकी तेज़ नोकों से अकस्मात्
मेरी काट-छाँट छील-छाल
लगातार।

इसीलिए, मेरी मूर्ति
अधबनी अधबनी अभी तक...

जिसे लिए कहाँ जाऊँ सदा का ही प्रश्न
अपने इस अधबने-पने का ग़रीब
यह दृश्य
पा न जाए, सभाओं में कहीं तिरस्कार
...
लाख-लाख आँखों से देखता हूँ दृश्य
पूरे बने हुओं के ठाठदार अक्स,
ऐसा कुछ ठाठ—
मुझे गहरी उचाट

लगता वे मेरे राष्ट्र के नहीं हैं।
...
और अब नये-नये मेरे मित्रगण
मेरे पीछे आए हुए युवा-बाल-जन,
धरित्री के धन, खोजता हूँ उनमें ही
छटपटाती हुई मेरी छाँह,
क्या कहीं वह मेरा रूपक उपमान
छिपी हुई मेरी कोई गहरी पहचान,
समशील, समधर्मा कहीं कोई है?

अच्छा है अटाले में फेंका गया मैं
एक प्रेमपत्र
किताबों में डाल, बन्द कर दी गई अक़्ल,
काली-काली गलियों में
फिरती हुई आदमी की शक्ल,
...
असंख्य-इत्यादि-जनों का मैं भाग
इसीलिए, अनदिखे,
सुलगाता धीरे-से आग,
जिसके प्रकाश में, ताँबियाये चेहरों पर आप
संवेदित ज्ञान की काँपती ही
उठती है भाफ चुपचाप...
सच्चा है जहाँ असन्तोष,
मेरा वहीं परितोष।

वहाँ दिवालों पर टँगते हैं भिन्न मानचित्र,
चिनगियाँ बरसाते
लगातार विचारों के सत्र,
मेरे पात्र चरित्रों की
आँखों की अंगारी ज्योति
ललककर पढ़ती है मेरा प्रेम-पत्र!
...यथार्थों से चला हुआ

स्वर्गों तक पहुँचता है,
गणितों का किरणीला सेतु
पृथ्वी के हेतु!
लेकिन, हाँ, उसी के लिए
नये-नये रंदों और बसूलों से
लगातार-लगातार
मेरी काट-छाँट
उनकी छील-छाल अनिवार!
ऐसी उन भयानक क्रियाओं में रम
कटे-फटे चेहरों के दाग़दार हम
बनाते हैं अपना कोई अलग दिक्-काल,
पृथक् आत्म-देश—
दृष्टि, आवेश!
क्षमा करें, अन्य-गति
अन्य-मुख मेरे परिजन!!

[एक आत्म-वक्तव्य]

अधबनी मूर्ति है, अधबने समाधान हैं, इस अधबनी मूर्ति की काट-छाँट लगातार-लगातार चलनेवाली है, और वह भी नये-नये रंदों और बसूलों से। आख़िर 'एक आत्म-वक्तव्य' में मुक्तिबोध किस प्रक्रिया की बात कर रहे हैं? क्या पूर्णता कभी प्राप्त न होगी?

मुक्तिबोध की ही दूसरी या उनकी सबसे प्रसिद्ध कविता 'अँधेरे में' याद आती है जिसके आरम्भ में ही जिससे मुलाक़ात होती है

वह रहस्यमय व्यक्ति
अब तक न पाई गई मेरी अभिव्यक्ति है,
पूर्ण अवस्था वह
निज-सम्भावनाओं, निहित प्रभावों, प्रतिभाओं की,
मेरे परिपूर्ण का आविर्भाव,
हृदय में रिस रहे ज्ञान का तनाव वह,
आत्मा की प्रतिभा।

लेकिन जैसे-जैसे कविता आगे बढ़ती है, मालूम होता है कि यह पूर्ण अवस्था कभी भी प्राप्त नहीं होती। हमेशा वह कुछ दूर रह जाती है। वह दरवाज़ा खटखटाती है, लेकिन दरवाज़ा खोलने पर फिर ग़ायब हो जाती है। आख़िर में

उठता हूँ, जाता हूँ, गैलरी में खड़ा हूँ।
एकाएक वह व्यक्ति
आँखों के सामने
गलियों में, सड़कों पर, लोगों की भीड़ में
चला जा रहा है।
वही जन जिसे मैंने देखा था गुहा में।
धड़कता है दिल
कि पुकारने को खुलता है मुँह
कि अकस्मात्—
वह दिखा, वह दिखा
वह फिर खो गया किसी जन-यूथ में...
उठी हुई बाँह यह उठी हुई रह गई!!

[अँधेरे में]

पूर्णता की खोज अन्तहीन है। जो पूर्ण होने का दावा करते हैं या पूरे बने हुए हैं, वे अपने नहीं, अपने देश के नहीं :

लाख-लाख आँखों से देखता हूँ दृश्य
पूरे बने हुओं के ठाठदार अक्स,
ऐसा कुछ ठाठ—
मुझे गहरी उचाट
लगता वे मेरे राष्ट्र के नहीं हैं।

अपूर्णता या अधूरेपन का अहसास जनतांत्रिकता की बुनियाद है। जनतंत्र तरलता और निरन्तर गतिशीलता से परिभाषित होता है। न तो व्यक्ति कभी अन्तिम रूप से पूर्ण होता है, न कोई समाज। लेकिन अपूर्णता का अर्थ यह नहीं कि आप अपने साथ कुछ करते ही नहीं। ख़ुद को पूर्णतर करने का प्रयास लगातार चलता है। इसका अर्थ है अपने निजत्व को संशोधित करते रहना।

अपूर्णता का अहसास यों तो मनुष्य मात्र के होने का सबूत है। समस्त प्राणी जगत में एकमात्र मनुष्य है जिसे अपने अधूरेपन का पता है। यह अहसास हमें

अपनी प्रजातिगत सीमाओं का अतिक्रमण करने की प्रेरणा देता है। मात्र प्रजातिगत नहीं, अपनी हर तरह की सीमा के अतिक्रमण की प्रेरणा। भौगोलिक, सांस्कृतिक, धार्मिक, भाषाई, जेंडर की स्थितियों से परिभाषित सीमाबद्धता का अहसास और उनसे परे जाने की इच्छा ही मनुष्य को मनुष्य बनाती है। लेकिन यह सब कुछ स्वतः स्फूर्त नहीं। मेरे 'मैं' से अलग और 'मैं' हैं और वे उतने ही वैध हैं। अनुभव विविध हैं और कई बार एक दूसरे के विरोधी भी। लेकिन यह सब कुछ ख़ुद-ब-ख़ुद नहीं जाना जाता, यह स्वतः स्फूर्त नहीं। यह अहसास अर्थपूर्ण तब होता है जब यह ज्ञान की एक प्रक्रिया से गुज़रकर हासिल किया जाए :

वहाँ दिवालों पर टँगते हैं भिन्न मानचित्र,
चिनगियाँ बरसाते
लगातार विचारों के सत्र,

ये मानचित्र सिर्फ़ धरती का विभिन्न देशों में विभाजन नहीं बतलाते, ये मात्र नदियों, पहाड़ों और जंगलों की सूचना नहीं देते। ये भिन्न संवेदनात्मक या वैचारिक प्रदेशों के बारे में भी बतलाते हैं। सीमाएँ हैं, इसका मतलब उन सीमाओं का स्वीकार है और उनके आर-पार आने-जाने की सम्भावना की उत्तेजना भी है।

अपने आग्रहों से मुक्त होना, अपनी आलोचना करते हुए ख़ुद को ही अस्वीकार करना इस प्रक्रिया का अंग है :

और हर सीढ़ी पर लुढ़की पड़ी एक-एक देह,
आलोचन हत मेरे पुराने व्यक्तित्व,
भूतपूर्व, भुगते हुए, अनगिनत 'मैं'।

उनके शवों, अर्ध-शवों पर ही रखकर
निज सर्व-स्पृश पैर,
मेरे साथ चलने लगता भावी-कर-बद्ध
मेरा वर्तमान!

कई मैं हैं, थे। भूतपूर्व और भुगते हुए मैं। उन पर पैर रखकर ही आगे बढ़ा जा सकता है। लेकिन ये चलनेवाले पैर हैं : 'सर्व-स्पृश पैर'। हर चीज़ को छू पाने की क्षमता। और भावी का हाथ थामे हुए वर्तमान!

यह सब कुछ अकेले में या अकेले के लिए नहीं। साथ की तलाश चलती रहती है :

और अब नये-नये मेरे मित्रगण
मेरे पीछे आए हुए युवा-बाल-जन,
धरित्री के धन, खोजता हूँ उनमें ही
छटपटाती हुई मेरी छाँह,
क्या कहीं वह मेरा रूपक उपमान
छिपी हुई मेरी कोई गहरी पहचान,
समशील, समधर्मा कहीं कोई है?

बल्कि पूर्णता इस साथ में ही मिलती है। अपनी पहचान अपने समशील, समधर्मा की आँखों में ही मिलती है। उनका मिलना जैसे एक प्रेमी का मिलना है। यह सब कुछ जैसे एक प्रेम-निवेदन है। मैं ख़ुद मानो प्रेमपत्र हूँ जिसे पढ़ा जाना है :

अच्छा है अटाले में फेंका गया मैं
एक प्रेमपत्र
किताबों में डाल, बन्द कर दी गई अक़्ल,
काली-काली गलियों में
फिरती हुई आदमी की शक्ल,

ख़ुद को विशाल मानवता का हिस्सा बनाने की प्रक्रिया में ही अपना उद्घाटन भी होता है। अपनी गहरी पहचान मिलती है :

असंख्य-इत्यादि-जनों का मैं भाग
इसीलिए, अनदिखे,
सुलगाता धीरे-से आग,
जिसके प्रकाश में, ताँबियाये चेहरों पर आप
संवेदित ज्ञान की काँपती ही
उठती है भाफ चुपचाप...
सच्चा है जहाँ असन्तोष,
मेरा वहीं परितोष।

यह आग ज्ञान की है। अपनी गहरी पहचान की खोज ज्ञान और प्रेम, दोनों के साथ ही की जा सकती है। मुक्तिबोध के लिए ज्ञान कभी भी बिना संवेदना के नहीं। बिना दर्द के वह मूल्यवान नहीं :

उसी विश्व यात्रा में, चट्टानों बीच,
किसी झुकी सँवलायी साँझ
मुझे मिला (हृदय-प्रकाश-सा) अकेले में
बिजली से जगमगाता घर
जिसके इर्द-गिर्द
कुछ अँधियाले पेड़
मानो सधे हुए, घने
बहुत घने, बड़े-बड़े दर्द।

ज्ञान की बिजली से जगमगाता घर दर्द के पेड़ों से घिरा है।

ज्ञान हमारे संवेदन तंत्र को बदल देता है। वह असन्तोष पैदा करता है और असन्तोष के कारण ही पैदा भी होता है। लेकिन यह असन्तोष भी कुछ चीज़ों के होने न होने से नहीं जुड़ा। यह अपूर्णता का असन्तोष है, सच्चे सधर्मा के न मिलने का असन्तोष है। इस असन्तोष में एक प्रकार का सुख है।

अपूर्णता ही यथार्थ है। फिर पूर्णता क्या स्वर्ग है?

...यथार्थों से चला हुआ
स्वर्गों तक पहुँचता है,
गणितों का किरणीला सेतु
पृथ्वी के हेतु!

ये स्वर्ग कौन से हैं? हालाँकि मुक्तिबोध के मुताबिक़ वे स्वर्ग 'पृथ्वी के हेतु' हैं, लेकिन मनुष्यता की अब तक की यात्रा बतलाती है कि स्वर्ग की यह आकांक्षा या उसका प्रलोभन ख़तरनाक है। स्वर्ग की तरफ़ पैर बढ़ाने का अर्थ है वर्तमान के यथार्थ का संहार। प्रायः स्वर्ग के लिए वर्तमान की बलि माँगी जाती है। फिर इस कविता में स्वर्ग का आकर्षण क्यों है? एक अन्तिम बिन्दु की कल्पना क्यों है?

जब निजत्व की अनिवार काट-छाँट लगातार-लगातार होनी है तो उसके अधबनेपन को भी स्थायी अवस्था ही मानना होगा। अन्तिम रूप से कोई मूर्ति नहीं बन सकती। आख़िरी तौर पर कहीं पहुँचा नहीं जा सकता। फिर स्वर्ग कहाँ और उसकी कामना ही क्यों?

क्या स्वर्ग वहाँ हैं जहाँ कवि के इस प्रश्न का उत्तर आख़िरी तौर पर खोज लिया गया है?

समस्या एक—
मेरे सभ्य नगरों और ग्रामों में
सभी मानव
सुखी, सुन्दर व शोषण मुक्त
कब होंगे?

यह प्रश्न ही जनतंत्र का पहला और आख़िरी प्रश्न है। सभ्यता क्या है, सुख क्या है, सुन्दरता क्या है?

मेरे जनरल हैं जनरल अविश्वास, जनरल भय और मेजर जनरल नफ़रत

एक आवाज़ : तुम मेरे साथ ऐसा नहीं कर सकते। हमारे पास क़ानून हैं। हमारे पास अदालतें हैं। हमारे पास संगठन हैं।

एक आवाज़ : तुम मेरे साथ ऐसा नहीं कर सकते। आख़िर मैं कार्ल मार्क्स में यक़ीन करता हूँ।

एक आवाज़ : तुम मेरे साथ ऐसा नहीं कर सकते। संविधान इसकी मनाही करता है।

एक आवाज़ : मैंने हमेशा ख़ुशी-ख़ुशी सहयोग किया।

एक आवाज़ : मुझे यह अच्छा धंधा लगा।

एक आवाज़ : मुझे यह वर्ग-संघर्ष मालूम दिया।

एक आवाज़ : मुझे यह अपने वक़्त में अमन की तरह जान पड़ा।

तानाशाह आवाज़ :

आपको धन्यवाद, देवियो और सज्जनो। जनतंत्र का ख़ात्मा हो चुका है। आपका ख़ात्मा हो चुका है। अब बस हम हैं।

...

तुमने मुझे ग़लत समझा।
दूसरों ने अक्सर यही ग़लती की है।
अक्सर और बार-बार कई मुल्कों में
मैं कभी लोगों की ताक़त का सहारा नहीं लेता।
मैं उनकी कमज़ोरियों और भय के सहारे बढ़ता हूँ।
मैं उनके सन्देहों को अपने सहयोगी और जासूस बना लेता हूँ।

मेरे पास सबसे विश्वास करने योग्य अमन का मुखौटा है।
विशेषज्ञों के द्वारा रँगा हुआ, एक तरह के मूर्खों के लिए,
और दूसरे के लिए मैं एक अच्छा व्यवसायी हूँ,
बिना लाग-लपेट, व्यवसाय और बाज़ार की बात करनेवाला
जिसे बहुत ग़लत समझा गया।
मैं इस आदमी को उसकी पॉकेटबुक के सहारे छूता हूँ।
उस आदमी को उसके बॉस के प्रति नफ़रत के सहारे,
और उस आदमी को उसके भय के ज़रिए।
मैं हर चीज़ का वादा करता हूँ क्योंकि वादा करना सबसे सस्ता है।
मैं कोई दावा नहीं करता जब तक कि दावा न करूँ।
मैं हमेशा सन्तुष्ट रहता हूँ जब तक कि न रहूँ
जो उन लोगों के साथ कुछ तेज़ी से होता है
जो सोचते हैं मैं एक तबाहो-बर्बाद और पूरी तरह हज़म कर ली गई दुनिया से
कुछ कम पर सन्तुष्ट हो जाऊँगा

मेरा ख़ुफ़िया हथियार कोई ख़ुफ़िया हथियार नहीं है।
यह है हर सबको हरेक के ख़िलाफ़ कर देना
मेरे अपने मक़सद के लिए
अच्छे लोग जाने बिना मेरा काम करते हैं
सिर्फ़ ख़ुफ़िया ग़द्दार और जासूस ही नहीं।
असल है सवाल और सन्देह पैदा कर देना
जहाँ भी विश्वास हो।
असल है लोगों के दिमाग़ों को क़ब्ज़ा कर लेना इसके पहले कि उनके शरीरों को लोहे का अहसास हो।
असल है सारी ईर्ष्या, सारी निराशा, सारे पूर्वग्रहों का इस्तेमाल
मेरे अपने मक़सद के लिए।
अगर तुम्हारे कोई ईर्ष्या है या कोई पूर्वग्रह
अच्छी तरह विकसित, सम्पूर्ण घृणा,
मैं उससे खेलूँगा और उसे तुम्हारी तबाही के लिए इस्तेमाल करूँगा।
मेरे जनरल हैं जनरल अविश्वास, जनरल भय, जनरल बेदिल,
जनरल बहुत-देर-हो-चुकी-है

जनरल लोभ और मेजर जनरल नफ़रत
और वे सब सिविलियन कपड़ों में घूमते हैं
तुम्हारी ही अपनी गलियों में और तुम्हारे कानों में फुसफुसाते हैं
मुझे बैठे रहकर नहीं हराया जा सकता।
उन्होंने फ्रांस में यह करके देख लिया। मुझे हराया नहीं जा सकता
अँधेरे में छिपकर और मुँह बनाते हुए
और निश्चय ही मुझे कभी हराया नहीं जा सकता
उनके द्वारा जो मेरी जैसी दुनिया को पसन्द करते हैं
और अगर पसन्द न भी करें तो यह मानते हैं कि यह आकर रहेगा
वे जिनके पंख हैं और ज़मीन में माँद।
क्योंकि मैं सिर्फ़ टैंकों, बन्दूक़ों, जहाज़ों और बमबारों पर नहीं
बल्कि तुम्हारे अपने विभेदों और बँटवारों पर दाँव लगाता हूँ।
तुम्हारे अपने दिमाग़ों और दिलों पर मुझे भीतर आने देने को,
क्योंकि अगर वह हो जाए, तो वह सब होगा जो मैं चाहता हूँ।
तो फिर तुम्हें क्या कहना है?
मेरे दाँव के मुक़ाबले तुम्हारा दाँव क्या है?
तुम्हारी एकजुट आवाज़ कहाँ है?

[लोगों को सुनो]

स्टीफ़न विंसेंट बेनेट की लम्बी कविता 'लोगों को सुनो' का यह एक अंश है। कविता 1941 में लिखी गई थी। मेरी पत्नी पूर्वा ने पढ़कर कहा, लगता है हमारे भारत की कहानी है। लेकिन बेनेट के देश अमरीका के लोग कह सकते हैं, यह कविता उन पर फिट बैठती है। अमेरिका में नवम्बर, 2024 को क्या नवम्बर, 2016 दुहराया जाएगा?

कवि को यों ही भविष्यवक्ता नहीं कहा जाता। हालाँकि वह सिर्फ़ अपने वक़्त को देख और लिख रहा होता है। अगर वह हमारे वक़्त के लिए भी सटीक हो तो इसका मतलब यही है कि हर चीज़ दुहराई जा सकती है, दुहराई जाती है। वह क्यों दुहराई जाती है, इसका कारण बेनेट के हमवतन एक दूसरे अमरीकी कवि हॉवार्ड नेमेरोव ने ही बताया है :

हम इतिहास से नहीं सीखते इसकी वजह यह है कि
हम वे लोग नहीं जिन्होंने पिछली बार सीखा था
...

हम जानते हैं कि हम उनसे बेहतर जानते हैं
और इतिहास हमें दोष नहीं देगा अगर एक बार फिर
सुरंग के अन्त में जो रोशनी हो वह ट्रेन है

या उसकी वजह वह भी हो सकती है जो पोलिश कवि तादेवुष रुज़ेविच अपनी कविता 'जो होता है' में बतलाते हैं :

यह हुआ है
और यह होते ही जाता है
और यह फिर होगा
अगर कुछ न हो इसे रोकने के लिए

भोले कुछ नहीं जानते
क्योंकि वे कुछ ज़्यादा ही भोले हैं
और दोषी कुछ नहीं जानते
क्योंकि वे बहुत दोषी हैं
ग़रीब कुछ नहीं देखते
क्योंकि वे कुछ ज़्यादा ही ग़रीब हैं
और अमीर कुछ नहीं देखते
क्योंकि वे कुछ ज़्यादा अमीर हैं

अहमक अपने कन्धे उचकाते हैं
क्योंकि वे कुछ ज़्यादा अहमक हैं
और चतुर कन्धे उचकाते हैं
क्योंकि वे कुछ ज़्यादा चतुर हैं

नौजवान कोई परवाह नहीं करते
क्योंकि वे कुछ ज़्यादा नौजवान हैं
और बूढ़े परवाह नहीं करते
क्योंकि वे कुछ ज़्यादा बूढ़े हैं

यही वजह है कि कुछ नहीं होता
इसे रोकने के लिए

और यही वजह है कि यह हुआ है
और होता ही जाता है और फिर होगा।

यह जो होता है उससे हम आँख चुराते रहते है, फिर भी वह होता है, क्योंकि उसके होने की शर्तें मौजूद हैं :

ओह! मैंने कहा, यह होने जा रहा है।
और यह हुआ।
ओह, मैंने कहा, यह कभी नहीं होगा।
लेकिन यह हुआ।
और एक बैंगनी कुहासा धरती पर उतर आया।
पेड़ों की जड़ें ऐंठ गईं।
दुनिया दो देशों में बँट गई।
हर तस्वीर जो पहले में ली गई थी, लोगों की थी।
हर तस्वीर जो दूसरी में ली गई थी किसी को नहीं दिखाती थी।
सारी की सारी लड़कियों को नाम दिया गया : और।
सारे के सारे लड़कों को नाम दिया गया : फिर।

अमेरिकी कवयित्री मेरी रुफ़ेल की 'जेनेसिस' शीर्षक यह कविता प्राय: वही कहती है जो बेनेट की कविता कह रही है या शेष कविताएँ जिसकी चेतावनी दे रही हैं।

तानाशाही जनतंत्र के भीतर ही, उसी के सहारे पैदा होती है। जैसे सभ्यता का दूसरा पहलू बर्बरता का है, वैसे ही जनतंत्र का दूसरा पहलू तानाशाही है। लेकिन मसला सिर्फ़ तानाशाही का नहीं। बेनेट की कविता अंग्रेज़ी में 'डिक्टेटर' शब्द इस्तेमाल नहीं करती। जिसका अनुवाद यहाँ तानाशाह आवाज़ किया गया है, वह है Totalitarian voice. Totalitarian डिक्टेटर है, लेकिन सिर्फ़ उतना ही नहीं। इसे समझना हो तो भारत में 19 महीनों के आपातकाल और 2014 से अब तक के काल की तुलना करनी होगी। आपातकाल में एक तरह की तानाशाही थी लेकिन वह भारत के हर तबक़े के लिए एक जैसी थी। 2014 के बाद जब हम तानाशाही की बात करते हैं तो उसका असर भारत के मुसलमानों पर जिस क़िस्म का है, वैसा हिन्दुओं पर नहीं।

1975 से 77 के भारत में भले ही तानाशाही थी, लेकिन वह Totalitarian नहीं था जबकि 2014 के बाद का राज्य Totalitarian है। इस अन्तर को समझना आवश्यक है। अपनी किताब "India's Undeclared Emergency:

Constitutionalism and the Politics of Resistance" में अरविन्द नारायण इस फ़र्क को समझाते हैं।

Totalitarian महत्त्वाकांक्षा 'सत्ता सत्ता के लिए' की इच्छा से कहीं आगे लोगों के जीवन के हरेक पहलू को नियंत्रित करने की इच्छा तक जाती है। वह यह परिभाषित करना चाहती है कि लोग किस भगवान की पूजा करना चाहते हैं, और वह पूजा कैसे की जाएगी; वे किससे प्यार करना चाहते हैं और वे क्या खाना चाहते हैं। अगर हम भाजपा शासित राज्यों में धर्मान्तरण, 'लव जिहाद', मवेशी वध के इर्द-गिर्द पेश किये गए नए क़ानूनों को देखें, तो आपको अधिनायकवादी महत्त्वाकांक्षाओं का अन्दाजा हो जाएगा। देश या राष्ट्र का सम्मान तो अनिवार्य है ही, वह किस तरह किया जाएगा, यह भी सत्ता तय करेगी।

अरविन्द नारायण राजनीतिशास्त्री जुआन जे. लिंज़ के हवाले से बतलाते हैं कि Totalitarian सत्ता 'राजनीतिक जीवन और समाज को पूरी तरह से संगठित करने के लिए शासन का रूप' है। लिंज़ के विश्लेषण में Totalitarian सरकार की महत्त्वाकांक्षाएँ एक अधिनायकवादी सरकार के मुक़ाबले कहीं अधिक व्यापक और कहीं अधिक गहरी हैं।

एक Totalitarian शासन राज्य पर पूर्ण नियंत्रण बनाए रखने भर से सन्तुष्ट नहीं होता। वह 'जनता का राजनीतीकरण' करने की कोशिश करता है और अपनी विचारधारा के साँचे में लोगों को ढालने की कोशिश करता है। इसे अपनी ताक़त न केवल राज्य के लीवर पर नियंत्रण के चलते मिलती है, बल्कि उसके आगे जाकर वह उन संगठनों-मोर्चों से भी ताक़त हासिल करता है जो सामाजिक स्तर पर काम करते हैं। इन सबका उद्देश्य समाज को अपनी विचारधारा के अनुसार बदलना है।

अरविन्द जो कह रहे हैं, वह इन्दिरा गांधी और नरेन्द्र मोदी के शासन के बीच के अन्तर से समझा जा सकता है। इन्दिरा गांधी की इच्छा राज्य पर नियंत्रण की थी, लेकिन मोदी और भारतीय जनता पार्टी लोगों की, और उनमें मुसलमानों के साथ हिन्दू भी शामिल हैं, जीवन-पद्धति को बदल देना चाहते हैं।

अरविन्द के मुताबिक़ हिन्दुत्व के उदय के साथ आज के भारत में लिंज़ के वर्णन के अनुरूप Totalitarian सत्ता क़ाबिज़ हुई दिखलाई पड़ती है। मोदी के शासन को सिर्फ़ पुलिस या प्रशासन नहीं चला रहा, बल्कि हिन्दुत्व की विचारधारा को माननेवाले राष्ट्रीय स्वयंसेवक संघ और बजरंग दल या अखिल भारतीय विद्यार्थी परिषद जैसे सैंकड़ों संगठनों की हिंसा भी चला रही है। यह हिंसक भीड़ भारतीय राजनीतिक मंच पर एक महत्त्वपूर्ण सत्ता है। लोगों की सामान्य समझ को हिन्दुत्व

की सोच के अनुरूप बदलने की कोशिश की जा रही है। Totalitarian शासन का एक और महत्त्वपूर्ण आयाम इसकी 'लोकप्रियता' है जिसमें 'लोगों' को देश के सामूहिक तानाशाह के रूप में स्थापित किया जाता है।

जैसा रुफ़ेल की कविता कहती है :

दुनिया दो देशों में बँट गई।
हर तस्वीर जो पहले में ली गई थी, लोगों की थी।
हर तस्वीर जो दूसरी में ली गई थी किसी को नहीं दिखाती थी।

लोगों का ग़ायब हो जाना एक बात है और लोगों का एक दूसरे के विरोधी दो लोगों में बँट जाना एकदम अलग बात।

Totalitarian सत्ता अपने लोगों का निर्माण करती है। उन्हें यक़ीन दिलाती है कि वह उनकी तरफ़ से शासन कर रही है। वह उनमें दूसरों के प्रति, दूसरों से सन्देह और भय पैदा करती है :

मैं कभी लोगों की ताक़त का सहारा नहीं लेता।
मैं उनकी कमज़ोरियों और भय के सहारे बढ़ता हूँ।
मैं उनके सन्देहों को अपने सहयोगी और जासूस बना लेता हूँ।

लोगों के भीतर की अच्छाई की ताक़त को यह सत्ता अपना सहारा नहीं बनाती। वह उनके डर, शक-शुबहे को गहरा करती रहती है :

असल है सारी ईर्ष्या, सारी निराशा, सारे पूर्वग्रहों का इस्तेमाल
मेरे अपने मक़सद के लिए।
अगर तुम्हारी कोई ईर्ष्या है या कोई पूर्वग्रह
अच्छी तरह विकसित, सम्पूर्ण घृणा,
मैं उससे खेलूँगा और उसे तुम्हारी तबाही के लिए इस्तेमाल करूँगा।

एक Totalitarian शासक का आधार क्या है?

मेरे जनरल हैं जनरल अविश्वास, जनरल भय, जनरल बेदिल,
जनरल बहुत-देर-हो-चुकी-है
जनरल लोभ और मेजर जनरल नफ़रत
और वे सब सिविलियन कपड़ों में घूमते हैं
तुम्हारी ही अपनी गलियों में और तुम्हारे कानों में फुसफुसाते हैं

इसे देखते हुए, बिसूरते हुए, मुँह बनाते हुए बैठे रहकर हराया नहीं जा सकता। असल सवाल है :

तो फिर तुम्हें क्या कहना है?
मेरे दाँव के मुक़ाबले तुम्हारा दाँव क्या है?
तुम्हारी एकजुट आवाज़ कहाँ है?

यह एकजुट आवाज़ ही इस Totalitarian सत्ता का मुक़ाबला कर सकती है। हर मुल्क में, हर वक़्त यह जद्दोजहद चलती रहती है। उन मुल्कों में भी जो ख़ुद को इससे क़तई महफ़ूज़ समझते रहे हैं। इसलिए अपने सन्देहों, पूर्वग्रहों, अपनी कमज़ोरियों को पहचानना हरेक का फ़र्ज़ है। वरना जनतंत्र के Totalitarian तंत्र में बदलते देर नहीं लगती।

सुना गया हमको यों ही उड़ते हुए मन से

पढ़ा गया हमको
जैसे पढ़ा जाता है काग़ज़
बच्चों की फटी कॉपियों का
चनाजोर गर्म के लिफ़ाफ़े बनाने के पहले!

देखा गया हमको
जैसे कि कुफ़्त हो उनींदे
देखी जाती है कलाई घड़ी
अलस्सुबह अलार्म बजने के बाद!

सुना गया हमको
यों ही उड़ते मन से
जैसे सुने जाते हैं फ़िल्मी गाने
सस्ते कैसेटों पर
ठसाठस्स भरी हुई बस में!

भोगा गया हमको
बहुत दूर के रिश्तेदारों के
दुःख की तरह!

एक दिन हमने कहा
हम भी इनसान हैं—
हमें क़ायदे से पढ़ो एक-एक अक्षर

जैसे पढ़ा होगा बी.ए. के बाद
नौकरी का पहला विज्ञापन!

देखो तो ऐसे
जैसे कि ठिठुरते हुए देखी जाती है
बहुत दूर जलती हुई आग!
सुनो हमें अनहद की तरह
और समझो जैसे समझी जाती है
नई-नई सीखी हुई भाषा!

इतना सुनना था कि अधर में लटकती हुई
एक अदृश्य टहनी से
टिड्डियाँ उड़ीं और रंगीन अफ़वाहें
चीख़ती हुई चीं-चीं
'दुष्चरित्र महिलाएँ, दुष्चरित्र
महिलाएँ—
किन्हीं सरपरस्तों के दम पर फूलीं-फैलीं
अगरधत्त जंगली लताएँ!

खाती-पीती, सुख से ऊबी
और बेकार बेचैन, आवारा महिलाओं का ही
शग़ल हैं ये कहानियाँ और कविताएँ...।
फिर ये उन्होंने थोड़े ही लिखी हैं
(कनखियाँ, इशारे, फिर कनखी)
बाक़ी कहानी बस कनखी है।
हे परमपिताओ,
परमपुरुषो—
बख़्शो, बख़्शो, अब हमें बख़्शो!

[स्त्रियाँ]

अनामिका की यह कविता जाने कितनी बार पढ़ी है। लेकिन प्रत्येक पढ़ना क्या पढ़ना होता है? पढ़ना और देखना और सुनना परिचय स्थापित करने का तरीक़ा है।

कौन-सा परिचय सतही है, किस परिचय में गहराई है, यह परिचय के पात्र को ही पता होता है। कौन मुझे कितना जानता है या जानना चाहता है, यह मैं अपने प्रति उसके रवैये से जान जाता हूँ।

परिचय हम किसी से क्यों करते हैं? उसमें हमारी कितनी रुचि है? उसके प्रति हमारी उत्सुकता में कितनी सच्चाई है, यह तो दोनों ही जानते हैं। वह जो जानना चाहता है और वह जिसे जाना जाता है। छिछली उत्सुकता एक प्रकार से उत्सुकता के लक्ष्य का अपमान है। यह बात ई एम फ़ॉर्स्टर की किताब 'आसपेक्ट्स ऑफ़ द नावेल' पढ़ते वक़्त बहुत पहले समझ में आई थी। कहानी को साहित्यिक रूपों में सबसे हीन ठहराने की एक वजह यह थी कि यह मनुष्य की कौतूहल की वृत्ति को सन्तुष्ट करने का काम करती है।

आपका नाम क्या है? यह पूछकर रह जानेवाला दुबारा मिलने पर फिर नाम पूछेगा, यह तय है। उसकी मुझमें असली दिलचस्पी नहीं है। मेरी ज़िन्दगी में, मेरे संघर्ष, मेरी ख़ुशी और मेरे दुख में शामिल होने की तैयारी तो और, उसकी इच्छा भी है या नहीं, यह कैसे जाना जाए? वास्तविक मानवीय सम्बन्ध की गुणवत्ता इस सतही परिचय से आगे जाने की तैयारी या किसी और की ज़िन्दगी में अपना निवेश करने की इच्छा पर निर्भर है।

औरत इस वास्तविक मानवीय सम्बन्ध के अभाव को सबसे तीव्रता से महसूस करती रही है। अपने व्यक्तिगत सम्बन्धों के दायरे में और व्यापक सामाजिक सम्बन्धों की दुनिया में भी। प्राय: उसका उपयोग एक साधन के तौर पर होता है। वह माध्यम है। उस रूप में वह कितनी कारगर है, यह अवश्य चिन्ता का विषय है, लेकिन उससे आगे वह अपने आपमें कितनी महत्त्वपूर्ण है, यह सवाल औरतें यूरोप हो या अफ्रीका या एशिया, पूछती रही हैं। यह जनतांत्रिक रिश्ते के अभाव से उपजा सवाल है।

जनतांत्रिक सम्बन्ध कैसे होते हैं? जनतांत्रिक समाज में ख़ुद के होने का मतलब क्या होता है? यह ऐसा समाज है जिसमें मेरे होने, मेरी वक़त का अन्दाज होता है। मैं देख पाता हूँ कि दूसरों के लिए भी मेरी क़ीमत है। लेकिन जनतंत्र को, और यह बात दुनिया-भर के हर देश और समाज पर लागू होती है, औरत को पहचानने में, उन्हें समझने में काफ़ी लम्बा वक़्त लगा। औरत के साथ इनसानी रिश्ता क़ायम करने में समय लगा। उसकी वजह थी समाज की और तंत्र की उसमें दिलचस्पी का अभाव। लगता है कि वह देखता है, लेकिन असल में देखता नहीं :

पढ़ा गया हमको
जैसे पढ़ा जाता है काग़ज़
बच्चों की फटी कॉपियों का
चनाजोर गर्म के लिफ़ाफ़े बनाने के पहले!

देखा गया हमको
जैसे कि कुफ़्त हो उनींदे
देखी जाती है कलाई घड़ी
अलस्सुबह अलार्म बजने के बाद!

सुना गया हमको
यों ही उड़ते मन से
जैसे सुने जाते हैं फ़िल्मी गाने
सस्ते कैसेटों पर
ठसाठस्स भरी हुई बस में!

भोगा गया हमको
बहुत दूर के रिश्तेदारों के
दुःख की तरह!

समाज उसे उड़ती-उड़ती निगाहों से देखता है। अनामिका से दशकों पहले महादेवी वर्मा ने लिखा था और क्या वह औरत के बारे में ही नहीं था? :

प्रिय! मैं हूँ एक पहेली भी!

जितना मधु जितना मधुर हास
जितना मद तेरी चितवन में,
जितना क्रंदन जितना विषाद
जितना विष जग के स्पन्दन में,

पी पी में चिर दुख-प्यास बनी
सुख-सरिता की रंगरेली भी!

मेरे प्रतिरोमों से अविरत
झरते हैं निर्झर और आग;
करतीं विरक्ति आसक्ति प्यार,
मेरे श्वासों में जाग-जाग;

प्रिय मैं सीमा की गोदपली
पर हूँ असीम से खेली भी!

इस कविता की कई व्याख्याएँ हुई हैं। लेकिन महादेवी की उत्तराधिकारियों में से एक अनामिका की इस कविता के आलोक में इसका एक और अर्थ खुलता है। इस प्रकृति, इस संसार के हास, क्रंदन, विषाद और विष, हर कुछ को आत्मसात करनेवाली मैं कौन हूँ? क्यों मैं आज तक अदेखी हूँ? मैं जिसके प्रतिरोमों से आग और निर्झर दोनों झरते हैं, जो विरक्ति, आसक्ति और प्यार, सारे भावों को धारण करती है, क्या कभी उसे जानने का प्रयास किसी ने किया है? क्या वह हमेशा निष्क्रिय पात्र बनी रहने को अभिशप्त है?

क्या इसका कारण यह है कि स्वयं उसने अपने परिचय की परवाह नहीं की यह सोचकर कि सम्पूर्ण उसमें प्रा|तबिम्बित हो रहा है?

तुम मुझमें प्रिय! फिर परिचय क्या!

लेकिन अब वह अपना परिचय चाहती है, चाहती है कि संसार उससे सक्रिय परिचय प्राप्त करे। उसके बहिरंग और अन्तरंग, दोनों को जानने की कोशिश करे। जनतंत्र में हरेक व्यक्ति यह चाहती है। यह कि वह प्राथमिक और बुनियादी इकाई के रूप में स्वीकृत हो।

इसलिए उसे ग़ौर से, दिलचस्पी से पढ़ना ज़रूरी होगा। यह ऐसा पढ़ना है जिसमें पढ़नेवाले को श्रम करना है :

एक दिन हमने कहा
हम भी इनसान हैं—
हमें क़ायदे से पढ़ो एक-एक अक्षर
जैसे पढ़ा होगा बी.ए. के बाद
नौकरी का पहला विज्ञापन!

देखो तो ऐसे
जैसे कि ठिठुरते हुए देखी जाती है
बहुत दूर जलती हुई आग!

सुनो हमें अनहद की तरह
और समझो जैसे समझी जाती है
नई-नई सीखी हुई भाषा!

दुनिया का हर जनतंत्र अभी भी अधूरा है क्योंकि उसने औरत को पढ़ने का यह तरीक़ा पूरा सीखा नहीं और उसमें पूरी मेहनत नहीं की अभी तक। अनामिका के इस कविता के लिखे भी वक़्त बीत गया, लेकिन क्या वह वाक़ई बीत गया है?

अभी सत्य की खोज तो बाक़ी ही थी

सच्चाइयाँ
जो गंगा के गोमुख से मोती की तरह बिखरती रहती हैं
हिमालय की बर्फ़ीली चोटी पर चाँदी के उन्मुक्त नाचते
परों में झिलमिलाती रहती हैं
जो एक हज़ार रंगों के मोतियों का खिलखिलाता समन्दर है
उमंगों से भरी फूलों की जवान कश्तियाँ
कि वसन्त के नए प्रभात सागर में छोड़ दी गई हैं।
ये पूरब-पश्चिम मेरी आत्मा के ताने-बाने हैं
मैंने एशिया की सतरंगी किरनों को अपनी दिशाओं के गिर्द
लपेट लिया
और मैं यूरोप और अमरीका की नर्म आँच की धूप-छाँव
पर
बहुत हौले-हौले नाच रहा हूँ
सब संस्कृतियाँ मेरे सरगम में विभोर हैं
क्योंकि मैं हृदय की सच्ची सुख-शान्ति का राग हूँ
बहुत आदिम, बहुत अभिनव।
हम एक साथ उषा के मधुर अधर बन उठे
सुलग उठे हैं
सब एक साथ ढाई अरब धड़कनों में बज उठे हैं
सिम्फ़ोनिक आनंद की तरह
यह हमारी गाती हुई एकता
संसार के पंच परमेश्वर का मुकुट पहन
अमरता के सिंहासन पर आज हमारा अखिल लोक-प्रेसिडेंट

बन उठी है।
देखो न हक़ीक़त हमारे समय की कि जिसमें
होमर एक हिन्दी कवि सरदार जाफ़री को
इशारे से अपने क़रीब बुला रहा है
कि जिसमें
फ़ैयाज़ ख़ाँ बिटाफ़ेन के कान में कुछ कह रहा है
मैंने समझा कि संगीत की कोई अमर लता हिल उठी
मैं शेक्सपियर का ऊँचा माथा उज्जैन की घाटियों में
झलकता हुआ देख रहा हूँ
और कालिदास को वैमर के कुंजों में विहार करते
और आज तो मेरा टैगोर मेरा हाफ़िज़ मेरा तुलसी मेरा
ग़ालिब
एक-एक मेरे दिल के जगमग पावर हाउस का
कुशल आपरेटर है।
आज सब तुम्हारे ही लिए शान्ति का युग चाहते हैं
मेरी कुटूबुटू
तुम्हारे ही लिए मेरे प्रतिभाशाली भाई तेजबहादुर
मेरे गुलाब की कलियों से हँसते-खेलते बच्चों
तुम्हारे ही लिए, तुम्हारे ही लिए
मेरे दोस्तो, जिनसे ज़िन्दगी में मानी पैदा होते हैं
और उस निश्छल प्रेम के लिए
जो माँ की मूर्ति है
और उस अमर परमशक्ति के लिए जो पिता का रूप है।
हर घर में सुख
शान्ति का युग
हर छोटा-बड़ा हर नया-पुराना आज-कल-परसों के
आगे और पीछे का युग
शान्ति की स्निग्ध कला में डूबा हुआ
क्योंकि इसी कला का नाम जीवन की भरी-पूरी गति है।
मुझे अमरीका का लिबर्टी स्टैचू उतना ही प्यारा है
जितना मास्को का लाल तारा
और मेरे दिल में पेकिंग का स्वर्गीय महल

मक्का मदीना से कम पवित्र नहीं
मैं काशी में उन आर्यों का शंखनाद सुनता हूँ
जो वोल्गा से आए
मेरी देहली में प्रह्लाद की तपस्याएँ दोनों दुनियाओं की
चौखट पर
युद्ध के हिरण्यकश्यप को चीर रही हैं।
यह कौन मेरी धरती की शान्ति की आत्मा पर क़ुरबान हो गया है
अभी सत्य की खोज तो बाक़ी ही थी
यह एक विशाल अनुभव की चीनी दीवार
उठती ही बढ़ती आ रही है
उसकी ईंटें धड़कते हुए सुर्ख़ दिल हैं
यह सच्चाइयाँ बहुत गहरी नींवों में जाग रही हैं
वह इतिहास की अनुभूतियाँ हैं
मैंने सोवियत यूसुफ़ के सीने पर कान रखकर सुना है।
आज मैंने गोर्की को होरी के आँगन में देखा
और ताज के साए में राजर्षि कुंग को पाया
लिंकन के हाथ में हाथ दिये हुए
और तालस्ताय मेरे देहाती यूपियन होंठों से बोल उठा
और अरागाँ की आँखों में नया इतिहास
मेरे दिल की कहानी की सुर्ख़ी बन गया
मैं जोश की वह मस्ती हूँ जो नेरुदा की भवों से
जाम की तरह टकराती है
वह मेरा नेरुदा जो दुनिया के शान्ति पोस्ट आफ़िस का
प्यारा और सच्चा क़ासिद
वह मेरा जोश कि दुनिया का मस्त आशिक़
मैं पंत के कुमार छायावादी सावन-भादों की चोट हूँ
हिलोर लेते वर्ष पर
मैं निराला के राम का एक आँसू
जो तीसरे महायुद्ध के कठिन लौह पर्दों को
एटमी सुई-सा पार कर गया पाताल तक
और वहीं उसको रोक दिया
मैं सिर्फ़ एक महान विजय का इन्दीवर जनता की आँख में

जो शान्ति की पवित्रतम आत्मा है।
पच्छिम में काले और सफ़ेद फूल हैं और पूरब में पीले
और लाल
उत्तर में नीले कई रंग के और हमारे यहाँ चंपई-साँवले
और दुनिया में हरियाली कहाँ नहीं
जहाँ भी आसमान बादलों से ज़रा भी पोंछे जाते हों
और आज गुलदस्तों में रंग-रंग के फूल सजे हुए हैं
और आसमान इन ख़ुशियों का आईना है।
आज न्यूयार्क के स्काईस्क्रेपरों पर
शान्ति के 'डवों' और उसके राजहंसों ने
एक मीठे उजले सुख का हलका-सा अँधेरा
और शोर पैदा कर दिया है।
और अब वो आर्जंटीना की सिम्त अतलांतिक को पार
कर
रहे हैं
पाल राब्सन ने नई दिल्ली से नए अमरीका की
एक विशाल सिम्फ़नी ब्राडकास्ट की है
और उदयशंकर ने दक्षिणी अफ़्रीका में नई अजंता को
स्टेज पर उतारा है
यह महान नृत्य वह महान स्वर कला और संगीत
मेरा है यानी हर अदना से अदना इनसान का
बिल्कुल अपना निजी।
युद्ध के नक़्शों को क़ैंची से काटकर कोरियाई बच्चों ने
झिलमिली फूलपत्तों की रौशन फ़ानूसें बना ली हैं
और हथियारों का स्टील और लोहा हज़ारों
देशों को एक-दूसरे से मिलाने वाली रेलों के जाल में बिछ
गया है
और ये बच्चे उन पर दौड़ती हुई रेलों के डिब्बों की
खिड़कियों से
हमारी ओर झाँक रहे हैं
यह फ़ौलाद और लोहा खिलौनों मिठाइयों और किताबों
से लदे स्टीमरों के रूप में

नदियों की सार्थक सजावट बन गया है
या विशाल ट्रैक्टर-कम्बाईन और फैक्टरी-मशीनों के
हृदय में
नवीन छंद और लय का प्रयोग कर रहा है।
यह सुख का भविष्य शान्ति की आँखों में ही वर्तमान है
इन आँखों से हम सब अपनी उम्मीदों की आँखें सेंक
रहे हैं
ये आँखें हमारे दिल में रौशन और हमारी पूजा का
फूल हैं
ये आँखें हमारे क़ानून का सही चमकता हुआ मतलब
और हमारे अधिकारों की ज्योति से भरी शक्ति हैं
ये आँखें हमारे माता-पिता की आत्मा और हमारे बच्चों
का दिल हैं
ये आँखें हमारे इतिहास की वाणी
और हमारी कला का सच्चा सपना हैं
ये आँखें हमारा अपना नूर और पवित्रता हैं
ये आँखें ही अमर सपनों की हक़ीक़त और
हक़ीक़त का अमर सपना हैं
इनको देख पाना ही अपने आपको देख पाना है, समझ
पाना है।
हम मनाते हैं कि हमारे नेता इनको देख रहे हों।

[अम्न का राग]

'अम्न का राग' हिन्दी की क्लासिक कविताओं में एक है। शमशेर बहादुर सिंह की इस कविता की ताक़त अभिधा की सरलता में है। सरलता के साथ इसकी उदात्तता इसे बड़ी कविता बना देती है। यह शताब्दियों के पार परस्परता की कल्पना है जो विश्व मानवता को जन्म देती है। होमर अली सरदार जाफ़री को इशारा करते दीखे, कालिदास जब वैमर के कुंजों में विहार करते मिलें, शेक्सपीयर का माथा उज्जैन की घाटियों में झलकता हुआ दिखलाई पड़े, फैयाज़ ख़ान और बीथोवन एक दूसरे से गप लड़ाते मिल जाएँ: यह समय और संस्कृतियों के आर-पार ऐसी मानवीय संवेदना की कल्पना है जो हर नई भाषा को अपनी आत्मा की एक नई परत मानती है।

यह बात ज़रूर है कि आज हमारा ध्यान इस बात पर जाता है कि शमशेर की इस कविता में कोई मीराबाई किसी वर्जीनिया वुल्फ से गप लड़ाती नहीं मिलती। ऐसी अनुपस्थिति से हमें आज असुविधा हो रही है, यह इसका प्रमाण है कि ख़ुद हमारी जनतांत्रिक चेतना का विस्तार और परिष्कार हुआ है। लेकिन असल सवाल यह है कि प्रेम, मित्रता, आशंका, दुविधा, घृणा, छल को व्यक्त करने के लिए हमारे पास क्या सिर्फ़ 'हमारे' कवि, लेखक हैं? यह हमारा कितना संकुचित और कितना विस्तृत हमारा है? हैमलेट या ऑथेलो या वांका या आन्ना कारेनिना उतने ही अपने हैं जितने शक्ति के अन्याय के समर्थन से लड़ते राम या अपनी नियति की तरफ़ बढ़ता होरी?

क्या 'टु बी ऑर नॉट टु बी!' अपनी भाषा का वाक्य मालूम पड़ता है? शमशेर इस विश्व-संवेदना के निर्माण की कामना करते हैं जैसे उनके प्रिय कवि मुक्तिबोध :

बहुत दूर मीलों के पार वहाँ
गिरता हूँ चुपचाप पत्र के रूप में
किसी एक जेब में
वह जेब...
किसी एक फटे हुए मन की।

समस्वर, समताल,
सहानुभूति की सनसनी कोमल!!
हम कहाँ नहीं हैं
सभी जगह हम।

शमशेर को सुनिए :

ये पूरब पश्चिम मेरी आत्मा के ताने-बाने हैं
मैंने एशिया की सतरंगी किरनों को अपनी दिशाओं के गिर्द
लपेट लिया
और मैं यूरोप और अमरीका की नर्म आँच की धूप-छाँव
पर
बहुत हौले-हौले नाच रहा हूँ
सब संस्कृतियाँ मेरे सरगम में विभोर हैं

मुक्तिबोध की बेचैनी शमशेर से कितनी मिलती है :

मुझको तो बेचैन बिजली की नीली
ज्वलंत बाँहों में बाँहों को उलझा
करनी है उतनी ही प्रदीप्त लीला
आकाश-भर में साथ-साथ उसके घूमना है मुझको

शमशेर या मुक्तिबोध जिस संवेदना के निर्माण की कल्पना कर रहे हैं वह जनतांत्रिक संवेदना ही है। जनतंत्र और राष्ट्र-राज्य का रिश्ता जाना हुआ है। लेकिन वह है एक अन्तर्राष्ट्रीय भावना। राष्ट्र और राज्य की सरहदें ज़रूर हमें शक्ल देती हैं, लेकिन वह शक्ल हम किनकी आँखों में देखें? वे आँखें दूसरों की ही हो सकती हैं जिनमें हम अपनी सूरत देख सकते हैं।

भारत की स्वाधीनता का संघर्ष भारतीय जनतंत्र के निर्माण का संघर्ष भी था। उस संघर्ष का उद्‌देश्य क्या था? महात्मा गांधी ने कहा, 'मेरा मक़सद सिर्फ़ भारतीय बन्धुत्व क़ायम करना नहीं है। मेरा उद्‌देश्य सिर्फ़ भारत के लिए आज़ादी हासिल करना नहीं...बल्कि भारत की आज़ादी हासिल करके मैं मनुष्य मात्र के बीच बन्धुत्व हासिल करने के उद्‌देश्य को हासिल करने की उम्मीद करता हूँ। मेरी देशभक्ति अपने आप में कोई अलग-थलग चीज़ नहीं।...मेरी देशभक्ति का ख़याल और कुछ नहीं अगर यह निरपवाद रूप से मानवता के व्यापक हित के मेल में न हो।'

गांधी ने कहा कि विधाता ने एक ही कूची से हम सबको रँगा है। उन्होंने ज़ोर देकर कहा कि मैं भारतीयों के लिए किसी श्रेष्ठता का दावा नहीं करता। मानवता बन्द कमरों में नहीं बँटी हुई है। उसमें हज़ार कमरे हो सकते हैं, लेकिन वे सब एक दूसरे में खुलते हैं।

'भारत की खोज' में जवाहरलाल नेहरू ने लिखा कि हम ऐसे वक़्त की तरफ़ बढ़ रहे हैं जिसमें तमाम राष्ट्रीय संस्कृतियाँ मानव जाति की अन्तर्राष्ट्रीय संस्कृति में घुल-मिल जाएँगी। हमें जहाँ से भी ज्ञान, समझ और मित्रता मिलेगी, हम लेंगे और एक दूसरे के साथ साझा मक़सद के लिए मिल-जुलकर काम करेंगे।

इस अन्तर्राष्ट्रीयता का मेल हुए बिना राष्ट्रवाद एक सँकरी ज़ेहनियत का दूसरा नाम होगा जिसमें हम अपने दड़बों में बन्द दूसरों को ईर्ष्या और प्रतियोगिता की भावना के साथ ही देखेंगे।

जनतांत्रिकता का मतलब है समानता। वह समानता बिना अनुभवों की साझेदारी के मुमकिन नहीं। इस मामले में शमशेर वॉल्ट व्हिटमैन के हमख़याल मालूम होते हैं जो जनतांत्रिक संवेदना के लिए एक ऐसे आत्म की कल्पना करते हैं जो लगातार

दूसरे तजुर्बों को जज़्ब करता चले, किसी क़िस्म का भेदभाव न करे और जो बुनियादी तौर पर मोहब्बतपरस्त हो। ऐसी शख़्सियत जो अपना विस्तार करती रहे, जिसमें वैयक्तिकता का दूसरा मतलब पारस्परिकता हो।

विश्वकवि रवीन्द्रनाथ टैगोर 'मनुष्य का धर्म' शीर्षक निबन्ध में इसी बात को दूसरे ढंग से कहते हैं। ज़मीन पर सीधे खड़े मनुष्य और शेष बाक़ी प्राणियों में फ़र्क क्या है? वे कहते हैं कि मनुष्य को यह सुविधा मिली कि वह अनेकानेक समकेन्द्रिक वृत्तों का निर्माण कर सके। और ख़ुद को सबके भीतर महसूस भी कर सके। उसकी दृष्टि भी स्वतंत्र हो जाती है। उसके साथ ही उसका दिमाग़ भी उसके शरीर का क़ैदी नहीं है। इसके चलते वह अनेक प्रकार के सम्बन्ध बना सकता है। वे सम्बन्ध उसकी भौगोलिक सीमा का अतिक्रमण करते हैं। कल्पना के सहारे, जो नहीं है, मनुष्य उसका सृजन भी कर सकता है।

शमशेर की इस कविता में होमर और सरदार जाफ़री के संवाद या कालिदास के वैमर के कुंजों के विहार की कल्पना एक असम्भव वास्तव है, लेकिन यह काव्यात्मक यथार्थ कितना आवश्यक और अनिवार्य प्रतीत होता है।

वॉल्ट व्हिटमैन कल्पनाशीलता को जनतांत्रिकता के लिए अनिवार्य मानते हैं। वे जनतंत्र को प्रकृति का छोटा भाई कहते हैं, अगर उसके सबसे क़रीब कोई है तो वह धूप है, खुली हवा है। जब तक धूप तुम्हें ख़ुद से अलग न करे, मैं तुम्हें अलग नहीं कर सकता।

जैसे व्हिटमैन वैसे ही शमशेर काल, भूगोल और संस्कृतियों के आर-पार रिश्तों की कल्पना करने की शक्ति को जनतांत्रिकता के लिए अनिवार्य मानते हैं।

इसका राजनीति से या राज्य विधान से क्या रिश्ता है? व्हिटमैन जनतंत्र को मात्र राज्य, सरकार या राजनीति तक सीमित रखने के पक्ष में नहीं। वैसे ही शमशेर बहादुर सिंह की यह कविता राजनीतिक कविता कही जाएगी या नहीं, यह बहस बेमानी है। राजनीति का एक तरीक़ा तो यह ज़रूर सुझाती है जब आख़िर में उम्मीद करती है कि 'हमारे नेता' उन 'शान्ति की आँखों' को देख पाएँ जो 'क़ानून का सही चमकता हुआ मतलब' और 'अधिकारों की ज्योति से भरी शक्ति' हैं।